二十五史藝文經籍志
考補萃編續刊

第一卷

王承略　劉心明　主編

商代藝文志初稿　　王蓮常　撰
　　　　　　　　　李　兵　整理

漢書藝文志注校補　　[清]周壽昌　撰
　　　　　　　　　李　兵　整理

漢書藝文志辨僞　　　[清]康有爲　撰
　　　　　　　　　于少飛　整理

漢書藝文志疏證　　　佚　名　撰
　　　　　　　　　李　兵　整理

清華大學出版社
北京

圖書在版編目（CIP）數據

二十五史藝文經籍志考補萃編續刊. 第一卷/王承略，劉心明主編. —北京：清華大學出版社，2023.7

ISBN 978-7-302-63885-8

Ⅰ．①二… Ⅱ．①王… ②劉… Ⅲ．①二十五史－藝文志 Ⅳ．①Z838

中國國家版本館 CIP 數據核字（2023）第 113419 號

責任編輯：馬慶洲
封面設計：曲曉華
責任校對：王淑雲
責任印製：叢懷宇

出版發行：清華大學出版社
　　　　　網　　址：http://www.tup.com.cn，http://www.wqbook.com
　　　　　地　　址：北京清華大學學研大廈 A 座　　郵　編：100084
　　　　　社 總 機：010-83470000　　郵　購：010-62786544
　　　　　投稿與讀者服務：010-62776969，c-service@tup.tsinghua.edu.cn
　　　　　質量反饋：010-62772015，zhiliang@tup.tsinghua.edu.cn
印 裝 者：三河市東方印刷有限公司
經　　銷：全國新華書店
開　　本：148mm×210mm　　印　張：8.625　　字　數：188 千字
版　　次：2023 年 7 月第 1 版　　印　次：2023 年 7 月第 1 次印刷
定　　價：68.00 元

產品編號：102775-01

前　言

　　2011 至 2014 年，《二十五史藝文經籍志考補萃編》（以下簡稱《萃編》）由清華大學出版社陸續出版，總 27 卷 31 冊 960 萬字，收錄整理了二十五史中原有的藝文、經籍志及後世的考證、注釋、補撰之作凡 84 種。《萃編》出版後，在學術界廣受好評，反響强烈。學者們一致認爲，《萃編》對於摸清中國古代文化典籍的家底意義重大。2016 年《萃編》獲山東省第三十次社會科學優秀成果二等獎，2020 年《萃編》獲教育部第八屆高等學校科學研究優秀成果二等獎，充分體現了學界對《萃編》的認可和肯定。目前，《萃編》已成爲文史哲、文獻學、目録學、學術史等領域研究者的案頭必備之書。

　　在編纂《萃編》時，囿於當時的條件，許多見於記載的史志目録卻苦覓不得，最終只能遺憾缺失。在《萃編》的《代前言》中，我們曾將當時未能寓目的史志目録列出，以期在學界同仁的關注和共同努力下，能夠有所發現，將來連同 1949 年之後問世的史志目録考補之作編纂成《萃編》的續編。誠如所願，學界在肯定《萃編》價值的同時，也對《萃編》的續編工作給予了高度關注。徐有富先生在《集史志目録之大成——讀〈二十五史藝文經籍志考補萃編〉》（《山東圖書館學刊》，2015 年第 2 期）一文中表達了對《萃編》續編工作的期待；邱進友先生在《我國古代史志目録集成之作——初見〈二十五史藝文經籍志考補萃編〉》（《圖書館工作與研究》，2016 年第 1 期）一文中也對《萃編》的續

編工作提出了寶貴建議；臺灣學者郭明芳在《〈二十五史藝文經
籍志考補萃編〉述評》(《東海大學圖書館館訊》,2014 年第 156
期)一文中更是詳細論述了《萃編》補編的可行性和《萃編》續編
的可行性,並結合臺灣地區所藏史志目錄情況,提出了具體可
行的編纂建議。

　　2017 年 10 月,"二十五史藝文經籍志考補續編"被立爲山
東省社會科學規劃重點項目,《萃編》續編的編纂工作正式啓
動。2018 年,在本書學術顧問、臺灣成功大學張高評教授的建
議下,本書最終定名《二十五史藝文經籍志考補萃編續刊》(以
下簡稱《萃編續刊》)。

一、《萃編續刊》的主要内容

　　2019 年至今,《萃編續刊》由清華大學出版社陸續出版,總
16 卷 21 册,約 600 萬字,收錄整理二十五史藝文志和經籍志的
考證、注釋、補撰及研究之作凡 55 種。《萃編續刊》是《萃編》的
内容補充和自然延伸,是史志目錄最終的彙編和總括。總體來
看,《萃編續刊》包含以下兩大部分内容:

　　第一部分,作爲《萃編》的補編,收錄《萃編》失收或限於體
例未收之書。

　　首先,在《萃編》的編纂過程中,一些見於記載的史志目錄
苦尋未果,今有賴於學界同仁的力量,新發現了一批極具學術
價值的史志目錄或版本,如：清佚名《漢書藝文志注》稿本、李笠
《漢書藝文志匯注箋評》民國間廈門大學油印本和之江大學油
印本、臺北"國家圖書館"藏瞿潤緡《漢書藝文志疏證》稿本一卷
(含《序》和《六藝略》)、温州市圖書館藏清顧櫰三《補後漢書藝
文志》何澂抄本二十九卷、國家圖書館藏清杭世駿《金史藝文志
補》抄本一卷、日本京都大學藏清黄虞稷《明史藝文志》抄本不

分卷、上海圖書館藏清尤侗《明藝文志》清刻《西堂餘集》本五卷、臺北"故宮博物院"藏清國史館編《大清國史藝文志》清内府朱絲欄寫本五卷和十卷兩種、國家圖書館藏朱師轍《清代藝文略》1935 年華西協合大學哈佛燕京學社鉛印本一册，等等。

其次，利用各類文獻數據庫，發現了一批發表在民國期刊上的史志目録考補之作，如：王蘧常《商代藝文志初稿》發表於《大夏大學七週年紀念刊》(1931 年 6 月)；王重民《讀漢書藝文志拾遺》發表於《國立北平圖書館月刊》第 3 卷第 3 號(1929年)；朱保雄《漢志辭賦存目考》發表於《清華中國文學會月刊》第 1 卷第 3 期(1931 年)；段凌辰《漢志詩賦略廣疏》發表於《河南大學學報》第 1 卷第 1 期(1934 年)；張舜徽《漢書藝文志講記》發表於《文藝校刊》第 2 期(1935 年)；[1]徐仁甫《漢書藝文志補注補正》發表於《國立成都高等師範國文學會學刊》第 1 期(1926 年)、[2]《補隋書藝文志》(未完稿)發表於《志學》第 22 期(1945 年)。另有《萃編》限於體例未收之作，如孫德謙《漢書藝文志舉例》、張舜徽《漢書藝文志釋例》。此外，雁晴(即李笠)《漢書藝文志舉例(書評)》發表於《國立武漢大學文哲季刊》1930 年第 1 卷第 1 期，特附於孫書之後。

最後，清代及民國學者的史學研究著作中，往往有考論藝文志、經籍志的部分，而《萃編》限於體例，未能别裁收録，如：清周壽昌《漢書注校補》中的《漢書藝文志注校補》；清康有爲《新學僞經考》中的《漢書藝文志辨僞》和《隋書經籍志糾謬》；佚名《漢書疏證》中的《漢書藝文志疏證》；清王先謙《漢書補注》中的

---

① 編委會在與張先生家人協商此文版權時，據張舜徽先生的女兒張屏女士介紹，此前她竟不知張先生還有《漢書藝文志講記》一文，此前《張舜徽集》亦未收録。

② 徐氏另有《漢書藝文志補注補正自序》發表於《志學》第 8 期(1942 年)、《漢書藝文志補注補正(據虚受堂本)》(未完稿)發表於《志學》第 25 期(1946 年)，本次皆予以整理收録。

《漢書藝文志補注》；楊樹達《漢書補注補正》中的《漢書藝文志
補注補正》,《漢書窺管》中的《漢書藝文志窺管》；清羅士琳等
《舊唐書校勘記》中的《舊唐書經籍志校勘記》；清沈炳震《唐書
合鈔》中的《唐書經籍藝文志合鈔》；明柯維騏《宋史新編》中的
《宋史藝文志新編》；清錢大昕《廿二史考異》中的《宋史藝文志
考異》；清曾廉《元書》中的《元書藝文志》；清王鴻緒《明史稿》
中的《明史稿藝文志》。

　　第二部分,作爲《萃編》的續編,精選收録 1949 年至本世紀
初海内外學者在史志目録考補研究方面的論著。

　　《萃編》的收書下限是 1949 年,《萃編續刊》的收書下限則
定爲 2000 年(臺灣地區稍有例外)。1949 至 2000 年,海内外學
者在史志目録考補方面多有創獲,成就斐然,本次予以精選收
録,具體如下:

　　大陸方面的論著有 7 種,包括劉琳《北朝藝文志簡編》和
《隋代藝文志簡編》,張固也《新唐書藝文志補(增訂版)》(該書
原版爲吉林大學出版社 1996 年版),唐圭璋《南唐藝文志》,聶
鴻音《補西夏藝文志》,朱子方《新補遼史藝文志》,王巍《遼史藝
文志訂補》。

　　臺灣地區的論著有 14 種,包括施之勉《漢書藝文志集釋》
[連載於臺北《大陸雜誌》第 71 卷第 1 期(1985)至 74 卷第 3 期
(1987),共 21 輯,後納入臺灣三民書局 2003 年版《漢書集釋》],
徐文助《漢書藝文志諸子略與兵書略通考》,胡楚生《張氏〈漢書
藝文志釋例〉商榷》《隋書經籍志述例》《隋書經籍志總序箋證》3
種,《臺灣師範大學國文研究所集刊》創刊號(1957 年)收録的李
雲光《補梁書藝文志》、楊壽彭《補陳書藝文志》、賴炎元《補魏書
藝文志》、蒙傳銘《補北齊書藝文志》、王忠林《補周書藝文志》5
種,劉兆祐《〈宋史・藝文志〉史部著録暨未收宋代著述考》(該

書部分內容以《宋史藝文志史部佚籍考》爲基礎，臺北"國立編
譯館"中華叢書編審委員會 1984 年版），楊家駱《新補金史藝文
志》，何佑森《元史藝文志補注》，蔣孝瑀《明史藝文志史部補》。

二、《萃編續刊》的主要特點

（一）精心篩選收錄書目

《萃編續刊》是《萃編》的內容補充和自然延伸，其收錄範圍
相對更爲寬泛。在書目的選取上，編委會經過反復討論，及時
做出調整，決定以下幾種情況本次暫不收錄：

一是不符合收錄要求或已有出版計劃的。如清魏源《元史
新編》中的《元史藝文志新編》，經比對，發現其內容與錢大昕
《元史藝文志》一致，《萃編》已收錢《志》，故不再收錄；北京大學
圖書館藏陳垣《隋書經籍志講義》民國燕京大學歷史系油印本
一冊，經核查，發現此書內容即《隋書·經籍志》的大小序，無陳
垣所撰內容，故不收錄；明李輔所輯《全遼志》中的《全遼志藝文
志》實際上是"文章志"，並非史志目錄體裁，故不收錄；朱傑《補
〈陳書·藝文志〉》一文發表於《文教資料》1999 年第 3 期，與臺
灣楊壽彭《補陳書藝文志》相比，略顯薄弱，權衡之下，暫不
收錄。

二是別裁後篇幅過小、無法單獨成書者。不足 500 字者，
如清丁子複《唐書合抄補正》中的《唐書經籍志合抄補正》，清沈
德潛、葉酉《新唐書考證》中的《新唐書藝文志考證》，清錢大昕
《諸史拾遺》中的《唐書藝文志拾遺》和《宋史藝文志拾遺》等；不
足 1000 字者，如清沈家本《漢書瑣言》中的《漢書藝文志瑣言》，
清王峻《漢書正誤》中的《漢書藝文志正誤》，清錢大昕《廿二史
考異》中的《漢書藝文志考異》和《舊唐書經籍志考異》等。另還
有一些發表在民國期刊上的文章，由於字數過少，也暫不收錄，

如馬念祖《清史藝文志糾謬》(《講壇月刊》第 5 期,1937 年)、馮
淑蘭《讀漢書藝文志隨筆》(《北京女子高等師範文藝會刊》第 1
卷第 2 號,1919 年)等。

　　三是成書於 2000 年以前,但 2000 年以後再版或重印,較爲
常見者。如陳樂素《宋史藝文志考證》廣東人民出版社 2002 年
3 月初版,2014 年 6 月再版;余嘉錫《漢書藝文志索隱》(《序》和
《六藝》部分)收錄於《中國經學》第二、第三輯,廣西師範大學出
版社 2007 年版;張舜徽《漢書藝文志通釋》湖北教育出版社
1990 年 3 月初版,華東師範大學出版社 2004 年《張舜徽集》再
版;陳國慶《漢書藝文志注釋彙編》中華書局 1983 年版,之後陸
續有重印。臺灣學者梁子涵在《中國歷代書目總錄》(臺灣“中
華文化出版事業委員會”1953 年版)中著錄的“《新莽藝文志》,
饒懿編,梁氏慕真軒藏抄本,一冊”,經考查,“饒懿”即饒宗頤先
生,《新莽藝文志》1946 年發表於廣州《文教》,後以《新莽藝文
考》爲名收入《饒宗頤二十世紀學術文集》(卷六·史學),現有
臺灣新文豐出版股份有限公司 2003 年版和中國人民大學出版
社 2009 年版;周叔迦《〈隋書經籍志考證〉補正》見於《周叔迦佛
學論著全集》第三冊,中華書局 2006 年 12 月版;陳述《遼史藝
文志補注》見於《遼史補注》,中華書局 2018 年 1 月版。

(二) 推出一批不易得見的史志目録或版本

　　與《萃編》一樣,《萃編續刊》亦推出了一批不易得見的史志
目録或版本。新材料、新版本的發現,會給學術界相關領域帶
來新的研究視角和思路。比如臺北“國家圖書館”藏民國學者
瞿潤緡《漢書藝文志疏證》稿本,是近代《漢志》研究的代表性論
著之一,多被各類文獻學或目録學研究論著關注,但無一涉及
其具體內容,或以爲該書早已亡佚。與其他《漢志》注釋性論著

不同，該書與學術史結合緊密，征引廣博，考證詳明，多有創見。
本次整理出版，爲學界提供了便於閱讀和研究的文本。[①]

又如日本京都大學圖書館藏清抄本《明史藝文志》，原未著
錄編者信息，據日本學者及整理者張雲考證，該書爲國内失傳
已久的清黄虞稷編《明史藝文志》。《明史藝文志》乃黄氏以其
《千頃堂書目》爲基礎所編，而後熊賜履進呈本《明史藝文志》又
依據《明史藝文志稿》删改而成。此次整理，底本中的批注均以
校勘記形式呈現，並指明其在熊賜履進呈本《明史藝文志》中
的相關情況，由此可見二書沿襲的基本脈絡。可以説，此書爲
我們考察《明史·藝文志》編纂初期的形態提供了最直接的
材料。

又如清尤侗《明藝文志》，根據前人著述知有清刻《西堂餘
集》本，我們在編纂《萃編》時，查閲了多個圖書館收藏的《西堂
餘集》，終無所穫，聯想到 1933 年李晋華在《明史纂修考》中於
此書注曰“缺”，1959 年商務印書館出版《明史藝文志補編附編》
亦未得見此書，又有目錄學研究著作懷疑此書已經亡佚，故在
《代前言》中予以説明，以期學界有所發現。《萃編》出版後，中
山大學中國古文獻研究所王宣標先生發現上海圖書館藏尤侗
《西堂餘集》清刻本中包含《藝文志》五卷，隨即撰文《新見尤侗
〈藝文志〉五卷述略》（《圖書館雜志》2014 年第 2 期），該書得以
重現。此外，《萃編續刊》第十五卷还收錄了清王鴻緒《明史稿
藝文志》，從其《明史稿》中別裁而出，所用底本爲清雍正間敬慎
堂刻本。王重民先生在《〈千頃堂書目〉考》一文中指出，王鴻緒
《明史稿藝文志》是根據黄虞稷《明史藝文志稿》改編而成。實
際上，尤侗《明藝文志》同樣是王鴻緒《明史稿藝文志》的重要取

---

① 該書詳情參見李兵：《新見瞿潤緡〈漢書藝文志疏證〉稿本析論》，《漢籍與漢
學》2021 年第 2 輯，濟南：山東人民出版社，2021 年。

材來源。① 本次將二書合爲一册整理出版,更利於進一步探究
二書的關係,也對《明史·藝文志》研究大有裨益。

　　再如臺北"故宫博物院"藏清國史館編《大清國史藝文志》
五卷本、十卷本兩種。五卷本即清乾隆朝所修"五朝國史"中的
《藝文志》,十卷本是嘉慶朝在五卷本基礎上續纂而成。目前所
見清代國史目録,另有國家圖書館藏《皇朝藝文志》清光緒間抄
本十八卷(《萃編》第二十六卷收録),國家圖書館藏譚宗浚擬稿
《大清國史藝文志》民國間抄本十八卷(存十卷),復旦大學圖書
館藏民國間劉承幹嘉業堂抄本《清國史》中的《藝文志》十卷。
本次整理,分別以臺北"故宫博物院"藏五卷本、十卷本爲底本,
以國圖藏《皇朝藝文志》及民國本《大清國史藝文志》爲校本,爲
清代國史目録研究提供了可靠的文本。關於清代國史目録纂
修及現存各版本之間的關係問題,我們另撰有《清代國史目録
纂修考》一文專門論述。

　　需要特別説明的是,《萃編》第六卷收録了清代學者顧櫰三
的《補後漢書藝文志》,所用底本爲《二十五史補編》本,校本爲
《金陵叢書》本。在《萃編續刊》編纂訪書過程中,我們在國家圖
書館古籍善本部發現一部顧櫰三《補後漢書藝文志》繆氏藝風
堂抄本二十九卷(存二十二卷),並有吴翊寅批校。② 經與《萃
編》所收版本(通行刻本)比對,發現此本内容與通行刻本差異
較大。經過進一步搜尋,我們發現温州市圖書館另藏有顧氏
《補後漢書藝文志》清何澂抄本一部。經考查發現,國圖本乃據
温州本轉抄而來。與通行刻本相比,温州本與國圖本不僅能夠

─────────

　　① 參見王宣標:《〈西堂餘集〉初印本所收〈明藝文志〉考》,《版本目録學研究》,北
京:北京大學出版社,2013 年。
　　② 國圖本詳情參見李兵:《國圖藏顧櫰三〈補後漢書藝文志〉繆氏藝風堂抄本考
論》,《古典文獻研究》第二十四輯上,南京:鳳凰出版社,2021 年。

補充其内容（如經學師承下、石經、碑碣類、吉金類等内容，通行刻本整體缺失），還能在一定程度上校正其訛誤。而國圖本經吳翊寅批校，進一步提升了該書的品質。由此可見，目前顧《志》存在刻本和抄本兩個不同的版本系統，並且這兩個版本系統内容差異較大，而抄本系統更加接近顧氏原稿。有鑒於此，編委會討論決定，將該書抽換底本重新整理。本次整理以温州本爲底本，以國圖本爲校本，參校山東師範大學藏清抄本、《二十五史補編》本、《金陵叢書》本、《小方壺齋叢書》本。可以説，這是本書迄今爲止最精細的整理了。

（三）臺灣地區史志目録研究的集中呈現

《萃編續刊》收録了臺灣地區 14 種史志目録考補研究成果，本次整理全部改用大陸新式標點，這是 1949 年以來臺灣地區史志目録研究成果的首次集中呈現。

施之勉《漢書藝文志集釋》匯集顏師古、王應麟、姚範、沈欽韓、周壽昌、王先謙、姚振宗、劉光蕡、顧實、姚明煇、楊樹達、陳國慶等十餘家關於《漢志》的注釋，是《漢志》注釋的集大成之作。該書並非材料簡單羅列，而是重視前人論述之間的邏輯性，間加按語，與陳國慶《漢書藝文志注釋彙編》相比，材料更爲豐富，論證更加詳實，可作爲《漢志》研究的重要參考資料。

徐文助《漢書藝文志諸子略與兵書略通考》（臺北廣東出版社 1976 年版）對《漢志》中的《諸子略》和《兵書略》做了詳細考證。所謂“通考”，正如徐氏在《例言》中所言，就是要“尋典籍本源，通其流變，考其真僞，明其體制，綜其思想，詳其傳紀，訂其謬誤”。徐氏將《諸子》《兵書》二略並列，是因爲“兩部脈絡相尋，體例一貫，舍一則無由觀其會通也”。對於兩略所載，徐氏皆先標明存佚，再做考證，引據可信，考證詳明，對於研究《漢志》的《諸子略》和《兵書略》有深化之功。

胡楚生《張氏〈漢書藝文志釋例〉商榷》《隋書經籍志述例》《隋書經籍志總序箋證》皆選自《中國目錄學研究》（臺灣華政書局 1980 年版），在總結《漢志》和《隋志》義例方面多有創見。《臺灣師範大學國文研究所集刊》創刊號（1957 年）所收 5 種補南北朝藝文志，包括李雲光《補梁書藝文志》、楊壽彭《補陳書藝文志》、賴炎元《補魏書藝文志》、蒙傳銘《補北齊書藝文志》、王忠林《補周書藝文志》，其中又以李雲光《補梁書藝文志》材料最爲豐富，可爲南北朝時期典籍與文化研究提供參考。

劉兆祐《〈宋史・藝文志〉史部著錄暨未收宋代著述考》全 4 冊，120 多萬字，是宋史和古典目錄學研究的重要收穫。該書部分內容以《宋史藝文志史部佚籍考》為基礎增訂而成，而絕大部分內容爲劉先生幾十年宋代文獻及目錄學研究的精髓及最新成果。從考證範圍來看，與《佚籍考》不同，《佚籍考》的範圍是《宋志》史部所著錄而今已亡佚之書，未涉及今日尚存者；《著述考》則以《宋志》史部所著錄宋人史籍爲基礎，補錄《宋志》未收的宋代史籍，不論存佚，詳爲通考。《著述考》所載史籍，皆先著書名卷數，次著撰者，再記存佚情況，提要則仿《四庫全書總目》之例，材料詳實，考證細密。書末附《本書所載各書存佚及〈宋志〉著錄與否一覽表》，便於讀者總覽和檢尋。

楊家駱《新補金史藝文志》原爲臺北“國防研究院”出版部 1970 年版，後收入楊家駱主編《中國學術類編》之《新校本金史並附編七種》（本次采用臺北鼎文書局 1980 年三版爲底本）。《金史》本無藝文志，清黃虞稷、倪燦、金門詔、錢大昕、龔顯曾、孫德謙等人皆有補志或補志中涉及金人著作。該書以孫德謙《金史藝文略》爲藍本，集前人補志之大成，共著錄金源一代著述 1351 種,附石刻文字 659 種,①並編有《書名索引》和《著者索引》,是目前金代藝文補志中最爲詳實的。

何佑森《元史藝文志補注》原刊於《新亞學報》2 卷 2 期 (1957 年)和 3 卷 2 期(1958 年),後收入《儒學與思想——何佑森先生學術論文集(上册)》(臺大出版社 2009 年版),對錢大昕《元史藝文志》經、史兩部進行補注。該書充分利用《元史》本傳、《千頃堂書目》《補遼金元藝文志》《補三史藝文志》《經義考》等文獻,先指明錢《志》所載各書的存佚情況,再補注著者字號、時代、地名及成書年月,注出錢《志》的著錄來源,並對錢《志》條目進行補充,對於研究錢《志》及元代著述有重要參考價值。

蔣孝瑀《明史藝文志史部補》(臺北臺聯國風出版社 1969 年版)綜合黃虞稷《千頃堂書目》、《北平圖書館善本書目》、謝國楨《晚明史籍考》、姚覲元《清代禁毁書目》、吳玉年《明代倭寇史籍書目》、朱士嘉《明代四裔書目》等 19 種公私藏書目錄,对《明史·藝文志》史部進行增補,數量多達四千五六百種,其中又以地理類增補最多,是《明史·藝文志》史部的重要補充性著作。

上述成果在大陸首次整理出版,必將給多個學術研究領域提供新的視角,注入新的活力,對於促進兩岸學術文化的深層次交流必將發揮重要作用。

(四) 注重舊書新版的增訂工作

《萃編續刊》所收現代著述中,有幾種書的增訂版需要特別關注。除了上述劉兆祐先生《著述考》部分內容以《佚籍考》爲基礎增訂之外。還有中國社會科學院聶鴻音先生的《補西夏藝文志》,原文發表於《古籍整理研究學刊》1990 年第 6 期。本次

---

① 楊家駱先生《自序》言該書附石刻文字 661 種,而實際著錄數量應爲 659 種。

修訂，聶先生根據中外撰述及其親驗補出的西夏文著作，在原文基礎上重新編寫《補西夏藝文志》，共著録除佛經之外的西夏著作 54 種，全部文獻均爲黑水城遺址出土，爲西夏藝文補志的最新研究成果。

胡楚生《張氏〈漢書藝文志釋例〉商榷》，原題爲《張氏〈漢書藝文志釋例〉糾繆》，本次修訂，作者不僅將篇名"糾繆"改作"商榷"，也訂正了正文中的訛誤或不恰當之處。在排版方面，《萃編續刊》將此文與張舜徽《漢書藝文志釋例》、孫德謙《漢書藝文志舉例》、雁晴《漢書藝文志舉例（書評）》等論述《漢志》體例之作合爲一册出版，便於讀者對讀研究。

另外需要特別關注的是張固也先生的《新唐書藝文志補（增訂版）》，此書原版爲吉林大學出版社 1996 年版。本次增訂，將原版中"誤收之書悉數删除，漏收之書儘量補録，歸類序次未安者移正，條目考釋不當者改作"（《增訂版自序》），補録之書逾 2000 種，新增 18 萬餘言，其中又以經、史二部增補尤詳。本次增訂出版，距原版已有 27 年之久。誠如張先生所言，27 年間，隨著唐代墓誌、敦煌遺書、域外漢籍、單科專書的不斷整理與研究，可資利用的唐代文獻資料日益豐富，因而有必要對原版進行增訂。多年來，張先生留心此業，孜孜不倦，累積材料多達數百萬言，最終條理成此編。可以説，該書是張先生二十餘年來唐代著述研究成果的集中呈現，是唐代典籍及目録學研究不可或缺的參考資料。

三、《萃編》及《萃編續刊》的學術意義

自清代開始，就陸續有學者將歷代史志目録進行彙編，出現了如《八史經籍志》《歷代經籍志》《十史藝文經籍志》《歷代史志書目叢刊》等代表性成果。在前人成果的基礎上，《萃編》及

《萃編續刊》力爭後來居上,不僅收書最全,而且首次進行標點校勘,爲學界提供準確、便捷的讀本。史志目錄是學術史研究的重要載體,周予同、來新夏、喬好勤等先生曾經都指出過彙編史志目錄的意義。實際上,作爲《萃編》和《萃編續刊》的主編,王承略萌生編纂史志目錄的設想,也可以追溯至 20 世紀 90 年代初。在當時發表的《從正史藝文志談補志的得失》(《圖書館工作》,1990 年第 3、第 4 期合刊)、《正史藝文志及補志淺論》(《煙臺師範學院學報》哲學社會科學版,1992 年第 3 期)等文章中,就提出了彙編史志目錄的想法。如今,隨著《萃編續刊》的出版,這一學術規劃,終於取得了階段性的成果。我們認爲,《萃編》及《萃編續刊》的編纂出版,有以下學術意義:

第一,《萃編》及《萃編續刊》的編纂,實現了史志目錄迄今爲止最大限度的彙編與整理。從規模上來看,《萃編》收書 84 種,27 卷 31 册,960 萬字;《萃編續刊》收書 55 種,16 卷 21 册,600 萬字。如此大規模的彙編整理,當然不是一蹴而就的。從正式立項到全部出版完成,《萃編》歷時 9 年,《萃編續刊》歷時 6 年,實際醞釀过程則時間更長。《萃編》及《萃編續刊》内容主要涵蓋:二十五史中原有的 7 部正史目錄;宋代國史目錄輯本及明、清兩代的國史目錄;自宋代至本世紀初關於正史目錄的考證、注釋與補遺之作;自清代至本世紀初產生的歷代補正史目錄;部分關於正史目錄體例研究之作。與以往史志目錄彙編叢書不同,《萃編》及《萃編續刊》對於每一種書,都擇選精善完備的版本作底本,標點校勘,統一體例,力求準確、便覽。作爲最全面的史志目錄彙編整理叢書,《萃編》及《萃編續刊》在相關領域學術研究中發揮的作用正逐步彰顯。這一點,從《萃編》出版後在學術界引起的反響足以證明。直觀來看,通過中国引文数据库(CNKI)檢索顯示,截至目前《萃編》已被直接引用 492 次。

《萃編續刊》完成出版後，二者將發揮整體效用，進一步爲學界所參考利用。

第二，《萃編》及《萃編續刊》的編纂，使一些難以尋覓的目錄和版本資料爲學界所利用。《萃編》及《萃編續刊》推出了一批不易得見的史志目錄及版本。如《萃編》收錄的王仁俊《補宋書藝文志》《補梁書藝文志》底本均爲國家圖書館藏《籒鄦誃雜著》稿本，李正奮《補魏書藝文志》《隋代藝文志輯證》底本均爲作者手稿本，鄭文焯《金史補藝文志》底本爲上海圖書館藏稿本，孫德謙《金史藝文略》則將上海圖書館藏殘稿本、國家圖書館藏初稿本二者兼收；又如《萃編續刊》收錄的瞿潤緡《漢書藝文志疏證》底本爲臺北“國家圖書館”藏稿本，顧櫰三《補後漢書藝文志》底本爲温州市圖書館藏清何澂抄本（校本有國家圖書館藏繆荃孫藝風堂抄本、山東師範大學圖書館藏清抄本等），清國史館編兩種《大清國史藝文志》底本均爲臺北“故宫博物院”藏抄本。還有一些原以爲已經亡佚的目錄，經過搜尋整理，重新出現在學人視野之中。如《萃編續刊》收錄的日本京都大學藏清黄虞稷《明史藝文志》抄本，上海圖書館藏清尤侗《明藝文志》清刻《西堂餘集》本，清金門詔《明史經籍志》（類叙部分）清乾隆間刻《金東山文集》本，清佚名《漢書藝文志注》稿本，李笠《漢書藝文志匯注箋評》民國間廈門大學油印本和之江大學油印本等。另《萃編續刊》推出的 1949 年以來臺灣地區 14 種史志目錄考補研究之作，皆是在大陸首次出版。將上述難以尋覓的史志目錄及其考補之作彙編整理出版，使之爲學界所用，免去讀者搜尋之勞，充分發揮其學術價值。此外，在《萃編續刊》編纂過程中發現的臺北“國家圖書館”藏姚振宗謄清稿本《師石山房叢書》，亦有重要的校勘價值。

第三，《萃編》及《萃編續刊》的編纂，完全可以造就出中國古代著述總目。我們知道,史志目録是查考古籍文獻、了解歷代著述情況的主要依據,與學術發展史緊密相關。《萃編》及《萃編續刊》的編纂,基本摸清了我國古代學術文化典籍的家底,在此基礎上,去其重複,重新編排,完全可以造就出中國先秦至清代三千年的著述總目。這一總目,也就是來新夏先生所説的"我國自古以來一部比較完整而正規的圖書總目"(《古典目録學淺説》,中華書局 1981 年版)、"我中華增一通古貫今之文獻總目"(《地方志·书目文献丛刊》序言,北京圖書館出版社 2004 年版)。再以總目爲基礎,建設"中國古代著述總目數據庫",實現準確而便捷的檢索功能。如此一來,中國古代到底有多少典籍,典籍的存佚流傳情況如何,從中都能得到較爲確切的答案。對於我們國家和民族來説,建立起"中國古代著述總目數據庫",直觀地展示出中國古代每一部學術典籍的産生、流傳、研究及亡佚的過程,有助於梳理中國歷代學術思想發展的源流,有助於推動文史哲、科技史等傳統文化研究領域的繁榮,意義之大,自不待言。

　　第四,《萃編》及《萃編續刊》的編纂,對於促進中華優秀傳統文化的傳承與發展有重大意義。典籍作爲傳統文化的重要載體,其内容構成傳統文化特別是思想史研究的主體,其流變構成學術史特別是學術思潮研究的核心。史志目録系統地記録了我國數千年來的典籍和學術,是考察古代典籍類別與存亡、梳理古代思想淵源與流變的重要依據,也一直承擔著"辨章學術,考鏡源流"的歷史重任,因而歷來爲學者所重視。張爾田在爲孫德謙《漢書藝文志舉例》作的序中指出,官家、藏家、史家三類目録中,"惟史家目録其體最尊",原因是"蓋所重在學術";楊家駱先生在《新補金史藝文志序》中亦指出:"故以爲最客觀完整之學術史,唯詳盡之書目可以當之。"這裡的"書目"即指

"史志目録"。筆者亦曾多次强調史志目録的學術史價值。《萃編》及《萃編續刊》的編纂整理,就是對史志目録做出系統、徹底的回顧與總結,並反映出最新研究成果,在此基礎上對歷代學術進行考辨,從而發現一些新的研究問題,開拓一些新的研究領域,提煉一些新的精義,讓傳統目録學與古典文獻學爲當代文化建設服務。我们知道,挖掘與整理中國古代歷史文化典籍,是中華優秀傳統文化傳承與發展的重要内容。借助《萃編》及《萃編續刊》,可以進一步了解中國古代典籍的撰述、流傳、存佚等總體面貌,從而爲促進中華優秀傳統文化的傳承與發展,推進實施國家文化數字化戰略,推進新時代古籍工作,做出貢獻。

四、其他需要説明的問題

在《萃編續刊》編纂過程中,臺灣地區所藏文獻的獲取以及現代著作的版權問題,工作推進遇到一定困難。2018 年,臺灣成功大學教授張高評先生來山東大學講學。在座談過程中,張先生得知我們正在編纂《萃編續刊》,並且其中擬收録一批臺灣地區學者的著作,他對此深表讚賞,並樂意費心盡力。經過協商,編委會聘請張先生爲學術顧問,並由張先生負責臺灣地區所藏文獻的複製以及現代著作的版權洽談事宜。在張先生的努力下,最終完成了相關文獻的複製及相關著作的版權獲取。期間,完成了臺北"故宫博物院"藏兩種《大清國史藝文志》的抄録;①完成了臺北"國家圖書館"藏瞿潤緡《漢書藝文志疏證》稿本、姚振宗謄清稿本《後漢藝文志》《三國藝文志》《漢書藝文志

---

① 兩種《大清國史藝文志》由邱琬淳負責抄録,並由張高評先生、顧力仁先生親自審定。

拾補》《漢書藝文志條理》等的複製；①完成了楊家駱、何佑森、賴炎元、劉兆祐、胡楚生、徐文助等先生，以及香港地區李雲光、蒙傳銘先生著作的版權洽談。需要特別說明的是，張先生聯絡過程中，有些作者遠居美國，一時聯繫不上，如王忠林先生；有些作者已經往生，很難找到後人，如施之勉、蔣孝瑀先生。但張先生克服重重困難，想盡一切辦法，除個別人外，最終都得到了很好的解決。張先生聯絡過程中，發生了一個又一個感人的故事，將來定能傳爲學林嘉話。此外，在臺灣地區相關資料獲取及編纂整理過程中，顧力仁先生、張曉生先生、郭明芳先生、魏令芳先生、陳雲英先生均給予了大力幫助，在此一併致謝。

隨著全國古籍普查工作的深入開展和各類文獻數據庫的廣泛應用，一些不爲人知的史志目録重新出現在人們的視野之中。然而，依然有一批見於典籍記載的史志目録下落不明，我们曾在《萃編》前言中列出了當時未曾得見的書目，在此再度列出搜尋未得的書目，希望借助學界同仁的力量，能有所發現：

梁啓超在《圖書大辭典薄録之部》中提到的清李賡芸《漢書藝文志考誤》一卷（又見於國家圖書館藏清朱記榮輯録《國朝未刊遺書志略》）、厲鶚《補後漢藝文志》、洪飴孫《補後漢書藝文志》一卷、潘令華《隋代經籍志現存書目》一卷、清朱文藻《宋史藝文志》等；劉紀澤在《目録學概論》中提到的勞頲《補後漢書藝文志》、褚德懿《補梁書經籍志》、楊守敬《隋書經籍志補證》、王榮蘭《宋史藝文志補遺》、徐鼒《明史藝文志補遺》等；范希曾在《書目答問補正》中提到的杭世駿《補歷代藝文志》、湯洽《補梁書藝文志》和《補陳書藝文志》、汪士鐸《南北史補志》、柳逢良

①　姚振宗《漢書藝文志拾補》《漢書藝文志條理》《後漢藝文志》《三國藝文志》《隋書經籍志考證》5 種，《萃編》已收，取得臺北"國家圖書館"藏本進行覆校，能够改進現有整理本的質量，校勘成果見於《姚振宗集》，浙江古籍出版社 2022 年版。

《隋書經籍志考證》等；臺灣地區學者梁子涵在《中國歷代書目總録》中著録的段凌辰《漢書藝文志匯注箋釋》、清王仁俊《隋書經籍志補校》（又見於國家圖書館藏《吳縣王扞鄭所著書》）、羅振玉《新唐書藝文志考證》等；姚明達在《中國目録學史》中提到的劉紀澤《宋志匡謬》；其他如傅雲龍《補晋書藝文志》、清洪飴孫《隋書經籍志考證》等；《中國經學》第二、三輯收録的余嘉錫《漢書藝文志索隱》僅有《序》和《六藝》部分，其餘部分尚未得見。今後若能有所發現並成一定規模，再編纂成《萃編》與《萃編續刊》的拾遺。

《萃編續刊》於 2017 年 10 月被列爲山東省社會科學規劃重點項目。在編纂過程中，又陸續被列爲山東省委宣傳部 2017 年“宣傳文化發展專項”資助項目、山東大學儒家文明省部共建協同創新中心資助項目、山東大學人文社會科學研究後期資助項目、山東大學儒學高等研究院資助項目，並作爲“漢籍合璧特輯”出版。在編纂和出版過程中，國家圖書館、北京大學圖書館、臺北“故宮博物院”、臺北“國家圖書館”等藏書機構大力支持，山東大學邢占軍、王學典、李平生、鄭傑文、方輝、杜澤遜、李尚信、王新春、王震等先生關心鼓勵，清華大學出版社特別是責任編輯馬慶洲先生通力合作，山東大學儒學高等研究院古典文獻研究所 2015 級至 2020 級碩士、博士研究生鼎力相助，對此，我們表示由衷的感謝。由於見聞和水平所限，收書或有遺漏，體例或有不當，標點校勘或有失誤，懇請讀者批評指正。

王承略　李　兵

2023 年 7 月 1 日

整 理 説 明

一、《二十五史藝文經籍志考補萃編續刊》是《二十五史藝文經籍志考補萃編》的續編,收録《萃編》未收的二十五史藝文志或經籍志考證、注釋與補遺之作,别裁收録清代及民國學者史學研究著作中考論藝文志、經籍志的部分,精選收録 1949 年至本世紀初海内外學者在史志目録考補研究方面的論著,共計 55 種。

二、收録的論著,先根據朝代先後排列,同一朝代則根據作者時代先後排列,間亦爲了新排印本内容和分卷的篇幅均衡,略作調整。

三、收録的古籍,有多個版本者,選取較好的版本作底本和校本,進行標點、校勘;收録的現代著述,部分經作者親自修訂,部分由整理者進行校訂。所用底本、校本信息,標識在每種書的扉頁。整理本采用繁體横排,底本的雙行小字改爲單行小字。

四、在校勘過程中,需要出校之處,用圈碼表示,即①②③④等,置於表示停頓的標點之下。校記放在當頁之末。校改之字和原本之字,皆加雙引號。

五、原書著録,有的先書名後作者,有的先作者後書名,整理時一律在作者與書名之間空一格。將二者區分開的目的,一是眉目清晰,二是避免讀誤。

六、底本著録的條目連續排列不换行者,整理時區分條目。

同一作者的不同著作之間空格接排,不同作者的著作另行起段。

七、原書目爲考據體,整理本首先考慮儘量保持底本格式,但爲了醒目和方便閱讀,間亦有所更改。

八、底本的異體字,在確定無異義的情況下,統改爲規範字。底本的舊字形,統改爲新字形。底本的避諱字,能確定者儘量回改。

目　　録

商代藝文志初稿

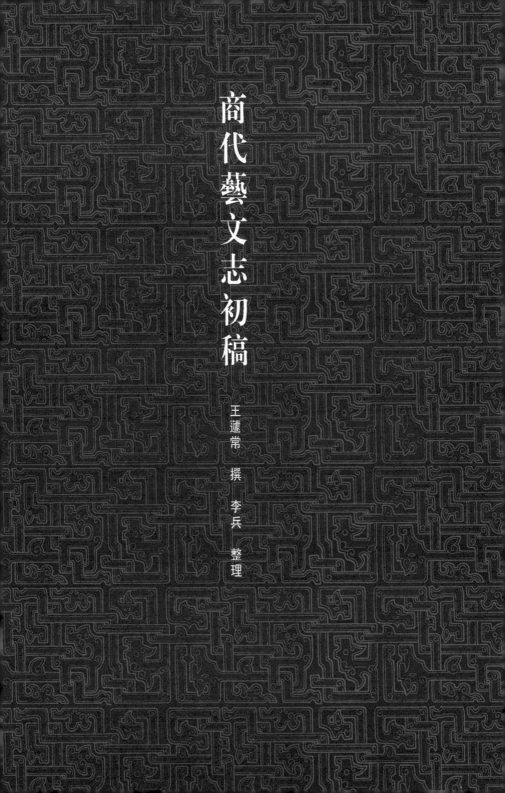

王蘧常　撰　　李兵　整理

底本:《大夏大學七週年紀念刊》,1931 年 6 月此篇爲拙作《三代史·商史》中之一篇，前年屬草粗定，旋遭大故，弁寘已久。今本校有七週年紀念之刊，來徵稿，姑以塞責。原文太多，簡括爲此篇。采摭未廣，真僞雜糅，意在博綜，未暇別擇，且客中無書可徵，舛訛極多，閱者諒之。

湯征一篇

　　在《尚書》第廿三篇。《書序》云："湯征諸侯，葛伯不祀，湯始征之，《史記·殷本紀》"征"作"伐"。作《湯征》。"今亡。舊以爲《夏書》，今從馬融、鄭玄説著之。有逸文，見《孟子·梁惠王》《滕文公》《盡心》諸篇及《史記·殷本紀》引。

夏社一篇

　　在《尚書》第廿六篇。《書序》云："湯既勝夏，欲遷其社，不可。作《夏社》《疑至》《臣扈》。"今皆亡。案：《夏社》《疑至》《臣扈》三篇文佚，不可辨其文體。考《周禮·大宗伯》疏引鄭玄《尚書注》云："犧牲既成，粢盛既潔，祭以其時，而旱暵水溢，則變置社稷。當湯伐桀之時，[①]旱致災，明法以薦，而猶旱至七年，故湯遷社而以周棄代之。[②] 欲遷勾龍，以無可繼之者，於是故止。"又《尚書正義》引馬融《尚書注》云："聖人不可自專，復用二臣自明也。"則亦告令之文也，故屬此。

疑至一篇

　　在《尚書》第廿七篇。

臣扈一篇

　　在《尚書》第廿八篇。

湯誓一篇

　　在《尚書》第廿九篇。《書序》云："伊尹相湯伐桀，升自陑，遂與桀戰於鳴條之野，作《湯誓》。"今存。案《墨子·尚賢》篇引《湯誓》

---

　　① "伐"，清嘉慶二十年南昌府學重刊宋本《十三經注疏》本（以下簡稱《十三經注疏》本）《周禮注疏》作"代"。
　　② "社"，《十三經注疏》本《周禮注疏》作"柱"。

曰：“聿求元聖，與之戮力同心，以治天下。”《周語》引《湯誓》曰：“余一人有罪，無以萬夫；萬夫有罪，在余一人。”今存《湯誓》無此言。《墨子·兼愛》引《湯說》、《論語·堯曰》篇引文，皆略同《周語》，疑亦《周語》所謂《湯誓》文。清徐時棟以爲《書》有兩《湯誓》，一伐桀，一禱旱也，作《逸湯誓考》，備一説。餘説詳下卜祭之屬《桑林禱辭》下。

仲虺之誥一篇

在《尚書》第三十篇。《書序》曰：“湯歸自夏，至於大坰，仲虺作誥。”今亡。有逸文，見《左傳·襄十四年》及《墨子·非命》篇、《荀子·堯問》篇引。

湯誥一篇

在《尚書》第三十一篇。《書序》云：“湯既黜夏命，[①]《史記》“黜”作“絀”。復歸於亳，《史記》作“還亳”。作《湯誥》。”今亡。有逸文，見《史記·殷本紀》引。

伊尹四方獻令一篇

今存，見《周書·王會》篇，疑依託，中所舉“匈奴”“月氏”之名，不似商時所有也。

伊陟一篇

在《尚書》四十六篇。今亡，説詳下。

原命一篇

在《尚書》第四十七篇。《書序》云：“大戊贊於伊陟，作《伊陟》《原命》。”《史記》曰：“帝大戊贊伊陟於廟，言弗臣，伊陟讓，作《原命》。”[②]今亡。案《史記集解》引馬氏《尚書注》曰：“原，臣名也。命原以禹、湯之道我所修也。”江聲曰：“《釋言》云：‘原，再也。’命伊陟而伊陟讓，乃作《原命》。以是知原命爲再命也。”又云：“俗儒誤闕《大戊》一篇，而增‘伊陟’之目，以足百篇之數耳。”段玉裁曰：“《史記》‘伊陟讓，作《原命》’，脱‘作《伊陟》’三字，不得緣此立説。”《堯典》疏云：“鄭注《書》序《肆命》二十，《原命》二十一。”山井鼎考文曰：“宋板作‘《伊陟》二十’。”疑莫能明。姑仍《書序》之舊，待定。“闕《大戊》一篇”云云，説詳下。

───────

① “夏命”二字原脱，據《十三經注疏》本《尚書正義》補。

② “作”，原誤作“再”，據清乾隆四年武英殿校刻本(以下簡稱“殿本”)《史記·殷本紀》改。

仲丁一篇

在《尚書》第四十八篇。《書序》曰："仲丁遷於囂，作《仲丁》。"
今亡。案：詳序文當爲遷都諭民之文。

河亶甲一篇

在《尚書》第四十九篇。《書序》曰："河亶甲居相，作《河亶甲》。"今亡。

祖乙一篇

在《尚書》第五十篇。《書序》曰："祖乙圯於耿，作《祖乙》。"今亡。

盤庚三篇

案：百篇之《書》，《湯誓》後皆爲亡篇，惟《盤庚》在伏生二十九篇中。《堯典》疏云："鄭玄則於伏生二十九篇之內，分出《盤庚》三篇。"是文以《盤庚》爲一篇。今覈其文，分三篇爲安，故從鄭。在《尚書》五十一、五十二、五十三篇。《書序》云："盤庚五遷，將治亳殷，案《尚書正義》引束晳之言曰："'將治亳殷'，孔子壁中《尚書》云'將始宅殷'。孔謂'亳'字磨滅，容或爲'宅'。壁中之書，安國先得，'治'皆作'亂'，其字與'始'不類，無緣誤作'始'字。段玉裁曰："'治'之作'亂'，乃僞古文。束廣微當晉初，未經永嘉之亂，或孔壁原文尚存秘府，所說殆不虛。"今姑仍其舊，而存其說。民咨胥怨，作《盤庚》三篇。"案《史記》曰："帝小辛立，殷復衰。百姓思盤庚，乃作《盤庚》三篇。"與《書序》不同。今存。案《尚書大傳·盤庚》引《書》曰："若德明哉，湯任父言卑應言。"今《盤庚》無此語，不知爲何篇逸文矣。

說命三篇

在《尚書》第五十四、五十五、五十六篇。《書序》曰："高宗夢得說，使百工營求諸野，得諸傳巖，作《說命》三篇。"今亡。有逸文，見《國語·楚語》、《尚書大傳》、《禮記·文王世子》《樂記》《緇衣》引。案：此文鄭玄《禮·緇衣》注謂"傅說作書，以命高宗"。然細繹遺文，實君臣問答之辭，高宗命之，而傅說對之。《楚語》所引，固高宗命說辭也，且律以《尚書·畢命》《冏命》，則屬於告命爲是。

右告令之屬凡十有五目十有九篇。

伊尹説湯一篇

今存，見《吕氏春秋・至味》篇，疑依託。案《漢書・藝文志》道家有《伊尹》五十一篇，又小説家有《伊尹説》二十七篇，注曰：“其語淺薄，似依託也。”此疑即二書中之一篇。《孟子》“伊尹以割烹要湯”，當據此文。先設詭詞，而曲終奏雅，有似戰國策士之風。古人不著書，《漢書》所載，自是依託，或後人輯前人遺言遺行而成。遺言或尚有據，自著一書，則前古無有。故只著零篇，不著書名，下放此。

伊尹對湯問厶篇

今略存，散見《吕氏春秋・先己》篇、《説苑・君道》篇、《臣術》篇、《五行大義》卷二十二、《藝文類聚》卷十八、《太平御覽》卷七百二十引，疑依託。

咸有一德一篇

在《尚書》第三十二篇。案《堯典》疏云：“孔以《咸有一德》次《太甲》後第四十，鄭以爲在《湯誥》後第三十二。”[①]案《殷本紀》亦次《湯誥》後，僞《傳》系之《太甲》，誤也。且據《禮・緇衣》引文，實成湯時書，其次固應在《湯誥》後。僞《孔書》作伊尹告太甲語，而以次《太甲》後，謬甚。《書序》曰：“伊尹作《咸有一德》。”今亡。有逸文，見《禮記・緇衣》篇引。此篇書闕有間，不可定其何屬，惟據《緇衣》引文曰“惟尹躬天見于西邑夏，自周有終，相亦惟終”云云，當亦對湯之辭也。《緇衣》又引“惟尹躬及湯，咸有一德”，則似史臣叙述之語，[②]故出於此。

既伊訓一篇

在《尚書》第三十五篇。《書序》曰：“成湯殁，太甲元年，伊尹作《伊訓》《肆命》《徂后》。”今皆亡。有逸文，見《孟子・萬章》篇、《荀子・明道》篇、《漢書・律曆志》、《堯典》正義引、鄭注《典寶》引。

肆命一篇

在《尚書》第三十六篇。案《史記集解》引鄭玄《尚書注》曰：“《肆命》者，陳政

---

① “在”字原脱，據《十三經注疏》本《尚書正義》補。
② “則”下原衍一“似”字，據上下文意删。

教所當爲也。"

徂后一篇

在《尚書》第三十七篇。案《史記集解》引鄭氏曰："《徂后》者,言湯之法
度也。"

大甲三篇

在《尚書》第三十八、三十九、四十篇。《書序》曰："太甲既立,
不明,伊尹放諸桐。三年,復歸於亳,思庸,伊尹作《大甲》三
篇。"今亡。有逸文,見《孟子·公孫丑》篇、《離婁》篇、《禮
記·表記》篇、《大學》篇引。

沃丁一篇

在《尚書》第四十一篇。《書序》曰："沃丁既葬伊尹於亳,咎單
遂訓伊尹事,作《沃丁》。"今亡。

高宗肜日一篇

在《尚書》第五十七篇。《書序》曰："高宗祭成湯,有飛雉升鼎
耳而雊,祖己訓諸王,作《高宗肜日》案:近儒王國維曰:"此篇《書序》以
爲'高宗祭成湯',其説全非。若爲高宗祭成湯,律以《尚書》文法,不當如此。今以
《逸書》證之。《漢書·律曆志》引《伊訓》云:'伊尹祀于先王。'《史記·周本紀》引
《泰誓》云:'太子發上祭於畢。'以此例推,則文内亦當有《高宗肜日》字矣。"其説是
也。今考《殷虚卜辭》,凡曰"王賓肜日",即爲祭王賓之日,則《高宗肜日》自當爲高宗
之子孫祭高宗之日也。且"高宗"廟號也,更不當爲武丁時。《史記》以事歸之武丁,
《書》則屬於祖庚時。馬驌《繹史》卷十七謂:"寧知非祖庚繹於高宗而有此祥乎?①
《史記》必別有所據,②而又牽於《書序》,③故兩存之,而無所擇云。"金履祥《通鑑前
編》斷以高宗廟號,因《史記》之言以爲祭高宗。《尚書表注》謂在祖庚時文,其識在史
公上矣。《高宗之訓》。"《高宗肜日》今存。

高宗之訓一篇

在《尚書》第五十八篇。今亡。有逸文,見《禮記·坊記》引。

---

① "乎"字原脱,據清康熙九年初印本《繹史》(下引《繹史》皆據此本)卷十七補。
② "史記必別有所據",《繹史》卷十七作"史必別有所考"。
③ "又"字原脱,據《繹史》卷十七補。

右奏對之屬凡十目十有厶篇。

汝鳩　《史記》作"女鳩"。**一篇**

在《尚書》第二十四篇。今亡,詳下。

汝方　《史記》作"女房"。**一篇**

在《尚書》第二十五篇。《書序》曰:"伊尹去亳《史記》作"湯"。適夏,既醜有夏,復歸於亳。入自北門,乃《史記》無"乃"字。遇汝鳩、汝方,作《汝鳩》《汝方》。"今亡。案:詳繹序文,當係伊尹告二人以醜夏而還之意。《大傳》云:"夏人飲酒,醉者持不醉者,不醉者持醉者,相和而歌曰:'盍歸乎薄,薄亦大矣。'伊尹退而閒居,深聽樂聲。更曰:'覺兮覺兮,吾大命格兮。去不善而就善,何樂兮。'"見《路史·後紀》十四《夏后紀》引。又《新序·刺奢》篇云:"桀作瑶臺,罷民力,殫民財。爲酒池糟隄,縱靡靡之樂。一鼓而牛飲者三千人。群臣相持,①歌曰:'江水沛沛兮,舟楫敗兮。我王廢兮,趣歸薄兮,薄亦大兮。'又曰:'樂兮樂兮,四牡蹻兮,六轡沃兮。去不善而從善,何不樂兮。'伊尹知天命之至,舉觴而告桀曰:'君王不聽臣之言,亡無日矣。'桀拍然而作,啞然而笑,曰:'子何妖言!吾有天下,如天之有日也。日有亡乎?日亡吾亦亡矣。'於是接履而趨,遂適湯,②湯立爲相。③"《韓詩外傳》亦載此文,當即醜夏而歸之事,告二人當即告此事也。文不足徵,姑記於此。舊以此二篇爲《夏書》。見《釋文》。《書》疏云:"《鄭序》以爲《虞夏書》二十篇,《商書》四十篇,《周書》四十篇。《帝告》《釐沃》《湯征》《汝鳩》《汝方》於鄭玄爲《商書》。"《釋文》亦曰:"馬、鄭之徒以爲《商書》。"今從馬、鄭。

咸乂　《史記》作"咸艾"。**四篇**

在《尚書》第四十二、四十三、四十四、四十五篇。《書序》云:"伊陟相大戊,亳有祥,桑穀共生於朝,伊陟贊於巫咸,作《咸乂》四篇。"案《史記》作"伊陟贊言于巫咸。巫咸治王家有成,作《咸艾》。"下復有"作《大戊》"一句,説詳下。《漢書·郊祀志》引《書序》孟康注曰:"贊,説也。"此四篇

① "臣",原誤作"人",據《四部叢刊》影明翻宋本(以下簡稱"《四部叢刊》本")《新序》卷六改。

② "適",原誤作"通",據《四部叢刊》本《新序》卷六改。

③ "立",原誤作"王",據《四部叢刊》本《新序》卷六改。

蓋伊陟告説巫咸之辭,今亡。

微子誥一篇

在《尚書》第七十二篇。《書序》云:"殷既錯天命,微子作誥父師、少師。"今存。

右書説之屬凡四目七篇。

典寶一篇

在《尚書》第三十三篇。《書序》曰:"夏師敗績,湯遂從之,遂伐三朡。《史記》作"嬰"。俘厥寶玉,誼《史記》作"義"。伯、仲伯作《典寶》。"今亡。案:鄭玄注《伊訓》曰:"載孚于亳。"又曰:"征是三朡。"孚,俘也,即謂此事。

大戊一篇

今傳《尚書序》不載。《史記·殷本紀》曰:"巫咸治王家有成,作《咸艾》,作《大戊》。"今據補。案:江聲曰:"據《史記》,當有《大戊》篇目。蓋古文重字不再書,止于字下加二畫而已。《書序》下云'大戊贊于伊陟',承此《序》之下。'大戊'字下蓋皆有兩畫,作重文,以兩屬。俗儒疏忽,誤作單文,以專屬下叙,於是遂闕《大戊》篇目矣。"其説近是,細繹史文,或係伊陟記太戊桑穀之事,文闕無徵,姑出於此。

西伯戡黎一篇

在《尚書》第五十九篇。《書序》曰:"殷始咎周,周人乘黎。祖伊恐,奔告于受,作《西伯戡黎》。"今存。案:此篇係史臣記"祖伊諫紂"之辭,故以入叙記之屬。孔穎達謂"亦誥也",非是。

右叙記之屬凡三目三篇。

明居一篇

在《尚書》第三十四篇。《書序》曰:"咎單作《明居》。"今亡。案《史記集解》引馬融曰:"《明居》,明居民之法也。"《禮·王制》篇"鄭君以爲殷制",其文云:"凡居民,量地以制邑,度地以居民,地、邑、居民,必參相得也。無曠土,無游民,食節事時,民咸安其居。"或即咎單《明居》之遺説乎。

區田一篇

今存。相傳爲伊尹作,見賈思勰《齊民要術》卷一引《氾勝之書》,[①]《後漢書·劉般傳》章懷太子注、《文選》卷五十三《嵇叔

---

① "書",原誤作"述",據清光緒間桐廬袁氏刻《漸西村舍叢刻》本《齊民要術》卷一改。

夜養生論》李善注皆引之，有小異，所論與《周禮》相近，疑戰國時人依託也。

湯刑厶篇

今亡。有逸文，散見《吕氏春秋・孝行覽》、《墨子・非樂》篇引。案《墨子》引湯之官刑，未言作於何時。考《左傳・昭六年》叔向詒子産書曰："先王議事以制，不爲刑辟，懼民之有爭心也。"又曰："夏有亂政而作《禹刑》，商有亂政而作《湯刑》。"又曰："周有亂政而作《九刑》，三辟之興，皆叔世也。"則《湯刑》非湯作，蓋叔世託而爲之者也，故次於後。

右典志之屬凡三目厶篇。

頌十二篇

《毛詩序》曰："微子至於戴公，其間禮樂廢壞，有正考父者，得《商頌》十二篇於周之太師，以《那》爲首。"《國語・魯語》閔馬父曰："昔正考父校商之名《頌》十二篇於周太師，以《那》爲首。"今亡其七，存五篇。案：正考父，宋大夫，孔子之先也。鄭司農云："自考父至孔子，又亡其七篇，故餘五耳。"近儒王國維則用《韓詩》説，以爲"宗周中葉宋人所作，以祀其先王，正考父獻之於周太師，而太師次之於《周頌》之後，逮《魯頌》既作，又次之於魯後。[①] 若果爲商人作，則當如《尚書》例，在《周頌》前，不當次《魯頌》後。"詳王氏《觀堂集林》卷二《説〈商頌〉》。頗能持之有故，但亦未盡足據。予别有説，今仍從舊説録之。

湯嫁妹辭一篇

今存。見王應麟《困學紀聞》卷一引"京房説"。案：荀爽《對策》引"帝乙歸妹"，亦謂"湯以娶禮歸其妹於諸侯也"，虞翻則以爲紂父，存疑。

采薇歌一首

今存。見《史記・伯夷列傳》云："伯夷、叔齊餓且死，作歌。"不確指爲誰作也。

麥秀詩一首

今存。見《史記・宋微子世家》云："箕子過故殷虚作。"

---

① "又次之"，原誤作"次又"，據中華書局 2004 年版《觀堂集林》改。

右詩辭之屬凡四目十五篇。案《初學記·樂部》《北堂書鈔·樂部》引韋昭《洞記》云：“紂無道，比干極諫，知必死，作《秣馬金闕》之歌。”馮惟訥《古詩紀》商代遺詩有大王之《岐山操》，季歷之《哀慕歌》，文王之《拘幽操》、《文王操》（《玉海》作《文王鳳凰歌》），《箕子吟》（一曰《箕子操》），《殷末謠》等。采自《琴苑要錄》《琴操》及《論語比考讖》等書，皆僞之僞者也。又“二南”相傳爲文王時詩，然《關雎》一篇，已有文王、宣王之聚訟，且傳有“文王受命”之文，則畫之於商，實有未安，今皆不著。

箴一篇

今亡。有逸文，見《呂氏春秋·有始覽·名類》篇引。

鐘銘厶篇

宋薛尚功《歷代鐘鼎彝器款識》載商鐘四，清阮元《積古齋鐘鼎款識》載商鐘三，吳大澂《愙齋集古錄》載商象形鐘一。或摹畫未真，或文字乖詭，皆不易辨其真僞，且多不成篇章，如只著總名，而不舉其文，並不定篇數。地不愛寶，古器日出，我生今日，實亦不能定其確數也，下放此。又案古今著錄金文之書，無慮數十種，今則未遑博綜，姑舉上三種以括之。

鐸銘厶篇

吳氏載有受鐸、陳簠齋《吉金錄》同。亞形鐸、母若鐸，文簡字古，多象形，疑爲商代遺物，但銘辭亦不成篇章也。

鼎銘厶篇

薛氏載商鼎四十，阮氏載二十三。吳氏不載，標商器者惟象形鼎一。古人款識，多以文字有幹枝字者爲商器，吳氏則以幹枝字爲祭器之數，但亦以商器文簡爲言。今考吳氏所載鼎銘，有幹枝字及文簡字古者凡四十器。其成篇章者，薛氏有父乙鼎，吳氏有斿僕鼎、朱善斿《敬吾心室彝器款識》稱“斿鼎”。己亥鼎、丙午鼎。

敦銘厶篇

薛氏商敦四，阮氏六。陳介祺《藏器目》、潘祖蔭《攀古樓彝器款識》、吳氏《集古錄》、王國維皆以“彝”爲“敦”，則薛氏商彝二十有四,阮氏二十有八,皆商敦也。吳氏所載,敦有幹枝字及文簡字古者凡六十五,其銘辭成篇章者,薛氏有伊彝、乙酉父丁彝,案:中有"武乙彡日"云云,"彡日"即"肜日",甲骨文亦如此,此確爲商器無疑。薛氏釋爲"四日",誤也。有己酉戌案:本字作"戉",薛釋爲"戉",或以爲"伐"字。命案:本字作"龄",薛釋爲"命",實非"命"字。彝,吳氏有乙未敦、宴敦、來獸敦、丁卯敦、三家敦。

隌銘厶篇

薛氏商隌十九,阮氏十七,吳氏載有幹枝字及文簡字古者凡五十三,其銘辭成篇章者,有丁子隌,案:亦稱艅隌,篇末有"佳王十祀又二彡日"云云。"十祀又二",十又二祀也,卜辭文法亦有同此者,如"十一月"云"十月又一",每用於篇末,亦與此同。"彡",舊釋"五",非,當爲"肜"字,見上。卜辭"肜日"有作"彡"者,見羅振玉《殷虛書契前編》卷一第一葉,其爲商器無疑。有臥隌,有御方隌。

壺銘厶篇

薛氏商壺三,阮氏六,吳氏載有幹枝字及文簡字古者八,其銘辭成篇章者,有史懋壺。案:中有"王在濼厽懷宫"。《卜辭前編》卷三第三葉。中有"王在㵼"之文,"㵼"即"懷"也,當即"淫"字。淫地有宫,爲王游幸之地,故卜辭亦曰"王在淫"也。又考散盤有𤅗田,"𤅗"疑即"淫"字,淫在何地不可考,當在殷都千里之內,是器或爲商代遺物。

盂銘厶篇

薛氏商盂二,阮氏二,吳氏載有幹枝字及文簡字古者四。

盤銘厶篇

《禮記·大學》篇載有"湯之盤銘"。薛氏商盤一,阮氏二,吳氏載有幹枝字及文簡字古者六,銘辭成篇章者,有中盤、叔皇父盤。又《金石萃編》有"比干銅盤銘",文辭不近古,疑僞。《中州金石記》亦云:"文頗似李斯傳國璽,綿密茂美,當是秦漢人所爲。"

匜銘厶篇

薛氏商匜二,阮氏二,吳氏載有幹枝字及文簡字古者九。

甌銘厶篇

薛氏商甌七,阮氏二,吳氏載有幹枝字及文簡字古者四。

鬲銘厶篇

薛氏商鬲五,阮氏四,吳氏載有幹枝字及文簡字古者二。

豆銘厶篇

吳氏載有幹枝字者一。

卣銘厶篇

薛氏商卣三十四,阮氏十四,吳氏載有幹枝字及文簡字古者
六十七。銘辭成篇章者,薛氏有兄癸卣,吳氏有方卣、睘卣、
父辛卣。

觶銘厶篇

薛氏商觶三,阮氏十四,吳氏載有幹枝字及文簡字古者四
十五。

觚銘厶篇

薛氏商觚十三,阮氏四,吳氏載有幹枝字及文簡字古者二十
三。薛氏以文有𠦪字者,別出爲舉類,凡六器,細核之,亦觚
類也,且古器之有𠦪字者,鼎、匜等器皆著之,不得別爲一
類也。

罍銘厶篇

吳氏載有幹枝字及文簡字古者八。

角銘厶篇

阮氏商角七,吳氏載有幹枝字及文簡字古者十二。又吳氏載
有幹枝字之觥器二,王國維考其形,以爲亦角類也。銘辭成
篇章者,有宰㭬角、案:篇末有"角又五"云云,角又五者,角類之得五器也,以
此言之,上文有"父丁"云云,不第如吳氏所謂"父廟之第四器"矣。丙申角、丁

未𡗓商角。

爵銘厶篇

薛氏商爵四十，阮氏三十三，吳氏載有幹枝字及文簡字古者
百五十四，銘辭略具者有父甲爵。

兵戈銘厶篇

阮氏商戈三，商戈兵二。近直隸易州出土商句兵三，文字甚
多，王國維有考。

石棺銘一篇

今存，見《史記·秦本紀》，[①]云“蜚廉生惡來。惡來有力，蜚廉
善走，父子俱以材力事殷紂。周武王之伐紂，并殺惡來。是
時蜚廉爲紂石北方，還，無所報，爲壇霍太山而報，得石棺
銘”，云云。

口銘一篇

今存，見《國語·晉語一》，不知銘於何器。

右箴銘之屬凡二十有二目厶篇。案《詩·商頌譜》疏引《尚書中候》“黑玉赤

勒”文，[②]當爲後世讖緯家所依託，不可信，不著。《太平御覽·皇王部》引鄭注曰：
“勒，刻也。”則亦箴銘之屬，故口注於此。

帝告一篇

在《尚書》第廿一篇，《商書》之第一篇。《書序》云：“自契至於
成湯八遷，湯始居亳，從先王居，作《帝告》《釐沃》。”案《史記》“告”
作“誥”，無“釐沃”二字。孫星衍曰：“疑《帝告》《釐沃》本一篇。‘釐’‘來’聲相近，言
帝嚳來沃土耳。《僞傳》既云‘告來居治沃土’，又云‘二篇’，未可據也。”備一說。又
案《索隱》云：“‘告’，一本作‘佶’。”疑作“誥”非。“佶”即“嚳”也，《管子·侈靡》篇、
《史·三代世表》《封禪書》，“帝嚳”皆作“帝佶”，“告”亦“嚳”之省文。蓋帝嚳爲商之
所自出，湯又從其故都，故爲文以告之。古人簡質，即以其號名篇也。作“誥”者，疑

---

① “紀”，原誤作“記”，據殿本《史記·秦本紀》改。
② “中”字原脫，據《十三經注疏》本《毛詩注疏》卷二十補；“勒”，原誤作“勃”，據
《十三經注疏》本《毛詩注疏》卷二十改。

後人依鄭君《緇衣》注改之。今亡。有逸文,見《困學紀聞》卷二引《尚書大傳》。案《紀聞》云:“《大傳·帝告》曰‘《殷傳》帝告書曰’云云,豈伏生亦見古文逸篇邪?”孫星衍曰:“王説非也。伏生以秦時藏百篇於山中,親見其文,故記其剩語。若孔壁逸書,無《帝告》也。”

釐沃一篇

在《尚書》第廿二篇,今亡。

綱祝一篇

今存,見《呂氏春秋·異用》篇、《賈子新書·諭誠》篇、《新序·雜事五》,《史記·殷本紀》亦引,則以蕭括出之。

桑林禱辭一篇

今佚。有逸文,見《周語》,引曰《湯誓》。《墨子·兼愛》篇、《尸子·綽子》篇、《荀子·大略》篇、《呂氏春秋·順民》篇、《論衡·感虛》篇。又案清徐時棟《逸湯誓考》,以爲《尚書》有兩《湯誓》:一伐桀之誓,在今《商書》爲第一篇;一禱旱之誓,《墨子》諸書所引是也。伐桀之誓,辭嚴義正,無可增損,且其文首尾完具,不得更有散佚,有出今傳《湯誓》外者,其爲別自一篇無疑。先儒合之爲過,其説甚辨,並補綴周秦諸書所引,爲《逸湯誓》一篇,凡二百五十字,雖不免妄加牽合,亦見緝續苦心,見所著《逸湯誓考》。

卜辭厶篇

卜辭甲骨發見於清光緒戊戌、己亥間,案:當西曆紀元一八八八至一八八九年。河南彰德府西北五里之小屯。此地在洹水之南,水三面環之,《史記·項羽本紀》所謂“洹水南殷虛上”者也。方志以爲河亶甲城,實即般庚所徙都。卜辭乃般庚至帝乙時所刻辭,總計出土者至今日約五萬片至六萬片。文至簡質,篇恒十餘言,短者半之,最多五六十字。方寸之文,或紀數事。又字多假借,或因物賦形,有能得其讀,不能得其義者,有得其義,不能得其讀者,繁簡任意。一字異文,每至數十,書寫之法，時有凌獵。或數語之中，到寫者一二，兩字之名，合書者七八。近人雖迭有考釋，尚未能通其六七也。其貞卜事類，可約爲八目：曰祭，曰告，曰臯，曰出入，曰田獵，曰征伐，曰年，曰風雨。文繁不能綜計，第舉其目而已。

右卜祗之屬凡五目厶篇。

湯語厶篇

今略存，見賈誼《新書·九修政語上》及《説苑·君道》篇，疑依託。案《漢書·藝文志》有《天乙》三篇，"天乙謂湯"，雖今已無考，其僞當更在此篇下矣。古人不著書，其爲後人依託無疑，不著。

歸藏厶篇

《隋書·經籍志》有十三卷，晋太尉參軍薛貞注。《唐書·藝文志》有司馬膺注十三卷。宋《中興書目》載有《初經》《齊母》《本著》三篇。郭璞《山海經注》有《鄭母》《啓筮》等篇，不知是否商代之遺。桓譚《新説》曰："《歸藏》四千三百言。"或親見之邪？

此書《漢書·藝文志》不載，《晋中經簿》始有之。然《周禮·春官》"太卜掌三《易》之法，二曰《歸藏》"。《禮記·禮運》孔子亦曰："吾欲觀殷道，是故之宋，①而不足徵也，吾得《坤乾》焉。"《歸藏》以坤爲首，故曰"得《坤乾》"。《山海經》曰："黄帝氏得《河圖》，②商人因之曰《歸藏》。"其來已久，要爲前古之遺文，後漢時似猶存。桓譚《新論》云："《連山》藏於蘭臺，《歸藏》藏於太卜。"其言甚明也。今亡。有逸文，散見晋以後諸人所記，亦不能必其孰真孰僞矣。其書雖卜筮，實與卜辭其別猶易，不能入卜祝之屬，故次於此。

右論議之屬凡二目厶篇。

案《洪範》《左傳》《説文》引皆云《商書》，經文亦稱"歲"爲"祀"，或武王命箕子陳言，示不臣之義，或舊次在《微子》之前。如《漢書·儒林傳》云《堯典》《禹貢》《微子》《金縢》諸篇，不可知矣，惟其文曰"惟十有三祀，王訪於

---

①　"是"字原脱，據《十三經注疏》本《禮記注疏》卷二十一補。
②　"氏"，原誤作"時"，據清康熙六年崇義書院刻本《山海經廣注》改。

箕子"，則明《周書》也，不著。至《漢·藝文志》"《天乙》《伊尹》"諸書，説已詳上，亦不著。

大凡文九屬六十五目ムムムムム篇。案：尚有商代遺文，如《墨子·明鬼》篇引《商書》，《七患》篇引《殷書》，《吕氏春秋·諭大》篇引《商書》，《説文·心部》引《商書》，《孟子·公孫丑》篇引"《書》曰"，當皆在舊《商書》之中。惟殘篇蠹簡，已不能考其屬於何篇。别其文體，無可隸屬，姑附於後，俟考定焉。

漢書藝文志注校補

［清］ 周壽昌 撰

李兵 整理

底本：《續修四庫全書》影印上海辭書出版社圖書館藏
清光緒十年周氏思益堂刻本《漢書注校補》卷二八
校本：清光緒廣雅書局刻民國九年徐紹棨彙編重印
《廣雅書局叢書》本《漢書注校補》卷二十八

藝文志第十

聖上喟然而稱曰

壽昌案：聖上稱孝武也，玩語氣似當時語，竊疑漢求遺書始自武帝，當時必有記錄，班采其言入文中耳。

太史令尹咸校數術

本書《劉歆傳》作“丞相史，能治《左氏》，諫大夫尹更始之子，官至大司農”。

侍醫李柱國校方技

《隋書經籍志序》引作“太醫監”。

哀帝復使向子侍中奉車都尉歆卒父業

《隋書經籍志序》：“哀帝使其子歆嗣父之業，乃徙溫室中書於天祿閣上。”

服氏二篇

顏注引劉向《別錄》“齊人號服光”。壽昌案：“光”一字當是名，古名、號、字通稱也。

蔡公二篇

近時歷城馬國翰《玉函山房輯佚書》有“《蔡氏易說》一卷”，題云“漢蔡景君譔”。“景君”當是蔡氏之字，名爵未詳。虞翻稱“彭城蔡景君說”。翻生漢季，及引述之，則蔡氏漢人在翻前。考《漢書·藝文志》有“蔡公二篇”，注“蔡公衛人，事周王孫”，意“景君”即蔡公，殆衛人而官彭城。虞氏稱其官號，如南郡之稱馬融，長沙之稱賈誼歟？《隋志》不載，書佚已久。壽昌案：馬氏所輯一卷，亦止引李鼎祚《集解》一節，朱震《漢上易叢說》兩條亦未得，爲此書具體也。

韓氏二篇

馬國翰云："其書久佚,惟《蓋寬饒傳》引一節,他無所見。"考王儉《七志》引劉向《七略》云："《易傳》,子夏、韓氏嬰也。"則子夏《傳》爲嬰之所修,與《中經簿録》謂"子夏《傳》,丁寬所作"同。

古五子十八篇

劉向《別録》云："所校讎中《古五子書》,除復重,定著十八篇,分六十四卦,著三辰,自甲子至壬子,凡五子。"《隋》《唐志》不著録,佚已久。

淮南道訓二篇

劉向《別録》云："所校讎中《易》傳《淮南九師道訓》,除復重,定著十三篇。"《隋》《唐志》皆不著録,佚已久。

孟氏京房十一篇　災異孟氏京房六十六篇

案:《志》不言有章句。阮孝緒《七録》有《京房章句》十卷,《隋》《唐志》並云"十卷",陸德明《釋文·序録》云"十二卷",今佚不傳。

京氏段嘉十二篇

顏注:嘉即京房所從受《易》者也,見《儒林傳》。壽昌案:《傳》云"房授東海殷嘉",是"殷"非"段",或以字近而訛。而云"房授嘉",則是房弟子,非房所從受學者也,顏注誤。

凡易十三家,二百九十四篇

易著龜家有《周易》三十八卷,或專言卜筮,不關《易》義,故別列於彼,亦無説經者姓名也。壽昌案:據下注各家例,應書"圖一卷"。

或脱去"無咎""悔亡"

壽昌案:"無咎"之"無"應作"无",《易經》中未有"無"字也。又案:《易》"无咎""悔亡"最多,脱去則闕文不少,若"恒九二悔亡解初六无咎"脱去,則爲脱去全文矣。此中秘書之校正必不可少也。

大、小夏侯章句各二十九卷

案：《隋》《唐志》皆不著録，佚已久。今馬氏輯佚説“爲《尚書》大、小夏侯章句各一卷”，然中多一説兩引，而究莫別孰爲大小，不足據也。

求得二十九篇

案：孔穎達《書疏》有云：“漢宣帝本始中，河内女子得《太誓》一篇，與伏生所誦合三十篇，漢世行之。然《太誓》年月不與序相應，又不與《左傳》《國語》《孟子》所引《太誓》同，馬、鄭、王諸儒皆疑之。”壽昌案：伏《書》二十九篇，本有《太誓》，如《郊祀志》《刑法志》《平當傳》所引“正稽古，立功立事，可以永年，丕天之大律”及“白魚赤烏”等事皆是，顏注所云“今《泰誓》文也”。此外如《史記・周本紀》、《尚書大傳》、《白虎通》等所傳《太誓》逸文尚多，皆非今世傳之僞《太誓》也。

出孔子壁中

師古注引《家語》云“孔騰，字子襄，畏秦法峻急，藏《尚書》《孝經》《論語》於舊堂壁中”[1]，而《漢記・尹敏傳》云“孔鮒所藏”。二説未知孰是。壽昌案：《孔子世家》無孔騰其人，惟有孔鮒，鮒弟子襄，嘗爲孝惠皇帝博士，遷爲長沙太傅。或騰即襄，後易名子襄，而騰之舊名遂不著，則子襄藏書即屬之鮒，亦與《敏傳》合。

武帝末，魯共王壞孔子宅

壽昌案：魯共王以孝景前三年徙王魯，徙二十七年而薨，適當

---

[1] “舊堂壁中”，清光緒廣雅書局刻民國九年徐紹棨彙編重印《廣雅書局叢書》本《漢書注校補》卷二十八《藝文志》（以下簡稱“廣雅本”）同，清光緒二十四年貴池劉氏玉海堂影印宋蜀刻朱印本《孔子家語》卷十、殿本《漢書・藝文志》“舊”前皆有“夫子”二字。

武帝元朔元年，時武帝方即位十三年，安得云"武帝末"乎？
且《共王傳》云："王初好治宮室，季年則好音。"是其壞孔子宅
以廣其宮，當在王魯之初，爲景帝時，非武帝時也。王充《論
衡·正説篇》云"孝景帝時，魯共王壞孔教授堂以爲殿，得百
篇《尚書》於牆壁中"云云，其以爲景帝時，似與《傳》相合。

議奏四十一篇①

注：宣帝時石渠論。韋昭曰："閣名也，於此論書。"壽昌案：
此猶宋袁絜《毛詩經筵講義》之類。

凡書九家，四百一十二篇

壽昌案：班自注"入劉向《稽疑》一篇"，書目無其名，蓋即所云
"劉向《五行傳記》"也。

魯故二十五卷　魯説二十八卷

案：《隋》《唐志》皆不著録，其書亦以西晉永嘉之亂而亡。宋
王應麟輯三家佚説爲《詩考》，《魯詩》僅十四條。

齊后氏故二十卷

案：《隋書·經籍志》云："《齊詩》魏代已亡。"《文獻通考》云：
"董逌《藏書目》有《齊詩》六卷，疑後人依託爲之，今其書亦不
傳。"王應麟《詩考》輯十六節並及翼奉、蕭望之、匡衡及伏理、
子湛之説。班氏世傳齊學，班伯受《詩》學於師丹，見《叙傳》。故《地理
志》引用《齊詩》。

韓內傳四卷

今書佚，無傳。馬氏輯佚説爲一卷，舊江西王氏《漢魏遺書》
內亦輯爲一卷，馬氏蓋由其書加輯者也。繆荃孫云："高郵
宋縣初有《韓詩內傳徵》，邵晉涵亦有《內傳考》，②僅存其
名耳。"

---

① "四十一"，廣雅本同，殿本《漢書·藝文志》作"四十二"。
② "考"，原誤作"説"，據民國十七年清史館排印本《清史稿·儒林傳》改。

韓外傳六卷

案：此書隋唐以來俱著録，今世所行本皆作"十卷"。繆荃孫云："《外傳》世行本十卷，然尚有佚文，趙懷玉曾輯之附本書後。"

韓説四十一卷

班氏無撰者姓名，或謂即漢薛漢撰。案：《後漢書·儒林》有《漢傳》云："字公子，淮陽人，世習《韓詩》，父子以章句著名。建武初，爲博士。"則已在後漢時。惟漢父方，字子容，附見本書《鮑宣傳》。又《唐書·宰相世系表》云："薛方，字夫子，廣德曾孫。"又云："傳《韓詩》以授子漢。"《隋書·經籍志》："《韓詩》二十二卷，漢常山太傅韓嬰。"薛氏章句未審，即韓説抑別有章句也。

毛詩故訓傳三十卷

案：《故訓傳》見《詩譜》及《初學記》，蓋即今所傳《毛詩傳》也。考上云："《毛詩》二十九卷者，以十五《國風》爲十五卷，《小雅》七十四篇爲七卷，《大雅》三十一篇爲三卷，三《頌》爲三卷，合爲二十八卷，而《序》別爲一卷，故稱二十九卷。毛公作《故訓傳》時以《周頌》三十一篇爲三卷，而《序》分冠篇首，故合爲三十卷也。"壽昌案：《釋文·序録》云"《毛詩故訓傳》二十卷"，《崇文總目》同，皆較此少十卷。

凡詩六家，四百一十六卷

壽昌案：六家者，魯、齊、韓、后氏、孫氏、毛《詩》也。然案后氏故與傳、孫氏故與傳，仍説《齊詩》也，實止四家。

與不得已，魯最爲近之

顏注："與不得已"者，言皆不得也。壽昌案：此猶言"無以"也。與，如也。言如不得已而用《詩》，則《魯詩》訓爲近是。

曲臺后倉九篇　注：如氏曰：“行禮射於曲臺，后倉爲記，故名曰《曲臺記》。《漢官》曰：‘大射于曲臺。’”晋灼曰：“天子射宮也。西京無太學，於此行禮也。”

壽昌案：曲臺爲大射之地。如氏與《漢官》此説自有徵，若晋灼謂“西京無太學”，殊不然。就本書證之，《武帝本紀贊》“興太學”，《儒林傳序》“成帝時，或言太學弟子少，於是增置弟子員”，《鮑宣傳》“舉䍐太學下”，《王褒傳》“何武歌太學下”，是“太學”必非虚語。又案：《三輔黃圖》明言太學在長安西北七里，是太學實有其地矣，安得云無？

中庸説二篇

顔注：今《禮》有《中庸》一篇，亦非本禮經，蓋此之流。壽昌案：今《中庸》原在《禮記》中，自宋仁宗以是篇賜新及第王堯臣，高宗復御書，《中庸》遂以專書頒行學官，程、朱大儒詳加注訂，至今學者遵之。然考不自宋始也。鄭樵《通志·藝文略》有劉宋散騎常侍戴顒撰《禮記中庸傳》二卷、梁武帝撰《中庸講疏》一卷、《禮記制旨中庸義》一卷。[①] 簡文帝有《謝賚中庸講疏啓》，曰：[②]“天經地義之宗，出忠入孝之道，實立教之關鍵，德行之指歸。”亦其證也。《中庸》之稱爲子思，作者實出《孔叢子》，即孔鮒也。本《志》不著録。以《孔叢》書出最晚，故《志》不列儒家，亦不附論語家。後且以《中庸》内論郊社之禮、宗廟之禮甚詳，故列禮家也。今一卷。此二卷者，編次各異也。

周官傳四篇

書久佚，今馬氏輯《周官傳》一卷，則采馬融佚説而成，非班《志》原書，不足據。

---

① “一卷”，廣雅本同，清乾隆十二年武英殿刻本《通志·藝文略》作“五卷”。
② “曰”，原誤作“日”，據廣雅本改。

凡禮十三家，五百五十五篇

壽昌案：書目内《議奏》三十八篇，注：石渠。《通志・藝文略》有《石渠禮論》四卷，戴聖撰，豈即《議奏》耶？

魯高堂生傳《士禮》十七篇

壽昌案：此即《儀禮》十七篇也。《儀禮》不盡《士禮》，因首篇《冠》《昏》諸禮俱係士禮，故漢儒以士禮目之從其朔也。《史記・儒林傳》云“秦焚書，獨有《士禮》高堂生能言之”，即此。

《王史氏記》所見，多天子諸侯卿大夫之制，雖不能備，猶瘉倉等推士禮而致於天子之説。

壽昌案：王史氏爲七十子後學者。劉向云：“六國時人。”蓋習孔氏家法，讀古禮書，故得知朝廷制度勝於后倉，由士禮上推於公卿至天子，以意爲之也，自是。而叔孫通詳定漢儀，緜蕝習禮，其大恉詳本傳，遺書究鮮傳流。齊召南曰：“漢叔孫通增損禮制，頗襲秦。”賈公彦《周禮疏》乃謂“通作漢禮制，取法于周”，不知何據。《陳書》沈文阿云：“叔孫定禮，尤失前憲，奠贄不珪，致享無帛，王公同璧，①鴻臚奏賀。”《禮記》孔疏云：“高祖時，皇太子納妃，叔孫制禮，以爲天子無親迎。”似其書尚有傳者。《後書・曹褒傳》云：“章和元年正月，召褒詣嘉德門，令小黄門持班固所上《漢儀》十二篇。”又王充《論衡》：“高祖詔叔孫通制作《儀品》十六篇。”《通考》載叔孫通《朝儀》一書。皆僅存其目，更無論王史氏之所記矣。

雅歌詩四篇

《隋書・音樂志》作“《樂歌詩》四篇”。

雅琴趙氏七篇

《隋書・音樂志》作“《趙氏雅琴》七篇”。案《七略别録》云：

---

① “王公”，廣雅本同，殿本《陳書・儒林傳》作“公王”。

"君子因雅琴之適，故從容以致思焉。其道閑邪悲愁而作者名其曲曰操，①言遇災害不失其操也。"《後漢書·曹褒傳》章懷太子注。"雅琴之意，事皆出於龍德《諸琴雜事》中。"趙氏者，渤海人趙定也。宣帝時，元康神爵間，丞相奏能鼓琴者，渤海趙定、梁國龍德皆召入温室，使鼓琴，時閑燕爲散操，多爲之涕泣者。《藝文類聚》卷四十四、《太平御覽》卷五百七十九。

雅琴師氏八篇　注云："名中，東海人，傳言師曠後。"

《隋書·音樂志》作"《師氏雅琴》八篇"。《北堂書鈔》卷一百九引《七略別錄》云："師氏雅琴者，名忠，東海下邳人，言師曠後。至今邳俗猶多好琴也。"

雅琴龍氏九十九篇

注：名德，梁人。《隋志》：沈約奏云："《龍氏雅琴》百六篇。"《文選》五十九李善注亦引作"九十九篇"，則唐人本與今本合，沈氏或別有所據也。《後書·儒林傳》注引劉向《別錄》云："雅琴之意，事皆出龍德《諸琴雜事》中。"然則《雜事》乃《龍氏雅琴》中之一篇也。

凡樂六家，百六十五篇

壽昌案：班自注云："出淮南劉向等《琴頌》七篇。"蓋以止頌琴而無與於樂，故出之也。

公羊傳十一卷

案：《隋書·經籍志》："《春秋公羊傳》十二卷，嚴彭祖撰。"《唐志》："五卷，嚴彭祖述。"此書久佚。

穀梁傳十一卷　注：師古曰："名喜。"

壽昌案：桓譚《新論》："《左氏》傳世，遭戰國寢藏，後百餘年，魯穀梁赤爲《春秋》，殘略，多所遺失。"是穀梁名赤。應劭《風

---

① "閑邪"，廣雅本同，殿本《後漢書·曹褒傳》李賢注引劉向《別錄》作"閑塞"。

俗通》、蔡邕《正交論》並同。王充《論衡·案書篇》云“穀梁
寘”，阮孝緒《七錄》云“名俶，字元始”。楊士勛《穀梁疏》引作
“淑”，則“俶”字之誤。然皆與師古“名喜”之説異。又應劭
《風俗通》稱穀梁子爲子夏門人，楊士勛謂受經於子夏。據
《新論》“戰國”云云，則穀梁子非親受經於子夏。或云古人親
受業者稱弟子，轉相授者爲門人。穀梁之於子夏，猶孟子之
於子思，理或然也。又魏糜信注《穀梁》以爲秦孝公同時，益
可證穀梁與子夏之相遠。王應麟曰：“今案《傳》載《尸子》之
語，尸佼與商鞅同時，故以爲秦孝公時人。”

鄒氏傳十一卷

《王吉傳》作“騶氏”，《孝經序》注作“十二卷”。

鐸氏微三篇

太史公曰：“鐸椒爲楚威王傅，爲王不能盡觀《春秋》，采取成
敗，卒四十章，①爲《鐸氏微》。”似不止於三篇。劉向《別錄》
云：“左丘明授曾申，申授吳起，起授其子期，期授楚人鐸椒。
椒作《抄撮》八卷授虞卿。”是《左氏》之學以鐸氏爲嫡派也。

虞氏微傳二篇

劉向《別錄》云：“虞卿作《抄撮》九卷以授荀卿。”是虞氏亦專
爲《左氏》學。

公羊顔氏記十一篇

本書《儒林傳》：“顔安樂，字公孫，魯國薛人，官至齊郡太守
丞。”顔學始傳泠豐、任公，繼傳筦路、冥都。鄭康成曰：“安樂
弟子有泠豐、劉安、王彦。”又徐彦曰：“何休序謂‘説者倍《經》
任意，反《傳》違戾’。”案《演孔圖》云：“文、宣、成、襄所聞之世
也，而顔氏以爲從襄二十一年之後，孔子生訖即爲所見之世，

---

① “章”，原誤作“卷”，據殿本《史記·十二諸侯年表》改。

分張一公而使兩屬，是任意也。宣十七年六月癸卯，日有食之。日食之道，不過晦朔與二日，言日不言朔者，是二日明矣，而顏氏以爲十四日日食，是反《傳》違戾也。”又曰：“顏氏以襄公二十三年，邾婁鼻我來奔，《傳》云：‘邾婁無大夫，此何以書？以近書也。’又昭公二十七年，邾婁快來奔，《傳》云：‘邾婁無大夫，此何以書？以近書也。’二文不異，同宜一世，若分兩屬，理似不便。”壽昌案：《顏氏記》十一篇久佚，《隋》《唐志》皆無之。今徐氏所引，尚有此三條，故備録之，以存片羽。

公羊董仲舒治獄十六篇

《七録》作“《春秋斷獄》”。《隋志》作“《春秋決事》十卷，董仲舒撰”。《新》《舊唐書》作“董仲舒《春秋決獄》，黄氏正[①]，移入法家。《崇文總目》作“《春秋決事比》”。書久佚。應劭曰：“膠東相董仲舒老病致仕，朝廷每有政議，數遣廷尉張湯親至陋巷，問其得失，於是作《春秋決獄》二百三十二事，動以經對，言之詳矣。”王應麟曰：“仲舒《春秋決獄》，其書今不見。《太平御覽》載二事，其一引《春秋》許止進藥；其一引夫人歸於齊。《通典》載一事，引《春秋》之義，父爲子隱。應劭所謂‘二百三十二事’，今僅見三事而已。”朱彝尊曰：“案《藝文類聚》有引《決獄》君獵得麑一事。”是尚存四事也。

戰國策三十三篇

《隋·經籍志》：“《戰國策》三十二卷，劉向録。”

奏事二十篇

本注：秦時大臣奏事及刻石名山文也。壽昌案：《史記·秦始皇本紀》所載嶧山、會稽諸刻石碑文當本於此。

---

① “黄氏”，原誤作“董氏”，據殿本《新唐書·藝文志》改。

楚漢春秋九篇

《隋·經籍志》"《楚漢春秋》九卷，陸賈撰"，與此合。全書久佚，今雜見各書所引。

漢著記百九十卷

顏注：若今之起居注。何焯曰："《後漢·皇后紀》：明德皇后自撰《顯宗起居注》。劉毅云：'古之帝王，左右置史，漢之舊典，世有注記。'此'著'字疑作'注'。"壽昌案：本書《律曆志》言"著記"者十四，《五行志》亦言"凡漢著記"。《谷永傳》有曰："八世著記，久不塞除。"注："李奇曰：'高祖以來至元帝，著紀災異，未塞除也。'"是"著記"名書已久，不能改"著"爲"注"。

鄒氏無師

《王吉傳》云："能爲《騶氏春秋》。"壽昌案：據此，當時應有師受，或因未立學官，失其傳耳。

夾氏未有書

案《志》稱"《夾氏傳》十一卷，有録無書"，是夾氏書在漢時已亡。壽昌案：既云"有録"，其初必有書也。《宋史·藝文志》載有《春秋夾氏》三十卷，必後人擬作也，今書亦無存。

凡春秋二十三家，九百四十八篇①

壽昌案：《鄒氏傳》無師，《夾氏傳》無書，而存之者，存此兩家也。注云"省《太史公》四篇"，不知所省何篇，無考。

齊二十二篇　注：多《問王》《知道》。

案《隋》《唐志》不著録，佚已久。馬國翰云："考《漢書·王吉傳》用《論語》二事，《貢禹傳》引一事，此《齊》學之底本。又陸德明《經典釋文·叙録》云：'《齊論語》，齊人所傳。'董仲舒，

廣川人，地屬齊。《漢書》本傳對策及所著《春秋繁露》多引
《論語》，與《魯》《古》不同，而與王吉所引有合，確爲《齊論
語》。又《釋文》云：'案鄭校周之本，以《齊》《古》讀正，凡五十
事。'陸氏載鄭從亡者十餘條，他引鄭本不言所從。鄭以《齊》
《古》注《魯》，其與《古》不同者爲《魯》，而與《魯》不同者皆
《齊》同於《古》也。又《説文》《初學記》等書引《逸論語》詳言
玉事。王應麟謂《問王》疑即《問玉》。朱氏《經義考》定爲《問
玉》篇。"是唯《知道》篇全佚耳。

孔子家語二十七卷

顏注曰：非今所有《家語》。壽昌案：《隋志》："《孔子家語》二
十一卷，王肅解。"壽昌考其書，實王肅僞撰，羼入甚多，先儒
皆有詳辨。蓋自隋、唐來已無真本，故顏氏云然也。

孔子三朝七篇　注：師古曰："今《大戴禮》有其一篇。"

《史記・五帝本紀》索隱引《七略別録》云："孔子見魯哀公問
政，比三朝，退而爲記，凡七篇，並入《大戴禮》。"案《蜀志・秦
宓傳》裴松之注、《藝文類聚》卷五十五並引作"孔子三見哀
公，作《三朝記》七篇，今在《大戴禮》"。壽昌案：據《七略》所
言，並以今《大戴禮》合之，剛得七篇之數，則師古僅有一篇之
説，殆未審也。

凡論語十二家，二百二十九篇。

**傳《齊論》者，昌邑中尉王吉、少府宋畸、御史大夫貢禹、尚書令
五鹿充宗、膠東庸生。唯王陽名家。傳《魯論語》者，常山都尉
龔奮、長信少府夏侯勝、丞相韋賢、魯扶卿、前將軍蕭望之、安昌
侯張禹，皆名家。**

壽昌案：共傳十二家，而書之傳者，惟《魯夏侯説》二十一篇，
即夏侯勝；《魯安昌侯説》二十一篇，即張禹；《魯王駿説》二
十篇，即王吉子。吉字子陽，故稱王陽。第何以名家？而吉

無書，其子駿轉有書也。且何以傳《魯論》者有傳書，傳《齊論》者無專家，亦無傳書耶？後世但知習《魯論語》，而不知有《齊論語》，或亦因此耶？案：傳《齊論》者，原文"論"下疑脱一"語"字，觀下作"魯論語"者可見。衍齡謹附識。

長孫氏説二篇

長孫，名字、爵里俱無考。《隋》《唐志》不著録，惟《隋志》云："長孫有《閨門》一章。"孔安國《古文孝經》載二十二字，黄震《日鈔》亦載入，云："今文全無之，而古文自爲一章。"

凡孝經十一家

壽昌案：共十三家。並《五經雜議》《爾雅》《小爾雅》《弟子職》計之，多兩家。若出之，則又不足十一家。豈出《爾雅》《小爾雅》兩家耶？不解孝經家《七略》初何以入此兩書。

《孝經》者，孔子爲曾子陳孝道也。夫孝，天之經，地之義，[①]民之行也。舉大者而言，故曰《孝經》。

姚際恒《古今僞書考》襲朱子《孝經刊誤》之説，夷《孝經》於僞書，且駁班《志》此言云："此曲説也。安有取'天之經''經'字配'孝'字以名書，而遺去'地之義'諸句之字者乎？書名取章首之字或有之，況此爲第七章中語耶？"壽昌案：姚氏未細繹《志》語也。《志》云"舉大者言"，謂道莫大於孝，故曰經。經如《易》《詩》《書》之名經，非必取義於"天之經"也。此《志》截引《孝經》語，玩文義自明，不能摘一字以詆班也。姚氏謂《孝經》是後儒撮取爲名，班以此言成之者。考《昭帝紀》"通《孝經》《論語》《尚書》"，《宣帝紀》"師受《論語》《孝經》"，《平帝紀》"序、庠置《孝經》師一人"，《王式傳》"博士江公著《孝經説》"。《後書·荀爽傳》"漢制，使天下誦《孝經》"，《儒林傳》"明帝時，自期門羽林之士，悉令通《孝經》章句"。許沖進《説

---

① "地之義"三字原脱，據殿本《漢書·藝文志》補。

文解字》上書有云"慎又學《孝經》古文説"。《古文孝經》者，
孝昭時魯國三老所獻，建武時給事中議郎衛宏所校。是"孝
經"名書已久，皆在班氏前。試問當日不名爲"孝經"，豈單名
爲"孝"乎？姚氏又謂書名取章首字，或有之。壽昌謂此後世
作詩製題法，若經則無此例。《易》《詩》《書》經章首有"易"
"詩""書"等字乎？以責班氏，多見其不知量也。《續志補注》
引《明堂月令》説魏文侯《孝經傳》曰："太學者，中學明堂之位
也。"《吕氏春秋·先識覽》《察微》篇引《孝經》曰："高而不危，
所以長守貴也；滿而不溢，所以長守富也。富貴不離其身，然
後能保其社稷，而和其民人。"是魏文侯且爲《孝經》作傳，《吕
覽》復引之。《孝經》早行於周、秦間，不始自漢矣。何休引夫
子曰："吾志在《春秋》，行在《孝經》。""孝經"之稱，自出夫子。
姚際恒之論，不獨非孝無親，亦不考古之甚矣。謹案：王儉《七志》
以《孝經》爲首。衍齡謹附識。

史籀十五篇

注：周宣王太史作大篆十五篇，建武時亡六篇矣。壽昌案：
據注言，則在東漢初已亡三分之一有餘，計所存不足六千字。
唐元度曰："秦焚《詩》《書》，惟《易》與《史篇》即《史籀》。得全。
王莽亂，此篇亡失。建武中，獲九篇。章帝時，王育爲作解
説，[①]所不通者十有二三。"考王育不見范《史》，而《説文解字》
引王育説，則許取籀文或本於此。後儒叙《説文》者，謂許不
妄作，其《説文》九千三百五十三字，即《史籀》九千字，不知籀
文本無字數。張懷瓘取《志》所云"學童諷書九千字"以定籀
文，並謂籀文爲史書，皆不可據也。惟育在章帝時籀文已亡
過半，許在安帝時又取諸育，安能得其全耶？

---

① "解"，原誤作"餘"，據元泰定二年慶元路儒學刻本《困學紀聞》卷八改。

凡將一篇

《隋志》有一卷，以爲亡，《唐志》復以一卷著録，久佚。

訓纂一篇

《隋志》"《三蒼》三卷"，下題云："秦相李斯作《蒼頡篇》，漢揚雄作《訓纂篇》，後漢郎中賈魴作《滂喜篇》，故曰《三蒼》。"《唐志》有張揖《三蒼訓詁》三卷。皆無單行本，今併佚。

杜林　蒼頡訓纂一篇

《隋志》云："梁有《蒼頡》二卷，後漢司空杜林注，亡。"《唐志》復有杜林《蒼頡訓詁》二卷，今佚。

凡小學十家，四十五篇

壽昌案：書目内"八體六技"是八篇，以篇數核之自合。

史書令史

注：韋昭曰："若今尚書蘭臺令史。"臣瓚曰："史書，今之太史書。"劉奉世曰："史與書令史二名，今有書令史。"壽昌案：《後書·百官志》"尚書屬令史十八人，二百石"注引《古今注》曰："永元三年七月，[①]增尚書令史員。"又班固、傅毅皆爲蘭臺令史，見本傳。韋昭説是也。若書令史兩漢皆無此秩，劉氏之所謂"今"是宋時，何可以釋漢制？

古制，書必同文，不知則闕。至。故孔子曰："吾猶及史之闕文也，今亡矣夫！"

顏注：謂文字有疑，則當闕而不説。壽昌案：《論語》包注曰："古之良史，於書字有疑則闕之。"《志》又云："蓋傷其寖不正。"是謂"史"即《史籀》，大篆諸書，"文"即字也。"不正"即上所云"字或不正，則舉劾"也。許慎《説文解字叙》有云："詭更正文，鄉壁虚造不可知之書，變亂常行，以燿於世。"又云：

---

① "元"，原誤作"平"，據殿本《後漢書·百官志》改。

"皆不合孔氏古文,謬於《史籀》。俗儒啚夫,翫其所習,蔽所希聞。"又云:"《書》曰:'予欲觀古人之象。'言必遵修舊文而不穿鑿。孔子曰:'吾猶及史之闕文,今亡矣夫!'"是與班《志》引經同恉,蓋漢以前説《論語》古義也。

晏子八篇　本注云:"名嬰,謚平仲。"

壽昌案:平仲爲謚。《史記》列傳未書明世故,疑爲字也,然平字固是謚法。《隋·經籍志》:"《晏子春秋》七卷。"

子思二十三篇

《隋志》儒家:《子思子》七卷。宋汪晫編《子思子》一卷,則雜采佚説而成。

曾子十八篇

《隋·經籍志》"《曾子》二卷",注:"目一卷,魯國曾參撰。"今存,《大戴禮記·立事》至《天圓》凡十篇。

漆雕子十二篇[①]　孔子弟子漆雕啓後。[②]

壽昌案:漢因景帝諱"啓"爲"開",故《史記》作漆雕開,字子開。近人丁杰謂"啓斯之未能信"句,今作"吾"。張禹本避景帝諱改,弟子於師不稱"吾"。此注作"啓",恐因避諱傳寫倒訛也。《弟子列傳》内尚有"漆雕哆""漆雕徒父",而《家語·好生》篇有"漆雕憑",[③]《説苑》作"漆雕馬人"。

李克七篇　注:子夏弟子,爲魏文侯相。

壽昌案:《釋文》一云"子夏傳《詩》於曾申,申傳魏人李克",則克子夏門人,非弟子也。

公孫尼子二十八篇　七十子之弟子。

《隋·經籍志》"《公孫尼子》一卷",注:"尼似孔子弟子。"朱彝尊

---

①　"十二篇",廣雅本同,殿本《漢書·藝文志》作"十三篇"。
②　"雕",原誤作"調",據殿本《漢書·藝文志》改。
③　"好生"下原衍一"傳"字,據《四部叢刊》影明翻宋本《説苑》卷二刪。

曰：“沈約謂《樂記》取《公孫尼子》，劉瓛謂《緇衣》公孫尼子所作，今從顏氏定爲孔子門人。”①馬總《意林》標目作“公孫文子”。

孟子十一篇

後兵陰陽家有《孟子》一篇，較此少十篇，俱與今七篇之數不合。案趙氏《題辭》曰：“著書七篇，又有外書四篇。”《風俗通》亦云：“作書中、外十一篇。”蓋合外書而言也。《隋書·經籍志》：“《孟子》十四卷，齊卿孟軻撰，趙岐注。”壽昌案：注師古曰：“《聖證論》云軻字子車，而此《志》無字，未詳其所得。”案《太平御覽》卷三百六十二引《聖證論》云：“學者不知孟軻字，案《子思》書及《孔叢子》有孟子居，即是軻。軻少居坎軻，故名軻，字子居也。”案傅元曰：“字子輿。”《史記正義》同今《孔叢子》，亦作“子車”。《廣韻》則引作“子居”。

孫卿子三十三篇

《隋·經籍志》：“《孫卿子》二卷，楚蘭陵令荀況撰。”

芊子十八篇　注：名嬰，齊人，七十子之後。師古曰：“芊，音弭。”

壽昌案：《史記》作“阿之吁子焉”。《索隱》：“阿，齊之東阿也。吁，音芊。《別錄》作‘芊子’，今‘吁’亦如字也。”《正義》云：“顏云音弭。案：齊人，阿又屬齊，恐顏公誤也。”壽昌案：《說文》“羊”本字作“芊”，其音弭者，楚姓。又羊鳴“吁”，《說文》本作“吤”。“芊”，《集韻》或作“芋”，音“吁”，故“芊子”亦作“吁子”也。

讕言十一篇　注：不知作者，陳人君法度。師古曰：“說者引《孔子家語》云孔穿所造，非也。”

馬國翰云：“案《家語》後序云：‘子直生子高，名穿，亦著儒家語十二篇，名曰《讕言》。’《集韻》去聲二十九換，讕、讕、諫三

①　“顏氏”，廣雅本同，清文淵閣《四庫全書》本（以下簡稱“四庫本”）《經義考》作“漢志”。

字並列，注云：'詆讕，誣言相被也，或从間从柬。'然則'讕'與'譋'通，加'艸'者，隸古之别也。書名既同，並稱儒家。且以《孔叢子》所載子高之言觀之，其答信陵君祈勝之禮，對魏王人主所以爲患，及古之善爲國至於無訟之問，又與齊君論車裂之刑，所言皆人君法度事，則《讕言》審爲穿書矣。班固云不知作者，蓋劉向校定《七略》時，《孔叢子》晦而未顯。《漢志》本諸《七略》，無從取證。東漢季，《孔叢子》顯出，故王肅注《家語》據以爲説。魏晉儒者遂據肅説爲解《漢志》。在當日實有考見，不知顏監何以斷其非也。兹即從《孔叢子》録出，凡三篇。"壽昌案：馬説甚辨，而所録則未敢據。顏云非孔穿所造者，亦以王肅僞造之《家語》，未足信也。

王孫子一篇

《隋·經籍志》云："梁有《王孫子》一卷，亡。"馬總《意林》卷二標目在《申子》之上，而書闕。或誤以《莊子·雜篇》繫其下，《四庫全書》校本删正之，只留闕目。繆荃孫云："《意林》卷二《王孫子》兩條，宋本有之，刻入别下齋《斠補隅録》。"

董子一篇

《隋·經籍志》："《董子》一篇，戰國董無心撰。"《隋》《唐志》並以一卷標目。《宋志》不載，佚已久。明陳第《世善堂藏書目》有之，近復佚。

魯仲連子十四篇

《隋·經籍志》："《魯連子》五卷，録一卷。魯連，齊人，不仕，稱爲先生。"《唐志》：一卷。今佚。

虞氏春秋十五篇　　注：虞卿也。

《史記》本傳云："爲趙上卿，故號虞卿。"又云："不得意，乃著書，上采《春秋》，下觀近世，曰《節義》《稱號》《揣摩》《政謀》，凡八篇。以刺譏國家得失，世傳之曰《虞氏春秋》。"《史記正

義》云：“《藝文志》云十五篇。”與此合。《隋》《唐志》皆不著
錄，佚已久。

太常蓼侯孔臧十篇

《隋·經籍志》注：“梁有《漢太常孔臧集》二卷，亡。”壽昌案：
臧爲高祖功臣蓼夷侯孔聚，《史記》所稱爲“孔將軍”者之子
也。臧以功臣子襲侯爵，官太常，而名重儒家，有書十篇，載
入《七略》。又於賦家入賦二十篇，亦漢初儒儁中才學之並茂
者，而出自功臣子，尤可異也。宋晁公武《讀書雜志》有云：
“漢孔臧以所著賦與書謂之《連叢》，附於《孔叢子》之後。”壽
昌考《孔叢子》漢初木出，至宋漢末始有其書，則臧書之名《連
叢》，疑後人僞託也。然其書名已載入《宋中興館閣書目》及
宋人《邯鄲書目》，《通考》《玉海》俱引之。

賈誼五十八篇

《隋·經籍志》儒家“《賈子》十卷”，注：“録一卷。”別集注：
“梁有《賈誼集》四卷，亡。”

董仲舒百二十三篇

《隋·經籍志》：“《漢膠西相董仲舒集》一卷。”

吾丘壽王六篇

《隋·經籍志》注：“梁有《漢光禄大夫吾丘壽王集》二卷，亡。”

桓寬　鹽鐵論六十篇

《隋·經籍志》：“《鹽鐵論》十卷，漢廬江府丞桓寬撰。”今案毛氏
汲古閣本闕“桓”字，注“淵聖御名”四小字，足徵毛本是用南宋初本《漢書》影刊也。
衍齡謹附識。

劉向所序六十七篇

《隋·經籍志》“《新序》三十卷”，注：“録一卷。”“《説苑》二十
卷”。壽昌案：“新序”，此云“所序”，或曰“所”“新”字近而誤，
又或下有“揚雄所序”，因轉寫亦爲“所”也。

揚雄所序三十八篇

《隋·經籍志》：“《揚子法言》十五卷，《解》一卷。又《揚子太

玄經》九卷。"①本傳蕭該《音義》引劉向《七略別錄》云："雄《太玄》有首、衝、錯、測、攡、②舒、③瑩、數、文、掜、告十一篇。"壽昌案：後注知爲班所入，《七略》本無之也。

右儒五十三家，八百三十六篇。

於道最爲高

壽昌案：本《志》自此以下道家至農家，凡八家，俱用"此其所長也"五字稱之，下便作抑辭，獨此以"於道最爲高"五字極力推重，所以別儒於諸家也。

此辟儒之患

顏注："辟"，讀曰"僻"。壽昌案：《爾雅》邢昺疏引此作"僻儒之患也"，即此"辟"字。

伊尹五十一篇

小說家有《伊尹說》二十七篇，較此少二十四篇，多一"說"字。注云："語淺薄，似依託也。"案《史記・殷本紀》集解引《七略別錄》云："《伊尹》五十一篇。《史記》：'伊尹從湯言素王及九主之事。'九主者，有法君、專君、授君、勞君、等君、寄君、破君、國君、三歲社君，凡九品，圖畫其形。"其書《隋》《唐志》俱不著錄，佚已久。

太公二百三十七篇

《詩・大雅・大明》正義引《七略別錄》云："師之尚之父之，故曰師尚父。"

鬻子二十二篇

《隋・經籍志》云："《鬻子》一卷，周文王師鬻熊撰。"壽昌案：

---

① "玄"，原避諱作"元"，今回改，下同。

② "攡"，廣雅本同，《四部叢刊》影明嘉靖萬玉堂翻宋刻本《太玄經》、殿本《漢書・揚雄傳》皆作"攡"。

③ "舒"，廣雅本同，《四部叢刊》影明嘉靖萬玉堂翻宋刻本《太玄經》、殿本《漢書・揚雄傳》皆無，在"告"上有"圖"字。

本注云：“名熊，爲周師，自文王以下問焉。”楚後以熊爲氏，氏以君名也，漢摇無餘爲南粵王摇之族，猶是也。

筦子八十六篇

《隋·經籍志》：“《管子》十九卷。”案《史記·管晏列傳》注引《七略别録》云：“《管子》十八篇，在法家。”

文子九篇

《隋·經籍志》：“《文子》十二卷，梁十卷，亡。”案《史記·孟荀列傳》索隱引《七略别録》：“《墨子》書有文子，子夏之弟子，問於墨子。”

老萊十六篇

《隋》《唐志》不著録，久佚。《文選·孫綽天台賦》注引《七略别録》云：“老萊子，古之壽者。”

黔婁子四篇

《廣韻》去聲十九候“婁”字注引《漢志》作“贛婁子”。其書隋唐以來久佚。

力牧二十二篇

兵陰陽家有《力牧》十五篇，較此少七篇，亦注云“依託也”。

孫子十六篇

《北堂書鈔》卷一百四引《七略别録》云：“《孫子》書以殺青，簡編以縹絲繩。”又云：“殺青者，直治竹作簡書之耳。新竹有汁，①善朽蠹，凡作簡者，皆於火上炙乾之。”

右道三十七家，九百九十三篇。

清虚以自守，卑弱以自持，此人君南面之術也。

壽昌案：道家取老子爲重，入老子經傳説四家，自漢已然，固無足怪。而書目以《伊尹》爲首，《太公》次之，後又入《黄帝》

---

① “汁”，廣雅本同，清光緒十四年南海孔氏三十有三萬卷堂影宋刻本《北堂書鈔》作“汗”。

四家、《力牧》一家,極無倫次。蓋漢治法黃老,竇太后好黃帝、老子言,至不許景、武嚮儒,且恐亂其家法,所謂"人君南面之術"即此也。

公檮生終始十四篇　注:傅鄒奭《始終》書。

後有《鄒奭子》十二篇,此檮所傅,當有異,故書名、篇數各不同也。本"終始"注云"始終",或傅鈔誤倒歟?

鄒子四十九篇

劉向《七略別錄》引《方士傳》言:"鄒衍在燕,有谷地美而寒,不生五穀。鄒子居之,吹律而温至黍生,至今名黍谷。"《藝文類聚》卷九、《太平御覽》卷五十四引並同。《鄒子》書有《主運》篇,見《史記·孟荀列傳》索隱。

鄒子終始五十六篇

壽昌案:《史記·封禪書》、本書《郊祀志》俱引作"騶子"。戰國齊威、宣時人,其書論著五德終始之運。如氏注"今其書有《五德終始》,五德各以所勝爲行。秦謂周爲火德,滅火者水,故自謂之水德"云云。是此書故名《五德終始》也。

鄒奭子十二篇

《七略別錄》云:"鄒奭者,頗采鄒衍之術,迂大而閎辨,文具難勝,齊人美之。頌曰談天衍,雕龍奭,炙轂輠髡。"《太平御覽》卷四百六十四引至"談天衍",作"鄒",下缺,據《史記·孟荀列傳》集解補。云:"鄒衍之所言五德終始,天地廣大,盡言天事,故曰'談天騶衍'。奭修衍之文,若雕鏤龍文,故曰'雕龍'。'炙轂輠',輠者,車之盛膏器也。炙之雖盡,猶有餘流者。言于髡智不盡如炙輠也。"

右陰陽二十一家,三百六十九篇。

舍人事而任鬼神

壽昌案:《禮·表記》"殷人尊神,率民以事神",幾於任鬼神矣。而“先鬼而後禮，先罰而後賞”，則仍未能舍人事也。

商君二十九篇

兵權謀家有《公孫鞅》二十七篇，較此少二篇。案：鞅即商君，一人兩書而兩名，正以見書之不同也。《隋・經籍志》：“《商君書》五卷。”

申子六篇

《隋・經籍志》云：“梁有《申子》三卷，韓相申不害撰，亡。”《唐志》復以“三卷”著目，今佚。馬總《意林》引六節。《七略別錄》云：“申子學號曰刑名者，循名以責實，其尊君卑臣，崇上抑下，合於六經也。”《史記・張叔傳》索隱。“孝宣皇帝重申不害《君臣》篇，使黃門郎張子喬正其字。”《太平御覽》卷二百二十一。“今民間所有上下二篇，中書六篇，皆合二篇。”《史記・老莊申韓列傳》集解。繆荃孫云：“明陳第《世善堂書目》有《申子》二卷，今不傳。《群書治要》所錄《大體》篇尚完善，餘僅見《意林》《御覽》所引而已。”

鼂錯三十一篇

案本傳云“三十篇”。壽昌案：《隋志》注云：“梁有《朝氏集》三卷，漢御史大夫鼂錯撰，亡。”《唐志》復有《晁氏新書》十卷，今佚。鄭樵《通志》作“三卷”，馬總《意林》“三卷”，而《通考》無之，亡久矣。

右法十家，二百一十七篇。

專任刑法而欲以致治，至於殘害至親，傷恩薄厚。

顏注：薄厚者，變厚而薄。壽昌案：顏解未晰，此即《大學》所云“於所厚者薄”之意，蓋專指秦商鞅、漢鼂錯以爲説。

尹文子一篇

《隋・經籍志》：“《尹文子》二卷。”

公孫龍子十四卷

《初學記》卷七引《七略別錄》云：“公孫龍持白馬之論以

度關。"

黃公四篇

本注云："名疵，爲秦博士，作歌詩，在秦時歌詩中。"壽昌案：爲博士，必在始皇時。惜《駟鐵》《車鄰》後，秦詩無傳。顧此四篇，《七略》不入歌詩家，而以入名家，必是別有文，注特指其一端也。

右名七家，三十六篇。

尹佚二篇

"尹佚"，《説苑》作"尹逸"，亦作"史佚"。"佚""逸"音義俱同。《隋》《唐志》皆不著録。

田俅子三篇

《隋·經籍志》注："梁有《田休子》一卷，亡。""休"即"俅"，字近而訛也。《唐志》不著録，久佚。

隨巢子六篇

《隋·經籍志》"《隨巢子》一卷"，注："似墨翟弟子。"《唐志》亦"一卷"，久佚。

胡非子三篇

《隋·經籍志》"《胡非子》一卷"，注："似墨翟弟子。"《唐志》亦"一卷"，久佚。馬總《意林》僅著"目一卷"。案：《隋志》與《隨巢子》注於"墨翟弟子"上加一"似"字，與班《志》原注微異。

墨子七十一篇

《隋·經籍志》："《墨子》十五卷，目一卷。"

右墨六家，八十六篇。

墨家者流，蓋出於清廟之守

壽昌案：《左傳·桓二年》："臧哀伯曰：'是以清廟茅屋，大路越席，太羹不致，粢食不鑿，昭其儉也。'"杜注："清廟，肅然清靜之稱。"《志》蓋以墨之儉出於此也。

宗祀嚴父，是以右鬼

注：如氏曰：“右鬼，謂信鬼神。若杜伯射宣王，是親鬼而右之。”何焯曰：“如注謬甚。”壽昌案：《墨子》有《明鬼》三篇，其第三篇言鬼神報應，即首引“杜伯射宣王”事。如氏以《墨子》注《墨子》，似不能謂之謬也。顏注作“明鬼神”，校今本多一“神”字，或古本如此。

闕子一卷

《後漢書·孝獻帝紀》章懷太子注引《風俗通》曰：“闕，姓也。承闕黨童子之後也。縱橫家有闕子著書，即此。”《隋·經籍志》云：“梁有《補闕子》十卷，《湘東鴻烈》十卷，並元帝撰，亡。”《唐志》載“梁元帝《補闕子》十卷”。《文選注》《太平御覽》或引作“闕子”。

蒯子五篇

案：通著書名《雋永》，凡八十一首。《通傳》有之，而《藝文志》不載，載《蒯子》五篇，而《傳》又未及之。

右縱橫十二家，百七篇。

則上詐諼而棄其信

壽昌案：《志》云：“從橫家者流，蓋出於行人之官。”則此語似爲酈寄諸人而發。

五子胥八篇

兵技巧家又有《五子胥》十篇，較此多兩篇。

尉繚子二十九篇

後之兵形勢家又有《尉繚》三十一篇，無“子”字，較此多三篇。

尸子二十篇　　注：名佼，魯人，秦相商君師之。鞅死，佼逃入蜀。

《史記·孟荀列傳》集解引劉向《七略別錄》云：“《史記》：楚有尸子，疑謂其在蜀。今案《尸子書》，晉人也，名佼，秦相商鞅客也。衛鞅商君，謀事畫計，立法理民，未嘗不與佼規也。

商君被刑,佼恐並誅,乃亡逃入蜀。自爲造此二十篇書,凡六萬餘言。卒因葬蜀。"壽昌案:此與注合,"晋"與"魯"字近,傳寫訛也。

東方朔二十篇

本書《朔傳》注引劉向《七略別録》云:"少時數問長老賢人通於時事者,皆曰朔口諧倡辨,不能持論,喜爲庸人誦説,[1]故令後世多傳聞者。[2]"又引劉向所録云:"朔之文辭,《客難》《非有先生論》,此二篇最善。其餘有《封泰山》《責和氏璧》及《皇太子生祿》《屏風》《殿上柏柱》《平樂觀賦獵》,八言、七言上下,《從公孫弘借車》。[3] 凡朔書具是矣。"

右雜二十家,四百三篇

注云:"入兵法。"[4]壽昌案:即《子晚子》《尉繚子》之類,未注明。

及盪者爲之

壽昌案:"盪"即"蕩"也,見《正韻》。本書《丙吉傳》"皇孫敖盪"注:"放也。"即遨蕩猶游放也。《論語》"今之狂也蕩",孔注曰:"蕩,無所據也。"下云"則漫羨而無所歸心",即"無所據"意。

尹都尉十四篇

注:不知何世。《藝文類聚》引劉向《別録》有《尹都尉·種葱書》《種蓼篇》。《隋·經籍志》闕。《唐志》"《尹都尉書》三卷",鄭氏《通志》同,是宋尚存其書。而馬氏《通考》無之,則宋末久佚矣。

---

① "喜",原誤作"善",據殿本《漢書·東方朔傳》改。
② "令",原誤作"今",據殿本《漢書·東方朔傳》改。
③ "弘",原避諱作"宏",今回改,下同。
④ "法",原誤作"家",據殿本《漢書·藝文志》改。

氾勝之十八篇

《隋》《唐志》並“二卷”，今無傳本。案：《晉書·食貨志》：“昔漢遣輕車使者氾勝之督三輔種麥，而關中遂穰。”《文選注》引王隱《晉書》云：“氾勝之敦睦九族。”《廣韻》二十九凡“氾”字注：“又姓，出燉煌、濟北二望。”皇甫謐云：“本姓凡氏，遭秦亂，避地於氾水，因改焉。漢有氾勝之撰書，言種植之事。子輯爲燉煌太守，因家焉。”鄭樵《通志·氏族略》：“漢有范勝之，爲黃門侍郎。”《藝文略》農家有《范勝之書》二卷，“范”即“氾”也。而馬端臨《通考》無其書，則宋中葉尚存，宋末亦亡矣。近時洪頤煊《經典集林》中輯《氾勝之書》二卷。

蔡癸一卷

馬國翰云：“考賈思勰《齊民要術》引崔寔《政論》有‘趙過教民耕植，其法三犂共一牛’云云。而《太平御覽》引作‘宣帝使蔡癸教民耕’事，文正同。蓋癸書述趙過法，而崔氏引之也。”壽昌案：漢世重農士兼耕讀，故氾勝之、蔡癸皆以教民耕至大官。外此，如趙過及平都令光皆載入《食貨志》以傳。至孝武元封六年，濟南崔不意官酒泉郡之魚澤障都尉，教力田以勤效得穀。迨後分置敦煌郡，因立其地爲縣，特名“效穀”，以旌其勞。蓋不獨置力田等官，爲勸農常政也。

右農九家，百一十四篇。

孔子曰“所重民食”

顔注曰：“《論語》載孔子稱殷湯伐桀告天辭也。”壽昌案：《論語》此章年代明有次第。此自“周有大賚”三節下爲此語，與“予小子履”節相隔絕，疑是周武王事，故晉出《武成》篇采入之，疑不能屬之湯也。_{謹案：顔注多引《古文尚書》，此獨不引《武成》篇而引作“湯伐桀”，疑別有據。衍齡謹附識。}

青史子五十七篇

賈執《姓氏英賢錄》云：“晉太史董狐之子，受封青史之田，因氏焉。"壽昌案:《隋·經籍志》注云:"梁有《青史子》一卷,亡。"蓋佚已久。

師曠六篇

後之兵陰陽家有《師曠》八篇,較此多兩篇,彼注云"晋平公臣",此云"見春秋",未詳是何春秋也。

虞初周説九百四十三篇

注:河南人。武帝時,以方士侍郎,隴黄車使者。壽昌案:張衡《西京賦》李善注引此云:"河南人也。武帝時,以方士侍郎,乘馬衣黄衣,號黄車使者。"此脱"乘馬衣黄衣"五字,"號"字又誤作"隴"也,殿本已正作"號"。

右小説十五家,千三百八十篇。

孔子曰:"雖小道,必有可觀者焉,致遠恐泥,是以君子弗爲也。"

顔注曰:"《論語》載孔子之言。"壽昌案:今《論語》作子夏語。蓋漢時有《魯論語》《齊論語》《古論語》三家,此或是《古論語》也。《東平思王傳》云:"小道不通,致遠恐泥。"顔注亦云引孔子之言。《後書》:"蔡邕上封事有云:'若乃小能小善,雖有可觀,孔子以爲致遠則泥。'"《隋書·經籍志》亦引此語作孔子,不作子夏,皆與今《論語》異。

屈原賦二十五篇

《隋·經籍志》:"《楚辭》十二卷,並目録,後漢校書郎王逸注。"《史記·屈原列傳》集解引劉向《別録》云:"章甫薦屨兮,漸不可久。因以自喻自恨也。"壽昌案:此二語見賈誼《懷湘賦》。"因以自喻"亦《賈傳》中語,《別録》偶引之。

宋玉賦十六篇

《隋·經籍志》:"楚大夫《宋玉集》三卷。"《唐志》:二卷。《通志》:二卷。《通考》:一卷,云"自《文選》及《古文苑》中録出",非原本。

枚乘賦九篇

壽昌案：《隋·經籍志》注：“梁有漢弘農都尉《枚乘集》二卷。”《唐志》復著録，《通志》載“二卷”。馬氏《通考》云：“今本一卷，乃於《漢書》及《文選》諸書鈔出者。”蓋久佚其全矣。

司馬相如賦二十九篇

《隋·經籍志》：“漢文園令《司馬相如集》一卷。”

淮南王賦八十二篇

《隋·經籍志》：“《漢淮南王集》一卷。”《北堂書鈔》卷一百三十五、《太平御覽》卷七百十二引劉向《別録》云：“淮南王有《熏籠賦》。”

上所自造賦二篇　顏注曰：“武帝也。”

上爲武帝，非顏注幾不明。第師古當日何由知爲武帝而注之？必有所受，惜其説不傳。或謂因武帝《悼李夫人賦》知之，然何由知此賦定在二篇内也？《隋·經籍志》“《漢武帝集》一卷”，注：“梁二卷。”

劉向賦三十三篇

此向之子歆所入也。《隋·經籍志》：“漢諫議大夫《劉向集》六卷。”又云：“漢太中大夫《劉歆集》五卷。”壽昌案：《志》無歆作，蓋歆於《七略》未入己作，班亦遂未入之也。《太平御覽》卷七百七引劉向《別録》云：“向有《芳松枕賦》。”又案：《通志》作“諫議大夫《劉向集》六卷”，《通考》作“《劉中壘集》五卷”。陳振孫《書録解題》曰：“前四卷，《封事》並見《漢書》，《九歎》見《楚辭》，[1]末《請雨華山賦》見《古文苑》。”是亦非原書也。

王褒賦十六篇

《隋·經籍志》：“漢諫議大夫《王褒集》五卷。”《通志》同，而

---

[1]　“歎”，原誤作“歌”，據清《武英殿聚珍版叢書》本《直齋書録解題》卷十五改。

《通考》無之,是宋末已亡也。

右賦二十家,三百六十一篇

壽昌案:以《武帝賦》列入二十家,並雜入漢臣中,此劉歆編次失體,而班亦不加改正,何也? 後歌詩家以《高祖歌詩》二篇冠首,較爲得之。

嚴助賦三十五篇

壽昌案:本《志》儒家者流作"《莊助》四篇",此作"嚴助",一人而忽"莊"忽"嚴",皆傳寫參錯,非班原文也。

司馬遷賦八篇

《隋·經籍志》:"漢中書令《司馬遷集》一卷。"《通志》作"二卷"。

河内太守徐明賦三篇　注:字長君,東海人,元、成世歷五郡太守,有能名。

壽昌案:有能名而不入《循吏傳》,蓋亦時之所謂"能吏"而已。班詳注字、籍、官閥,亦以無傳之故。

待詔馮商賦九篇

《藝文類聚》卷八十引劉向《别録》云:"待詔馮商作《燈賦》。"

博士弟子杜參賦二篇

顏注曰:"劉向《别録》云:'臣向謹與長社尉杜參校中秘書。'劉歆又云:'參,杜陵人,以陽朔元年病死,時年二十餘。"壽昌案:參同向校書,必與歆友,故《七略》入之,《别録》詳其年籍、官閥。參雖早卒,其得傳,亦幸也。

車郎張豐賦三篇　注:張子僑子。

壽昌案:"光禄大夫《張子僑賦》三篇"已著録於前,兹復録其子豐之作,是與枚乘及子皋同列賦家,父子繼業,皆西漢盛事也。

右賦二十一家,二百七十四篇

壽昌案:前賦二十家,應是莊雅之作,以屈原、相如、武帝知之。此二十一家，疑有類俳倡嫚戲者，以枚皋知之。又注云：
"入揚雄八篇。"殆即《逐貧賦》《解嘲》《解難》之類，凡規諷設
辭，皆入其中。宋玉亦多託諷之辭，而入之前者，或以附其師
屈原後也。

李思孝景皇帝頌十五篇

壽昌案：此既名曰"頌"，以入賦家，或亦偶語諧韻如賦體也。
班固《竇車騎北征頌》《東巡頌》《南巡頌》、馬融《廣成頌》、崔
駰《四巡頌》可證。《李思傳》亦未注其本末。

右賦二十五家，百三十六篇。①

隱書十八篇

壽昌案：據劉向《別録》言，則近於廋辭，絕非賦體，乃與《成相
雜辭》同入雜賦家，何也？

右雜賦十二家，二百三十三篇。

高祖歌詩二篇

壽昌案：此應即《鴻鵠》《大風歌》兩首也。

右歌詩二十八家，三百一十四篇。

凡詩賦百六家，千三百一十八篇。

大儒孫卿及楚臣屈原離讒憂國，皆作賦以風

壽昌案：此稱孫卿爲大儒，與屈子並重，而不列入"屈原賦家"
一門，置在第三類之首，未詳其義。

吳孫子兵法八十二篇

《隋・經籍志》"《孫子兵法》二卷，《吳孫子牝牡八變陣圖》二
卷"②外，尚有孫子兵書四種，蓋即一書，而或注或鈔者也。《唐
志》載四種，《通志》載十六種，《通考》八種，皆注孫子各家。

---

① "百"字原脱，據殿本《漢書・藝文志》補。

② "牡"字原脱，據清嘉慶十年虞山張氏照曠閣刻《學津討原》本《歷代名畫記》卷
三補。

齊孫子八十九篇

顏注：孫臏。案《史記·孫武列傳》云："後百餘歲有孫臏。臏生阿甄之間，亦孫武之後世子孫也。"

吳起四十八篇

《隋·經籍志》："《吳起兵法》一卷。"《唐志》《通志》同。《通考》："《吳子》三卷。"

龐煖三篇

壽昌案：龐煖，趙人。趙悼襄王三年，煖將兵攻燕，擒其將劇辛。《鶡冠子·世賢》篇載悼襄王問君人之道於龐煖，煖以"伊尹醫殷""太公醫周""百里醫秦""管仲醫齊"等語對。

右兵權謀十三家，二百五十九篇

壽昌案：應補"圖十三卷"四字。

尉繚三十一篇

《隋·經籍志》："《尉繚子》一卷。"《通志》"《尉繚子》五卷"，云："梁惠王時人。"《通考》同。陳振孫云："六國時人。"

右兵形埶十一家，九十二篇，圖十八卷

壽昌案：注"圖二十二卷"，此云"十八"，恐注有脫漏也。

風后十三篇

《史記·龜策傳》集解引劉歆《七略》云："《風后孤虛》二十卷。"《北堂書鈔》卷一百五十七引《七略》云："鑿山鑽石，則見地痛。"又云："人民衆、蚤虱多，則地癢。"

右兵陰陽十六家，二百四十九篇

案："圖十卷"作小字注，傳刻誤也，宜改正。

五子胥十篇

案：鄭樵《通志》有《伍子胥兵法》一卷。

右兵技巧十三家，百九十九篇

案：宜補"圖三卷"三字。

凡兵書五十三家，七百九十篇，圖四十三卷

壽昌案：圖共四十七卷，數少四卷，誤記也。

常從日月星氣二十一卷

顏注：常從，人姓名也，老子師之。壽昌案：《文子·上德》篇云：“老子學于常樅，見舌而知柔，仰視屋樹，退而目川，觀影而知持後。故聖人虛無因循，常後而不先，譬若積薪燎，後者處上。”老子述常樅言如此。“樅”即“從”也。

泰階六符一卷

壽昌案：《東方朔傳》注引“應劭曰：《黃帝泰階六符經》”云云，是此書原名有“經”字，而亦託之於黃帝也。

右天文二十一家，四百四十五卷。

許商算術

壽昌案：許商，漢元時博士，治《尚書》，善爲算，能度功用。商著有《五行論曆》，何不著錄？豈能在算術書中耶？

右曆譜十八家，六百六卷

壽昌案：錄中《黃帝五家曆》即《律曆志》所云黃帝、顓頊、夏、殷、周五家也。若《帝王諸侯世譜》《古來帝王年譜》，本書間引之，惜書久佚。《北堂書鈔》引蔡邕議曰：“黃帝、顓頊、夏、殷、周、魯，凡六家曆。”

羨門式法二十卷

壽昌案：《史記·日者列傳》“旋式正棊”注：“式即栻也。旋，轉也。栻之形上圓象天，下方法地，用之則轉天綱加地之辰，故云旋式。”《史記·龜策傳》：“衛平乃援式而起。”《王莽傳》：“天文郎案栻於前。”此之式法，大約類此。《唐六典·太卜》“三式”曰“雷公”[①]“太一”“六壬”，其局以楓木爲天，棗心爲

---

① “雷”，原誤作“寅”，據明正德十年席書刻本《大唐六典》卷十四改。

地。《志》又有《羨門式》二十卷。《通志》有"式經"一門,書凡二十二部。

右五行三十一家,六百五十二卷。

其法亦起五德終始,推其極則無不至

壽昌案:本《志》陰陽家有《鄒子終始》一書即此。古帝王以"三統"遞傳,"三正"迭用。自"五德終始"之説出,秦始皇信之,自命水德,建"亥"爲正,幾成四正。而後世造言惑世之妖民,俱借此以造亂,皆鄒衍此法之流禍。班氏所謂"無所不至也五行家",見《史記·日者傳》,蓋漢舊行其法。《通志》有"五行"一類,書三十種,凡一千一十四部。

任良易旗七十一卷

壽昌案:任良,當即京房弟子任良也。官中郎時,房請出,任良試考功,不行。後無考,儒林亦無傳。其所爲《易旗》者,全術數之學,無與《易經》正義也。

右蓍龜十五家,四百一卷

壽昌案:《史記·龜策列傳》褚先生所補傳中辨采蓍法,靈龜八種皆有名,甚詳。此録中有龜書五種、蓍書一種,褚先生當尚見其書也。

右雜占十八家,三百一十三卷

壽昌案:録中如黄帝《甘露》《占夢》兩種,殆即《周禮·春官·占夢》所云"占六夢之吉凶"也。《通志》有京房、崔元、周宣《占夢書》三種,《志》未録,殆後來僞託也。《請雨止雨》二十六卷,後無傳書考。董仲舒《春秋繁露》第七十五有《請雨》篇,第七十六有《止雨》篇,豈即此書耶?《藝文類聚》卷一百有《神農求雨法》,《路史·餘論》卷二同。又考《漢舊儀》:"成帝二年六月,始命諸官止雨,朱繩反縈社,擊鼓攻之。"是《止雨》雖有成書,至成帝始行之也。

山海經十三篇

《隋·經籍志》："《山海經》二十三卷，《山海經圖讚》二卷。"今本《山海經》十八卷、《圖讚》一卷，各家編次不同耳。然《隋志》列入地理類，《唐志》同，似較此入形法家爲得體。

右形法六家，百二十二卷

壽昌案：録中有《國朝》七卷，是何書？但以"國朝"立名，疑是志地理，以序在《宮宅地形》書前也。

凡數術百九十家，二千五百二十八卷。

史官之廢久矣

壽昌案：史是史巫之史，官則太卜詹尹之官。本書《律曆志》"太史令張壽王""太史丞鄧平"，本《志》"太史令尹咸"皆是。非載筆執簡記之史官也，故於數術家舉之。

黃帝内經十八卷

《唐·藝文志》："《黃帝内經明堂》十三卷。"《隋志》無之，而《唐志》多"明堂"二字，且卷數不合。外此，如《黃帝素問》，本《志》無之，而《隋》《唐志》皆有，疑秦漢間人僞託，東漢時傳布也。

右醫經七家，二百一十六卷。

神農黃帝食禁七卷

壽昌案：《周禮·醫師》賈公彥疏引此云："《神農黃帝食藥》七卷。"疑即《隋》《唐志》"《神農本草》"之所由託也。"禁"與"藥"字近而訛。《隋·經籍志》有《老子禁食經》，《隋》《唐志》均有《神仙服食藥方》。

右經方十一家，二百七十四卷。

經方者，本草石之寒溫，量疾病之淺深，假藥味之滋，因氣感之宜，辨五苦六辛，致水火之齊，以通閉解結，反之於平。及失其宜者，以熱益熱，以寒增寒，精氣内傷，不見於外，是所獨失也。故諺曰："有病不治，常得中醫。"

壽昌案：《周禮》賈疏全引此文，改易數語，致不可通。如云：

"寒溫省"本草石之"四字,以"寒溫"屬下讀。疾病之淺深,下省"假藥味"十字。辨五苦六辛,致水火之齊,以通開結,"開"易"閉",省"解"字。反之於此。"此"易"平"。乃失其宜者,"乃"易"及"。以熱益熱,以寒益寒,"益"易"增"。積氣內傷,"積"易"精"。是以獨失。省"不見於外"四字,"以"易"所",省"也"字。故諺云:'有病不治,恒得中醫。'"又案:《隋·經籍志》醫方類亦本此《志》以立論,而引作"通滯解結",較爲得之。

右房中八家,百八十六卷

壽昌案:房中各書,雖鮮傳録,玩《志》所闡述,大約容成、玉女之術,而僞託於黃帝、堯舜,尤爲謬妄。至於《養陽》《有子》諸方,辭不雅馴,搢紳先生所不道,而歆校入《七略》,何也?蓋歆仕當孝成時,成帝溺志色荒禍水,召擘歆校書,其間特爲編塵乙覽,導淫逢欲,卒使成帝殞命殄嗣,歆之罪不可逭矣。班氏雖以制樂禁情,強作理語,未能剗除此門,徒使《藝文》留玷,亦一恨事。《隋》《唐志》存房中一門,而不録書目,差爲有識,然不如徑删去此門尤佳。

泰壹雜子黃冶三十一卷

顏注曰:"黃冶,釋在《郊祀志》。"壽昌案:《郊祀志》云:"黃冶變化。"注:晋灼曰:"黃者,鑄黃金也。道家言冶丹沙令變化,可鑄作黃金也。"大約如《隋·經籍志》《合丹節度》"《金丹藥方》"、《唐·藝文志》《燒煉秘訣》之類。本書《劉向傳》:"向得淮南《鴻寶》《苑秘書》,鄒衍《重道延命方》,上言黃金可成,卒不驗,論死,久得釋。"皆此類書也。

右神僊十家,二百五卷。

凡方技三十六家,八百六十八卷。

漢興有倉公,今其技術晻昧

壽昌案:周世多良醫,除秦和、秦緩、扁鵲外,如《周禮·天官·疾醫》疏引劉向云："扁鵲治趙太子暴疾尸蹷之病,使子明炊湯,子儀脈神,子術案摩。"又《中經簿》云:"子義《本草經》一卷。""義"與"儀"一人也,亦周末時人。扁鵲有弟子子陽、子豹,見《史記》本傳。漢有倉公,若非史公立傳,早晻昧矣。公之師元里公乘陽慶,精醫無傳,其弟子臨菑宋邑、濟北高期、王禹、太倉馬長馮信、高永侯家丞杜信、^①臨菑召里唐安,皆傳公學,亦無傳。晋元康中裴頠謂:"醫方人命之急,而稱兩不與古同,爲害特重。"蓋醫爲生死所係如此。劉歆有《方技略》,而班立列傳,無此一門,終是闕典。

---

① "侯家丞"三字原脱,據明刻本《醫史》卷一補,殿本《史記·扁鵲倉公傳》無"丞"字。

漢書藝文志辨僞

[清] 康有爲　撰

于少飛　整理

底本：清光緒辛卯（1891）武林望雲樓石印《新學僞經考》本
校本：《續修四庫全書》影印上海辭書出版社圖書館藏
清光緒十七年（1891）康氏萬木草堂刻《新學僞經考》本

漢書藝文志辨僞第三上

按，劉歆僞撰古經，由於總校書之任，故得託名中書，恣其竄亂。東漢主張古學，若賈逵、班固、馬融、張衡、許慎之倫，皆校書東觀者，其守古學彌篤。蓋皆親見中古文經，故惑之彌甚。通學之徒，皆已服膺，其風滅天下，力固宜然。故原僞經所能創，考古學所以行，皆由《七略》也。《漢書》爲歆所作，人不盡知，《藝文志》即《七略》原文，人皆知之。今將《藝文志》之《六藝略》條辨於先，則歆之僞盡見矣。

昔仲尼没而微言絶，七十子喪而大義乖。故《春秋》分爲五，《詩》分爲四，《易》有數家之傳。戰國從衡，真僞分爭，諸子之言紛然殽亂。至秦患之，乃燔滅文章，以愚黔首。漢興，改秦之敗，大收篇籍，廣開獻書之路。迄孝武世，書缺簡脱，禮壞樂崩，聖上喟然而稱曰："朕甚閔焉！"於是建藏書之策，置寫書之官，下及諸子傳説，皆充秘府。至成帝時，以書頗散亡，使謁者陳農求遺書於天下。詔光禄大夫劉向校經傳、諸子、詩賦，步兵校尉任宏校兵書，太史令尹咸校數術，侍醫李柱國校方技。每一書已，向輒條其篇目，撮其旨意，録而奏之。會向卒，哀帝復使向子侍中奉車都尉歆卒父業。歆於是總群書而奏其《七略》，故有《輯略》，有《六藝略》，有《諸子略》，有《詩賦略》，有《兵書略》，有《術數略》，有《方技略》，今删其要，以備篇籍。

按，《七略》之出於劉歆，此爲明條。《六藝略》爲歆專職，以承父向校經傳、諸子、詩賦也，故尤得恣其改亂，顛倒五經也。秦火雖焚而六經無恙，博士之職不改，孔氏世世不絶，諸儒師師相受，微言大義，至今具存，以爲“乖絶”及“書缺簡脱，禮壞樂崩”，皆歆邪説，攻今學真經而創古學僞經也。且所謂“微言大義”，即孔子改制之學也，申公、轅固生、韓嬰、伏生、高堂生、田何、胡母生、董仲舒，四百年傳之不絶。自歆僞經出，託之周公，而後孔子之微言大義乃乖絶，實乖絶於歆也。《春秋》有公、穀，而無左氏，更無鄒、夾。《詩》有齊、魯、韓，而無毛氏。《易》出於田何，施、孟、梁丘起於宣帝后①，戰國前安有數家之傳？叙仲尼七十子後，即以己僞撰之經入之，以塗學者耳目，首倡秦焚而書簡缺，言絶而諸家爭，學者開卷，誦之習熟，彌滿胸臆，此所以豐蔀二千年而莫之解也。劉向所撮録，大率爲歆所改。今以劉向《新序》《説苑》《列女傳》校之，説皆不同，知《七略》中無向説矣。其云：“迄孝武世，書缺簡脱，禮壞樂崩，聖上喟然而稱曰：‘朕甚閔焉！’”《移太常書》并以“書缺簡脱”四字誣爲詔書。考《史記》《漢書・儒林傳》皆載武帝制，衹有“禮廢樂崩，朕甚愍焉”八字。蓋博士具官，未有進者，六藝之學，朝廷未重，故以爲“禮廢樂崩”，非謂“書有缺脱”也。《儒林傳》制詔元文既無此語，則“書缺簡脱”四字，爲歆增加以證佐僞經之説，明甚。劉歆僞撰古文，既妄以傳授源流强誣古人，並誣其父，又誣其君，無忌憚之小人，亦至此乎！按，古今總校書之任者皆有大權，能主張學術，移易是非，竄亂古書。先徵之今，國朝《四庫全書總目》提要群書，紀昀主之，算法則戴震主之。而《四元玉鑑》爲中國算學最精之術，戴震於《測圓海鏡提要》云：“按，立天元一法，見於宋秦九韶《九章大衍數》中，厥後《授時草》及《四元玉鑑》等書皆屢見之。”則戴震必見其書，而乃不爲著録，蓋欲獨擅其術也。《提

---

① “丘”，原避諱作“邱”，今回改，下同。

要》之及其目者,乃其不覺流露,不及校删者耳。紀昀力攻朱子,述董亨復《繁露園集》之野言,譏《名臣言行錄》不載劉元城者數條,其他主張雜學,所以攻宋儒者無不至,後生多爲所惑。近世氣節壞,學術蕪,大抵紀昀之罪也。校書者心術若壞,何所不至!幸生當國家明盛,群書畢備,故不至大爲竄亂。若劉歆挾名父之傳,當新莽之變,前典校書之任,後總國師之權。加漢世書籍,皆在竹帛,事體繁重,學者不從大師,無所受讀。不如後世刻本流行,挾巨金而之市,則綑載萬卷,群書咸備也。若中秘之藏,自非馬遷之爲太史,則班嗣之有賜書,楊雄之能借讀,庶或見之,自餘學者無由竊見。故歆總其事,得以恣其私意,處處竄入。當時諸儒雖不咎,師丹、公孫禄雖奏劾,然天下後世則皆爲所豐蔀而無由見日矣。孔子六經不亡於秦政之燒書,而亂於新歆之校書,豈不痛哉!王允謂:"不可令佞臣執筆。"若校書之權任,尤先聖大道所寄,豈可使佞人爲之哉!徒以二千年經學乖詭,有若聚訟,童年而搜研章句,白首不能辨厥要歸,科罪劉歆,猶未當其獄也!

易經十二篇,施、孟、梁丘三家　師古曰:"上、下經及十翼,故十二篇。"

易傳周氏二篇　字王孫也。

服氏二篇　師古曰:"劉向《別録》云:'服氏,齊人,號服光。'"

楊氏二篇　名何,字叔元,菑川人。

蔡公二篇　衛人,事周王孫。

韓氏二篇　名嬰。

王氏二篇　名同。

丁氏八篇　名寬,字子襄,梁人也。

古五子十八篇　自甲子至壬子,説《易》陰陽。

淮南道訓二篇　淮南王安聘明《易》者九人,號"九師説"。

古雜八十篇　雜災異三十五篇　神輸五篇　圖一　師古曰:"劉向《別録》云:'《神輸》者,王道失則災害生,得則四海輸之祥瑞。'"

孟氏京房十一篇　災異孟氏京房六十六篇　五鹿充宗略説三篇　京氏段嘉十二篇　蘇氏曰：“東海人，爲博士。”晋灼曰：“《儒林》不見。”師古曰：“蘇説是也。嘉即京房所從受《易》者也，見《儒林傳》及劉向《別錄》。”章句，施、孟、梁丘氏各二篇

凡易十三家，二百九十四篇。

《易》曰：“伏犧氏仰觀象於天，俯觀法於地，觀鳥獸之文與地之宜，近取諸身，遠取諸物，於是始作八卦，以通神明之德，以類萬物之情。”至於殷、周之際，紂在上位，逆天暴物，文王以諸侯順命而行道，天人之占，可得而効，於是重《易》六爻，作上、下篇。孔氏爲之《彖》《象》《繫辭》《文言》《序卦》之屬十篇。故曰：《易》道深矣。人更三聖，世歷三古，及秦燔書，而《易》爲筮卜之事，傳者不絶。漢興，田何傳之。訖於宣、元，有施、孟、梁丘、京氏列於學官，而民間有費、高二家之説。劉向以中古文《易經》校施、孟、梁丘《經》，或脱去“無咎”“悔亡”，唯費氏《經》與古文同。

> 按，《易》學爲歆亂僞之説有三，而京、焦之説不與焉。其一，文王但重六爻，無作上、下篇之事，以爲周公之作，更其後也；其二，《易》但有上、下二篇，無十篇之説，以爲孔子作《十翼》，固其妄也；其三，《易》有施、孟、梁丘，並出田何，後有京氏爲異，然皆今文之説，無《費氏易》，至有高氏，益支離也。今分辨於下：
>
> 《史記·周本紀》：“西伯蓋即位五十年，其囚羑里，蓋益《易》之八卦爲六十四卦。”《日者傳》：“周文王演三百八十四爻。”《法言·問神》篇：“《易》始八卦，而文王六十四，其益可知也。”《問明》篇“文王淵懿也”，重《易》六爻，不亦淵乎！《漢書·楊雄傳》“文王以諸侯順命而行道”“於是重《易》六爻”。此皆西漢前説辭之未著，若何而有上、下之篇？殊令人不可通曉。考馬融、陸績之説，皆以文王作《卦辭》，周公作《爻

辭》，見《周易正義》一。此必有所受。《志》云文王重六爻，蓋未敢
驟改西漢舊説，以駭觀聽，而又云"作上、下篇"，則是明以爲
文王作《卦辭》矣。其辭閃爍，所謂"誣善之人其辭游"也。其
辨詳《經典釋文糾謬》。此《志》叙周王孫、服光、楊何、蔡公、
韓嬰、王同諸《易》先師《傳》皆二篇，《章句》施、孟、梁丘氏各
二篇。然則《易》之《卦辭》《爻辭》《彖辭》《象辭》皆合，以其簡
帙繁重，分爲上、下二篇。史遷《太史公自序》稱《繫辭》爲《易
大傳》，蓋《繫辭》有"子曰"，則非出孔子手筆，但爲孔門弟子
所作，商瞿之徒所傳授，故太史談不以爲經而以爲傳也。至
《説卦》《序卦》《雜卦》三篇，《隋志》以爲後得，蓋本《論衡・正
説》篇"河内後得《逸易》"之事。《法言・問神》篇："《易》損其
一也，雖蠢知闕焉。"則西漢前《易》無《説卦》可知。楊雄、王
充嘗見西漢博士舊本，故知之。《説卦》與孟、京《卦氣圖》合，
其出漢時僞託無疑。《序卦》膚淺，《雜卦》則言訓詁，此則歆
所僞竄，并非河内所出。宋葉適嘗攻《序卦》《雜卦》爲後人僞
作矣。《習學記言》。歆既僞《序卦》《雜卦》二篇，爲西漢人所未
見，又於《儒林傳》云，費直"徒以《彖》《象》《繫辭》十篇文言解
説上、下經"，此云"孔氏爲之《彖》《象》《繫辭》《文言》《序卦》
之屬十篇"，又叙《易經》十二篇，而託之爲施、孟、梁丘三家。
又於《史記・孔子世家》竄入"孔子晚而喜《易》，序《彖》《繫》
《象》《説卦》《文言》"，顛倒眩亂。學者傳習，熟於心目，無人
明其僞竄矣。諸家引孟、京注，間有及《説卦》《序卦》《雜卦》
者，如非竄亂之條，即爲後人附益之語，猶《左傳正義》一引
《嚴氏春秋》有孔子與左丘明觀書，丘明爲《傳》之事耳，不足
據也。夫《易》爲未經焚燒之書，猶可託僞，而人無疑之者，況
他經哉！然則天下人之被欺，固易易耳，若非藉馬遷、王充之
説，孔子之《易》幾無復發明之日，亦危矣哉！

按，西漢但有施、孟、梁丘、京氏《易》，費氏、高氏突出於哀、平之世，西漢諸儒無見之者。傳之者王璜，即傳徐敖《古文尚書》之人，其爲歆所假僞付囑，至易見也。其云“唯費氏《經》與古文同”，亦僞託也，務借以尊費氏而已。漢逮中葉，經業至盛，人用其私，多思僞撰。故《易》則有焦、京、趙賓以陰陽災變爲《易》，《書》則有《泰誓》、張霸《百兩》篇，《禮》則有方士、明堂諸説，蓋作僞者已多。劉歆之僞古文，發源於《左氏》，成於《周官》，徧僞諸經，爲之佐證。獨闕於《易》，遂剿焦、京之緒餘，而變其面目，故曰“長於卦筮”，又曰“亡章句，徒以《彖》《象》《繫辭》十篇文言解説上、下經”，蓋歆以餘力爲之，湊成諸經古文耳。《後漢書·儒林傳》：“陳元、鄭衆皆傳《費氏易》，其後馬融亦爲其傳。融授鄭玄，玄作《易注》，荀爽又作《易傳》，自是費氏興。”《經典釋文序録》曰：“永嘉之亂，施氏、梁丘之《易》亡，孟、京、費之《易》人無傳者。”馬、鄭之《易》，即《費氏易》，安得謂費無傳？陸氏之説不足爲據也。是後漢末皆費氏學。而《釋文》有《費直章句》四卷，豈後人所傅益歟？然既曰“興”，又曰“人無傳者”，則必有説。今自馬融、鄭玄、荀爽、虞翻及王輔嗣注，皆費氏説，《三國志·虞翻傳》注載翻奏曰：“臣聞六經之始，莫大陰陽。”是歆六經首《易》之説也。“臣高祖父少治孟氏《易》。”“至臣五世，前人通講，多玩章句，雖有秘説，於經疏闊。”是翻棄師法之徵也。《翻傳》又載翻《國語訓注》，是翻蓋治古學者。蓋馬、鄭之後，費學大行，學者無不在其籠中，爲其學者又人人異論。荀爽既殊於馬、鄭，翻又異於鄭、荀，要之皆費氏之説。翻自言孟氏，蓋假借之辭耳。則今之《易》亦歆僞學也。嗚呼！後世六學，皆歆之説，孔子之道於是一變，蓋二千年矣。《儒林傳》言“高相亦亡章句，專説陰陽災異”，蓋歆別有五行傳之學，溢而爲此。《傳》又云“自言出於丁將軍”，猶《毛詩》自謂子夏所傳耳，亦猶《春秋》之故爲鄒氏、夾氏以影射耳，亦歆所爲也。唯歆斥孟、京之僞，詳《漢書儒林傳辨僞》。

尚書古文經四十六卷　爲五十七篇。師古曰："孔安國《書序》云：'凡五十九篇，爲四十六卷。承詔作傳，引序各冠其篇首，定五十八篇。'鄭玄《叙贊》云：'後又亡其一篇'，故五十七。"

經二十九卷　大、小夏侯二家。歐陽《經》三十二卷。師古曰："此二十九卷，伏生傳授者。"

傳四十一篇

歐陽章句三十一卷

大、小夏侯章句各二十九卷

大、小夏侯解故二十九卷

歐陽説義二篇

劉向五行傳記十一卷

許商五行傳記一篇

周書七十一篇　周史記。師古曰："劉向云：'周時誥誓號令也。'蓋孔子所論百篇之餘也。今之存者，四十五篇矣。"

議奏四十二篇　宣帝時石渠論。韋昭曰："閣名也，於此論書。"

凡書九家，四百一十二篇。　入劉向《稽疑》一篇。師古曰："此凡言'入'者，謂《七略》之外，班氏新入之也。其云'出'者，與此同。"

《易》曰："河出《圖》，雒出《書》，聖人則之。"故《書》之所起遠矣。至孔子纂焉，上斷於堯，下訖於秦，凡百篇，而爲之《序》，言其作意。秦燔書禁學，濟南伏生獨壁藏之。漢興，亡失，求得二十九篇，以教齊、魯之間。訖孝宣世，有歐陽、大小夏侯氏立於學官。《古文尚書》者，出於孔子壁中。武帝末，魯共王壞孔子宅，欲以廣其宮，而得《古文尚書》及《禮記》《論語》《孝經》凡數十篇，皆古字也。共王往入其宅，聞鼓琴瑟鐘磬之音，於是懼，乃止不壞。孔安國者，孔子後也，悉得其書，以考二十九篇，得多十六篇。安國獻之，遭巫蠱事，未列於學官。劉向以中古文校歐陽、大小夏侯三家經文，《酒誥》脱簡一，《召誥》脱簡二。率簡二十五字者，脱亦二十五字，簡二十二字者，脱亦二十二字，文字異者七百有餘,脱字數十。《書》者,古之號令,號令於衆,其言不立具,則聽受施行者弗曉。古文讀應爾雅,故解古今語而可知也。

按,伏生所傳二十八篇。伏生,故秦博士。秦焚書,非博士所職悉焚,則博士所職不焚。然則伏生之《書》爲孔子所傳之全經,確矣。博士以《尚書》爲備,以其傳授有緒,故比之二十八宿也,歐陽、大小夏侯傳今文者無異辭。而《史》《漢·儒林傳》皆云伏生求其《書》,獨得二十九篇者,《隋志》引《論衡》以爲"河内女子得《泰誓》一篇",劉歆《移太常書》所謂"《泰誓》後得,博士集而讀之",故《經》二十九卷,大、小夏侯《章句》各二十九卷,大、小夏侯《解故》二十九篇,皆緣博士合《泰誓》於經中,并二十八篇數之,故爲二十九也。歆欲以古文亂今學,故云"凡百篇,而爲之序""秦燔書禁學""漢興,亡失,求得二十九篇",明《書》之不備,所以便其作僞也。歆不明白言之,又竄之於《史記·儒林傳》以惑人,以便於作僞,而人不驚之也。《書序》之僞,别詳《書序辨僞》中,今不詳。

壁中古文之事,其僞凡十。秦雖焚書,而六經不缺。孔氏遺書藏於廟中,世世不絶,諸儒以時習之。篆與籀文相承,無從有古文。孔襄爲孝惠博士,孔忠、孔武並爲博士,亦無從突出於共王之手,其僞一。按,《史記·魯共王世家》無壞孔子壁得古文經事。史遷講業齊、魯之都,加性好奇,若有之,必詳述之,其僞二。共王以景帝前二年即位,二十八年薨,爲武帝元朔元年,乃武帝初年,《志》云"武帝末",其僞三。自元朔元年至征和二年,巫蠱事起,凡三十六年。武帝崇獎經學,搜訪遺書,安國何爲遲數十年致遭巫蠱之時?且安國蚤卒,何得至征和時遇巫蠱?閻若璩《古文尚書疏證》據荀悦《漢紀》"安國家獻之",然既獻之,何以武帝久不立,歐陽氏不一言之?或據《外戚陳皇后傳》,元光五年,"女子楚服等坐爲皇后巫蠱祠祭祝詛，大逆無道，相連及誅者三百餘人"，其時安國正爲博士，然此後都尉朝等仍可請，何不見也？其僞四。河間獻王亦得《古文書》，天下遺文古事靡不畢集太史公，何以史遷不見？又此本何傳？與共王出孰先後？本孰同異？增多幾何？何以《志》不叙及？豈有亡失之餘，遺書間出，而篇簡文字不謀而合之理？其爲僞造，即此已明，其僞五。孔安國以今文字讀古文，縱有壁中書，安國亦僅識二十九篇耳，若何而知爲多十餘篇？其僞六。兒寬受業於安國，歐陽、大小夏侯學皆出於寬，則皆安國之傳也。司馬遷亦從安國問故，則使確有古文，確多十六篇，歐陽、大小夏侯皆傳之，則今古文實無異本矣。《儒林傳》云："遷書載《堯典》《禹貢》《洪範》《微子》《金縢》諸篇多古文説。"凡此皆今文篇，無一增多篇者，所異者乃安國古文説耳。然古文所異在字，安國仍讀以今文，更無説也。即安國確有其説，亦與兒寬同傳。且今考史遷載《堯典》諸篇説實皆今文，以爲古文者妄，其僞七。安國爲得古文之人，爲歐陽、大小夏侯之本師，經應全同，何以有脱簡三，脱字數十，文字異者七百有餘？其僞八。歐陽、大小夏侯既傳安國學，則亦傳古文學，何以無此十六篇，而都尉朝、膠東庸生獨有之？其僞九。安國傳《書》，至龔勝者八傳，至孔光者五傳，至趙玄者七傳。詳《漢書儒林傳辨僞》。以今學經八傳而至勝，古學經三傳而至胡常，即當哀、平世矣，何相去之遠乎？其僞十。比附觀之，蓋不待辭之窮，而其僞已露矣。武進劉逢禄曰：《尚書今古文集解》。"馬融《書傳序》稱'逸十六篇，絶無師説'，即《史記》云'《逸書》得十餘篇'，劉歆云'《逸書》有十六篇'。《正義》載其目云《舜典》一，《汩作》二，《九共》九篇十一，《大禹謨》十二，《棄稷》十三，《五子之歌》十四，《允征》十五，《湯誥》十六，《咸有一德》十七，《典寶》十八，《伊訓》十九，

《肆命》二十,《原命》二十一,《武成》二十二,《旅獒》二十三,《囧命》二十四。《九共》九篇共卷,故十六篇,蓋此十六篇亦《逸周書》之類,未必出於孔壁,劉歆輩增設之,以抑今文博士耳。東漢初治古文者衛、賈諸子,皆不爲注説,故遂亡佚。要之,據《舜典》《皋陶謨》序讀之,則《典》《謨》皆完備。《逸書》別有《舜典》《大禹謨》《棄稷》,必歆等之僞也。"劉氏已能發歆之僞矣,然猶以爲"亦《逸周書》之類,未必出於孔壁",則仍爲歆所謾也。《漢書·律曆志》全用劉歆《三統曆》。其引《武成》,以《逸周書》考之,即《世俘解》也。《世俘解》云:"維四月乙未日,武王成辟四方,通殷命有國。"此叙以《武成》命篇之意。次云:"唯一月丙午,《志》作"壬辰"。旁生《志》作"死"。魄,若翼《志》作"翌",下同。日丁未,《志》作"癸巳"。王乃步自於周,征伐商王紂。"《志》作"武王乃朝步自周,於征伐紂"。《漢志》同。又云:"越《志》作"粤",下同。若來二《志》作"三"。月,既死魄,越五日甲子,朝至接於商,則《志》無此六字。咸劉商王紂。"《漢志》同。又云:"時《志》作"唯"。四月,既旁生魄,越六日庚戌,武王朝至《志》無此二字。燎於周。"《志》下有"廟"字。《漢志》同。又云:"若《志》無此字。翼日辛亥,祀於《志》下有"天"字。位,用籥於天位。《志》無此句。越五日乙卯,武王《志》無此二字。乃以庶國祀馘於周廟。"《漢志》同。其爲歆竊取以僞《武成》無疑。鄭康成以爲建武之際亡。見《正義》。意歆以出於《逸周書》太顯,又從而匿之邪?若此篇,劉逢禄以爲亦《逸周書》之類,宜也。若《舜典》者,《書序》乃有之,伏生、《史記》並爲《堯典》一篇,無二篇之説。陸氏《經典釋文》云:"元帝時,豫章內史梅賾奏上孔傳《古文尚書》,亡《舜典》一篇,購不能得,乃取王肅注《堯典》從'慎徽五典'以下分爲《舜典》篇以續之。""齊明帝建武中,吳興姚方興采馬、王之注,造孔傳《舜典》一篇,云於大航頭買得,上之。梁武時爲博士，議曰：'孔《序》稱伏生誤合五篇，皆文相承接，所以致誤。《舜典》首有'曰若稽古'，伏生雖昏耄，何容合之?'遂不行用。"梁武之言，雖證方興之非真，實明伏本之不誤。計歆所偽，當別有一篇。《序》云："虞舜側微，堯聞之聰明，將使嗣位，歷試諸難，作《舜典》。"仍今《堯典》之義。趙岐《孟子》注云："孟子諸所言舜事，皆《舜典》及《逸書》所載。"意者歆竊《孟子》而爲之。然《宋書·禮志》載高堂隆引《書》"粵若稽古，帝舜曰重華，建皇授政改朔"，此必歆所偽者。至於《湯誥》，竊於《殷本紀》。推此爲例，則十六篇皆歆所偷竊偽造，至明也。其《儒林傳》都尉朝、膠東庸生、胡常、徐敖、王璜、塗惲、桑欽傳學姓名，率皆偽撰。又以胡常傳《左氏春秋》，徐敖傳《毛詩》，王璜傳《費氏易》，偽經師傳授受，皆此數人。然云"王莽時諸學皆立，劉歆爲國師，璜、惲等皆貴顯"，其爲歆所授意易見矣。要而論之，安國傳業於兒寬，歐陽、大小夏侯出於寬，其門徒星羅雲布於漢世，而未聞古文十六篇之異說。歆《移文》謂庸生學同古文，《隋志》謂安國私傳其業於都尉朝，何朝、庸生之幸而寬與司馬遷之不幸邪？考其源流，殆不值一噱也。

"《尚書古文經》四十六卷，《經》二十九卷"，《經》者，即伏生二十八篇，并後得《泰誓》之本。《古文經》四十六卷，二十九卷外，并得多十六篇計之，尚缺一卷，必合《序》數之乃足。然則《序》與十六篇同出無疑。歐陽、大小夏侯皆不言《序》，後漢古文大行，注《尚書》者遂皆注《序》，則《序》出於歆之偽古文明矣。詳《書序辨偽》。或曰歆偽《書》《禮》《禮記》《周官》《左氏春秋》《論語》《孝經》皆古文，《毛詩》《費氏易》亦古文。凡後世號稱爲經者，皆歆偽經變亂先聖之典文，惑易後儒之耳目，其罪固不勝誅矣。歆所偽爲古文者固不足信，凡《史》

《漢》所號爲古文者，舉皆歆所竄附乎？應之曰：《漢書》爲歆撰，不復據。《史記》所稱，如《太史公自序》"年十歲則誦古文"，《十二諸侯年表》"表見《春秋》《國語》，學者所譏盛衰大指著於篇，爲成學治古文者要删焉"之類，或多竄附者也。其託之古文者，以西漢末金石之學大盛，張敞之後若楊雄等皆好之。楊雄多識奇字，侯芭、劉棻等多從問之。《後漢書·桓譚傳》言譚"尤好古學，數從劉歆、楊雄辨析疑異"，《杜林傳》言"得漆書《古文尚書》一卷""雖遭艱困，握持不離身"，班固亦繼楊雄續《蒼頡》，其時雅才尚古可見矣。蓋承平既久，鼎彝漸出，始而搜羅，繼而作僞，好古之風氣皆然。古董之餘，必生贗鼎。京師市賈能作僞碑、僞迹，林下才士亦作僞字、僞文。是故《岣嶁禹碑》出自用修之手，《荅蘇武書》祇爲齊、梁之文。他若《孝經》孔傳，劉炫所爲，《子貢詩傳》，豐坊所僞，大舸斷字，日本考文，日出不窮，更僕難數。以近世之風，推漢時之俗，僞篇《百兩》，張霸爲先驅，改定蘭臺，行貨爲後起。歆既好奇字，又任校書，深窺此旨，藉作奸邪，乃造作文字，僞造鍾鼎，託之三代，傳之後世，徵應既多，傳授自廣。以奇字而欺人，借古文爲影射。《左氏春秋》乃其竄僞之始，共王壞壁，肆其烏有之辭。見傳記有引未修之《書》篇，託爲《逸書》以藏身，窺士禮之不達於天子，僞造《逸禮》以創制。遭逢莽篡，適典文章，内奬暗干，以成其富貴之謀，外藉威柄，以行其矯僞之學。上承名父之業，加以絶人之才，故能徧僞諸經，旁及天文、圖讖、鍾律、月令、兵法，莫不僞竄。作爲《爾雅》《八體六技》之書以及鍾鼎，以輔其古文之體。於是學者咸惑，豐蔀千年，皆古文之爲也。其云"古文讀應爾雅，故解古今語而可知"，此歆由僞字而造僞訓詁之由。其詳見下文，此不詳。若王肅之僞古文，則劉歆之重儓，張霸之螟蛉，近人多能言之，今但明其出於王肅，他不詳。

詩經二十八卷，魯、齊、韓三家　應劭曰："申公作《魯詩》，后倉作《齊詩》，韓嬰作《韓詩》。"

魯故二十五卷　師古曰："'故'者，通其指義也，他皆類此。今流俗《毛詩》，改'故訓傳'爲'詁'字，失真耳。"

魯説二十八卷

齊后氏故二十卷

齊孫氏故二十七卷

齊后氏傳三十九卷

齊孫氏傳二十八卷

齊雜記十八卷

韓故三十六卷

韓内傳四卷

韓外傳六卷

韓説四十一卷

毛詩二十九卷

毛詩故訓傳三十卷

凡詩六家，四百一十六卷。

《書》曰："詩言志，歌詠言。"故哀樂之心感，而歌詠之聲發。誦其言謂之"詩"，詠其聲謂之"歌"。故古有采詩之官，王者所以觀風俗，知得失，自考正也。孔子純取周詩，上采殷，下取魯，凡三百五篇。遭秦而全者，以其諷誦，不獨在竹帛故也。漢興，魯申公爲《詩》訓故，而齊轅固、燕韓生皆爲之傳。或取《春秋》，采雜説，咸非其本義。與不得已，魯最爲近之。三家皆列於學官。又有毛公之學，自謂子夏所傳，而河間獻王好之，未得立。

　按，三家之傳，源流深遠。申公爲孫卿再傳弟子。轅固生當景帝時罷歸已九十餘，則漢興時年已三十餘矣。韓嬰，孝文時已爲博士，則亦先秦之遺老，去七十子淵源不遠。且《儒林傳》稱《韓詩》"其語頗與齊、魯間殊，然其歸一也"，則三家之義無殊。且匪徒三家《詩》，凡今文博士之説皆同。《詩》終三《頌》，以《周頌》《魯頌》《商頌》終之，正與孔子作《春秋》據魯、親周、故宋之義合。然則取《春秋》，乃三家《詩》傳孔學之正派。子夏以"禮後"悟《詩》，子貢以"切磋"悟《詩》，《孟子》言"憂心悄悄，愠於群小，孔子也"，《坊記》《中庸》《表記》《緇衣》《大學》，孔門之言《詩》皆"采雜説"，以爲"非本義"，誰得而正之？三家譜系至詳，説義歸一，未有言《毛詩》者，至平帝、王莽時乃突出。《志》云"又有毛公之學，自謂子夏所傳"，託之"自謂"，不詳其本師，其僞一。《經典釋文·序録》引徐整云：三國吳人。"子夏授高行子，高行子授薛倉子，薛倉子授帛妙子，帛妙子授河間人大毛公，毛公爲《詩故訓》傳於家，以授趙人小毛公，小毛公爲河間獻王博士。"一云：此見陸璣《毛詩草木鳥獸蟲魚疏》，亦三國吳人。"子夏傳曾申，申傳魏人李克，克傳魯人孟仲子，孟仲子傳根牟子，根牟子傳趙人孫卿子，孫卿子傳魯人大毛公。"自東漢後，《毛詩》蓋盛行，而徐整、陸璣述傳授源流支派，姓名無一同者。一以爲出於孫卿，一以爲不出於孫卿，當三國時尚無定論，則支派不清，其僞二。同一大毛公，一以爲河間人，一以爲魯人，則本師籍貫無稽，其僞三。《漢書》但稱毛公，不著大毛公、小毛公之别，不以爲二人。鄭玄、《毛詩·周南》正義引《鄭譜》："魯人大毛公爲《訓詁傳》於其家，河間獻王得而獻之，以小毛公爲博士。"徐整、陸璣以大毛公、小毛公别爲二人。劉、班不知，鄭、徐、陸生後二百年，何從知之？則本師歧亂，其僞四。《儒林傳》云："毛公，趙人也。治《詩》，爲河間獻王博士，授同國貫長卿，長卿授解延年，延年爲阿武令，授徐敖，敖授九江陳俠，爲王莽講學大夫。"《傳》又言敖以《古文尚書》授王璜、塗惲，莽時，歆爲國師，皆貴顯。考子夏少孔子四十四歲，見《史記·仲尼弟子傳》。孔子卒年至魏文侯元年凡五十七年,子夏已八十六歲。自魏文侯元年下至漢景帝二年、河間獻王元年凡二百六十九年,自河間獻王元年下至王莽居攝元年,凡一百六十年,則自子夏退居西河至莽時,凡四百二十九年。如徐整説,子夏五傳至小毛公,又三傳至徐敖,凡八傳當莽世矣。以《儒林傳》考之,《魯詩》,申公一傳免中徐公、許生,再傳王式,三傳張生,四傳張斿卿,以《詩》授元帝,仍當宣帝時也。斿卿門人許晏,尚有二三傳乃至莽世,則已七八傳矣。《齊詩》,轅固生一傳夏侯始昌,再傳后倉,三傳匡衡,四傳滿昌,五傳張邯、皮容。《韓詩》亦五傳至張就、髮福。而伏生《尚書》六傳爲林尊,七傳爲歐陽地餘,論石渠,猶當宣帝世。林尊再傳爲龔勝、鮑宣,上距伏生凡八傳矣。商瞿傳《易》,至丁寬已七傳,至施、孟、梁丘已九傳矣。《詩》《書》自漢初至西漢末已八傳,而《毛詩》自子夏至西漢末僅八傳。《易》自商瞿至漢初已七傳,而《毛詩》自子夏至西漢末亦僅八傳,豈足信也!若如陸璣説,自孫卿至徐敖凡五傳,閱三百年,亦不足信也。且《魯詩》出於孫卿,若源流合一,則今荀子諸詩説何以與毛不同?傳授與年代不符,其僞五。《史記》無《毛詩》,《漢書》有毛公而無名,鄭玄、[①]徐整以毛公有大、小二人,而亦無名。陸璣疏、《後漢書·儒林傳》以爲毛亨、毛萇矣。夫劉、班、鄭、徐之不知,吳、宋人如何知之?襲僞成真,歧中又歧。如公羊、穀梁本無名字,<small>公羊、穀梁音相近,蓋卜商之音訛。二書有口説,無竹帛,故傳誤。</small>而公羊忽名高,穀梁忽名赤、名俶,幾若踵事增華,習久成真,遂以"烏有先生"竊千年兩廡之祀。韓退之曰"偶然喚作木居士,便有無窮求福人",此與"伍子胥"爲"伍髭鬚","杜拾

遺”爲“杜十姨”何以異？夫從祀大典，以親傳《詩》《禮》之大
儒荀卿猶不得預，而妄人僞託杜撰之名字，乃得謬厠其間，非
徒可笑，亦可駭矣！名字妄增，其僞六。河間獻王無得《毛
詩》立博士事，以《史記·獻王世家》爲據，則竄亂依託，其僞
七。詳見《河間獻王傳辨僞》。其他以《風》《小雅》《大雅》《頌》爲“四
始”，與《韓詩外傳》及《史記》《關雎》爲《風》始、《鹿鳴》爲《小
雅》始、《文王》爲《大雅》始、《清廟》爲《頌》始不同，其僞八。
編詩移《檜》於《陳》後，移《王》於《衛》後，與《韓詩》《王》在
《豳》後，《檜》在《鄭》前不同，據《正義》述《鄭譜》，鄭用《韓詩》說也。其
僞九。以《商頌》爲商之遺詩，與三家《詩》以爲正考父美宋襄
之說不同。《樂記》“肆直而慈愛者宜歌《商》”，鄭注“《商》，宋
詩也”。《左傳·哀九年》“不利子商”，杜注“子商，宋也”。
《二十四年》“孝惠取於商”，杜注“商，宋也”。《國語》吳王夫
差“闕爲深溝於商、魯之間”，韋注“商，宋也”。《逸周書·王
會解》“堂下之左，商公、夏公立焉”，《莊子》《韓非子》均有商
太宰，與孔子、莊子同時。此皆以宋爲商之證。魯定公諱宋，
故孔子定《詩》，改宋爲商。《史記·宋世家》襄公之時，其大
夫正考父美之，作《商頌》。《法言·學行》篇：“正考甫嘗睎尹
吉甫矣，公子奚斯嘗睎正考甫矣。”凡西漢以前，從無異說，
《毛詩》妄爲異論，其僞十。蓋三《頌》者，孔子寓王魯、新周、
故宋之義。《毛詩》以爲商先世之詩，則微言亡，其僞十一。
《史記·孔子世家》稱“三百五篇”，王式稱“臣以三百五篇
諫”，見《儒林傳》。《志》亦云“孔子純取周詩，上采殷，下取魯，凡
三百五篇”。三家說皆同，而《毛詩》多笙詩六篇，則篇目增
多，其僞十二。他如《漢廣》“德廣所及”，《白華》“孝子之潔
白”，《崇丘》“萬物得極其高大”，《雨無正》“衆多如雨而非所
以爲正”之等，率皆望文生義，絕無事實，則空辭敷衍，其僞十

三。若《小雅》自《節南山》以下四十四篇皆爲刺幽王之詩，刺幽王何其多，而諸王何絕無一篇也？已與三家大異。《楚茨》等篇爲祭祀樂歌，而亦以爲刺幽王，朱子已先疑之，其僞十四。《詩》本樂章，孔子曰"吾自衛反魯，而後樂正，《雅》《頌》各得其所"，正樂，即正《詩》也。故有燕享、祭祀之禮，於是作《雅》《頌》，以爲燕享、祭祀之樂章。有夫婦之禮，即有房中之樂，於是作《關雎》《鵲巢》諸詩，以爲樂章。此外變風、變雅，采於民者，則非樂章。即二《南》之《汝墳》《甘棠》《行露》《殷其靁》，《豳》之《破斧》《伐柯》，《頌》之《閔予小子》《訪落》《敬之》《小毖》，皆因事而作，不爲樂章，然亦皆入樂者也。《儀禮》燕、鄉、賓、射皆於升歌笙、間合樂之後，工告"正歌備"，乃繼之以無算爵，亂之以無算樂。夫"無算"云者，或間或合，盡懽而止。鄉飲、鄉射皆於明日息司正，曰"鄉樂唯欲"。則二《南》自首三篇外，可隨意歌之，此無算樂之散歌、散樂一也。自賓祭用樂之外，古者以樂侑食，故魯樂工有亞飯、三飯、四飯也。至於工以納言，時而颺之，師箴，瞍賦，矇誦，大夫彈弦諷諫，國史采衆詩授矇瞍，使歌之，以風其上。《詩大序》疏。《大戴禮·保傅》篇云："宴樂雅頌逆序。"此工歌之散歌、散樂也。《史記·孔子世家》："三百五篇，孔子皆弦歌之。"《荀子》言《詩》三百篇，中聲所止。《墨子》言儒者誦詩三百，弦詩三百，歌詩三百，舞詩三百，又《莊子》稱曾子歌《商頌》。此國子弦歌之散歌、散樂也。故季札觀樂，爲之徧歌《風》《雅》《頌》，尤爲全詩入樂之證。毛於《小雅·楚茨》諸篇及《大雅》諸詩，皆以空衍，不能言其爲樂章。即如《斯干》爲考室樂章，鄭箋謂"築宮廟群寢既成而釁"，歌《斯干》以落之。《雲漢》爲雩祭樂章，賈公彥謂邦有大災，則歌哭而請《雲漢》之詩是也。晉、魏時，大雩、祈旱皆歌《雲漢》之章。漢時，雅樂可歌者八篇，變

風之《伐檀》，變雅之《白駒》在焉，尤可見詩皆入樂之證。自
毛不能詳其義，於是詩有入樂、不入之訟。程大昌、陳暘謂二
《南》《雅》《頌》爲樂詩，諸國爲徒詩。陳啓源爲回護《毛序》之
故，至謂"古人詩、樂分爲二教"，斥後儒舍詩徵樂，爲異古人
詩教之指，是以護毛，故顯悖孔子正樂而《雅》《頌》得所之義，
又與季札觀樂而徧歌《風》《雅》相違，其偽十五。其他説義徵
禮與今文顯悖者凡百千條，詳《毛詩偽證》，今不著。其云"河
間獻王好之"者，以爲旁證，皆歆竄附之偽説也。然《移文博士》
不敢稱之，而僅著於《七略》，其偽《易·雜卦》及《費氏章句》，並
不敢著於《七略》，而僅以傳之其徒，心勞日拙之情，亦可見矣。

禮古經五十六卷　經七十篇 后氏，戴氏。**記百三十一篇** 七十子
後學者所記也。**明堂陰陽三十三篇** 古明堂之遺事。**王史氏二十一
篇** 七十子後學者。師古曰："劉向《別録》云：'六國時人也。'"**曲臺后倉
九篇**

中庸説二篇 師古曰："今《禮記》有《中庸》一篇，亦非本《禮經》，蓋此之流。"

明堂陰陽説五篇

周官經六篇 王莽時，劉歆置博士。師古曰："即今之《周官禮》也。"

周官傳四篇

軍禮司馬法百五十五篇

古封禪群祀二十二篇

封禪議對十九篇，武帝時也

漢封禪群祀三十六篇

議奏三十八篇 石渠。

凡禮十三家，五百五十五篇。 入《司馬法》一家，百五十五篇。

《易》曰：有夫婦、父子、君臣、上下，禮義有所錯。而帝王質文，
世有損益。至周，曲爲之防，事爲之制，故曰"禮經三百，威儀三

千”。及周之衰，諸侯將踰法度，惡其害己，皆滅去其籍，自孔子時而不具，至秦大壞。漢興，魯高堂生傳《士禮》十七篇。訖孝宣世，后倉最明，戴德、戴聖、慶普皆其弟子，三家立於學官。《禮古經》者，出於淹中及孔氏，學七十篇文相似，多三十九篇。及《明堂陰陽》《王史氏記》所見，多天子、諸侯、卿大夫之制，雖不能備，猶瘉倉等推《士禮》而致於天子之説。

按，《禮經》十七篇，自西漢諸儒無以爲不全者。余設四證以明之。鄭玄曰：“傳《禮》者十三家，唯高堂生及五傳弟子戴德、戴聖名世。”熊氏曰五傳弟子者“高堂生、蕭奮、孟卿、后倉及戴德、戴聖爲五”。十三家，當并數聞丘卿、聞人通、慶普、夏侯敬、徐梁、橋仁、楊榮七人爲十三也。五傳弟子不言有闕。《史記正義》引阮孝緒《七録》，謂“博士侍其生得十七篇”，即與高堂生不同傳授，而同爲十七篇無異説。證一。《小戴》諸記，本以釋經。《昏義》曰：“夫禮始於冠，本於昏，重於喪祭，尊於朝聘，和於鄉射。”《禮運》曰：“達於喪、祭、射、御、冠、昏、朝、聘。”又曰：“其行之以貨力、辭讓、飲食、冠、昏、喪、祭、射、御、朝、聘。”二“御”字，皆爲“鄉”字之誤。《家語》：“達之喪、祭、鄉、射、冠、昏、朝、聘”，正作“鄉”字。《樂記》曰：“射、鄉、食饗，所以正交接也。”《仲尼燕居》曰：“射、鄉之禮，所以仁鄉黨也。”《昏義》曰：“和於鄉射。”《鄉飲酒義》曰：“孔子曰：‘吾觀於鄉。’”《王制》以鄉爲六禮之一。合觀之，其爲訛誤作“御”無疑。《疏》誤解爲五射、五馭之義，殊爲錯謬。仁和邵懿辰發揮此説最詳。《經解》則以昏統冠，以鄉統射，以昏姻之禮屬夫婦，以喪祭之禮屬父子，以鄉飲酒之禮屬君臣。故曰：“朝覲之禮，所以明君臣之義也；聘問之禮，所以使諸侯相尊敬也；喪祭之禮，所以明臣子之恩也；鄉飲酒之禮，所以明長幼之序也；昏姻之禮，所以明男女之別也。”“故昏姻之禮廢，則夫婦之道苦，而淫辟之罪多矣；鄉飲酒之禮廢，則長幼之序失，而爭鬥之獄繁矣；喪祭之禮廢，則臣子之恩薄，而倍死忘生者衆矣；聘覲之禮廢，則君臣之位失，諸侯之行惡，而倍畔

侵凌之敗起矣。"《大戴禮·禮察》篇略同。《盛德》篇云："凡
不孝生於不仁愛也，不仁愛生於喪祭之禮不明。喪祭之禮，
所以教仁愛也，致仁愛故能致喪祭。""死且思慕饋養，況於生
而存乎？故曰喪祭之禮明，則民孝矣。故有不孝之獄，則飭
喪祭之禮也。凡弒上生於義不明。義者，所以等貴賤，明尊
卑。貴賤有序，民尊上敬長矣。民尊上敬長而弒者，寡有之
也。朝聘之禮，所以明義也。故有弒獄，則飭朝、聘之禮也。
凡鬭辨生於相侵凌也。相侵凌，生於長幼無序，而教以敬讓
也。故有鬭辨之獄，則飭鄉飲酒之禮。凡淫亂生於男女無
別，夫婦無義。昏禮、享聘者，所以別男女，明夫婦之義也。
故有淫亂之獄，則飭昏禮、享聘也。"按，《坊記》曰："君子之道，辟則坊
與，坊民之所不足者。大爲之坊，民猶踰之，故君子禮以坊德。""禮者，因人之情而爲
之節文，以爲民坊者也。"使民"貧而好樂，富而好禮""觴酒豆肉，讓而受惡"，而鬭辨
之獄息矣，則鄉飲酒之禮明也。"夫禮者，所以章疑别微，以爲民坊者也。故貴賤有
等""朝廷有位""示民有君臣之別"，而弒獄不作矣，則聘覲之禮明也。"教民追孝"
"示民不爭""不貳""不疑"，以"有上下"，而不孝之獄罕矣，則喪祭之禮明也。"夫禮，
坊民所淫，章民之別，使民無嫌，以爲民紀者也"，教民無"以色厚於德"，而淫亂之獄
絶矣，則昏姻之禮明也。與《經解》《盛德》説相應。沈約以《坊記》《表記》《緇衣》《中
庸》皆子思所作，其説尤是據也。《本命》又以冠、昏、朝、聘、喪、祭、賓
主、鄉飲酒、軍旅爲九禮。賓主即燕禮、食禮、相見禮，軍旅則
寓諸射禮。《王制》專主教民，故去朝、聘，爲冠、昏、喪、祭、
鄉、相見六禮。凡《戴記》中八禮十七篇，皆已完具。證二。
《大戴》，《士冠禮》一，《昏禮》二，《士相見禮》三，《士喪禮》四，
《既夕》五，《士虞禮》六，《特牲饋食禮》七，《少牢饋食禮》八，
《有司徹》九，《鄉飲酒禮》十，《鄉射禮》十一，《燕禮》十二，《大
射儀》十三，《聘禮》十四，《公食大夫禮》十五，《覲禮》十六，
《喪服》十七。一、二、三篇，冠、昏也；四、五、六、七、八、九篇，
喪、祭也；十、十一、十二、十三篇，射、鄉也；十四、十五、十六
篇，朝、聘也。《喪服》通乎上下，且爲子夏之傳，宜附於末。

其序與《禮運》全合，與《王制》亦相合。劉向《別錄》以喪、祭六篇居後，而《喪服》移在《士喪禮》之前，則以《子夏傳》亂孔子之經矣，《小戴》次序益雜矣。疑子游傳《禮運》於夫子，十七篇之序已如是，而高堂生傳之大戴，此尤明確可據。證三。《戴記》有《冠義》以釋《士冠》，有《昏義》以釋《昏禮》，有《問喪》以釋《士喪》，有《祭義》《祭統》以釋《特牲》《少牢》《有司徹》，有《鄉飲酒義》以釋《鄉飲酒》，有《射義》以釋《鄉射》《大射》，有《燕義》以釋《燕食》，有《聘義》以釋《聘禮》，有《朝事》以釋《覲禮》，有《四制》以釋《喪服》，無一篇出於十七篇之外。證四。以此證《禮》之爲十七篇完具無闕，斷斷明鑿矣。孟子曰：三代之學，皆所以明人倫。有冠、昏而夫婦別，有喪、祭而父子親，有鄉、射而長幼序，有朝、聘而君臣嚴。夫婦別而後父子親，父子親而後長幼序，長幼序而後君臣嚴。由閨門而鄉黨，由鄉黨而邦國朝廷，不可一日廢也。綱之五倫，根之五性，本末畢舉矣。至於朋友之交，則士相見爲在下之朋友，食燕爲在上之朋友。且禮皆具賓主，則朋友之交橫貫乎達道之中，天下之人在是矣。《大傳》曰："親親也，尊尊也，長長也，男女有別，不得與民變革。"《禮經》之義，乃所謂"不得與民變革"者也。《喪服》一篇，兼親親、尊尊、長長、男女有別，賅上治、下治、旁治，而人治之大，無乎不舉，總之以經人倫也。自修身、齊家、治國、平天下，義理浹，人道備，孔子所以制《禮》僅十七篇，以教萬世者，以爲内外精粗已足也。故自西漢以前，未有言十七篇之闕略者也。朱子修禮，分家禮、鄉禮、學禮、王朝禮。文中子以冠、昏、喪、祭爲四禮，即家禮也；射、鄉，鄉禮也；朝、聘，邦國王朝之禮也。而士相見禮，則學禮寓焉，其小大高卑無所不周如此。或謂郊、社、禘、嘗、山川五祀、兩君相見、大饗王事、公冠、釁廟及天子、諸侯昏禮、祭禮，孔子屢與及門言之,或雜見經、記中。《中庸》稱"經禮三百,威儀三千",疑若不止十七篇。然天子、諸侯之禮,非可下達,官司所掌,典至繁重,士民有老死不可得見者,非可舉以教人。且王禮雖重,而所行者狹,大夫、士、庶之禮雖殺,而所行者廣。且哀公使孺子悲學士喪禮於孔子,則魯初無士喪禮。執羔、執雁且不知,則魯無士相見禮。魯爲秉禮之邦猶如此,故孟子言"諸侯惡其害己,而皆去其籍""周室班爵禄",則如今《搢紳録》之類耳,其詳已不得聞。史遷謂自孔子時已不具,信哉!唯鄉、射二禮當世通行,《論語》載"鄉人飲酒",《射義》載"孔子射於矍相之圃",而《史記》言孔子卒後,諸儒習鄉飲、大射禮於孔子冢上。其餘冠、昏、喪、祭、朝、聘,由孔子周游問禮,搜拾叢殘,重加整定,旁皇周浹,曲得其序,存十七篇,已爲備矣。孔子窮不得位,於王禮自不能全具,然已有諸記坿附其間,彌縫其隙,俾後王以推行之,固已舉隅使反矣。故十七篇斷自聖心,傳爲世法,而或疑三百之不完,則不達於事勢情實者也。《禮經》雖十七篇,而《喪服》爲子夏作,故大戴附之於末,則孔子所手定者實十六篇,云"十七"者,合《喪服傳》言之。則高堂生之目,猶《易》上、下二篇外之有《繫辭》也。《逸禮》之説,西漢無言之者。劉歆爲《七略》,修《漢書》,於是雜竄古文諸經於《藝文志》《河間獻王》《魯共王傳》中。然《史記·河間獻王》《魯共王傳》俱無此事,其爲竄僞易明。即以後人所引《禘於太廟禮》《王居明堂禮》《烝嘗禮》《中霤禮》《天子巡狩禮》《朝貢禮》,及吳氏所輯《奔喪》《投壺》《遷廟》《釁廟》《公冠》之類,厠於十七篇之間,不能相比附。以常與變不相入,偏與正不相襲也。況如《太平御覽》引《巡狩禮》,文辭不古,及"三皇禪云云,五帝禪亭亭",誕而不經,而《月令》注及《皇覽》引《王居明堂禮》數條,皆在《尚書大傳》第三卷《洪範五行傳》之中，其爲劉歆剿取無疑。亦猶《逸書》僞《武成》之剿《世俘解》，其爲他篇之作僞可知。或以爲多三十九篇，即河間獻王所輯禮樂古事，五百餘篇之文。然史遷《獻王傳》無之，則獻王所輯之五百餘篇，亦歆之僞文，所謂得自淹中者，舉不足據。歆佐莽篡位，制禮作樂，故多天子、諸侯禮，因徧僞諸經爲證，故極抑十七篇，以爲諸經記雖不備，"猶瘉倉等推士禮而致於天子之説"，其微恉可見。凡《藝文志》文義，無不抑今文而崇僞古，平心按之，皆可見也。自爾之後，爲歆僞説所惑，咸以《禮》十七篇爲不備，而咸惜《逸禮》之不存。朱了曰："《古禮》五十六篇，班固時其書尚在，鄭康成亦及見之，注疏中多援引，不知何時失之，甚可惜也。"王伯厚曰，《逸禮》三十九，其篇名頗見於他書，若《天子巡狩禮》見《周官·内宰》注，《朝貢禮》見《聘禮》注，《烝嘗禮》見《射人》疏，《中霤禮》見《月令》注及《詩·泉水》注，《王居明堂禮》見《月令》《禮器》注，《古明堂禮》見蔡邕《論》。又《奔喪》疏引《逸禮》，《王制》疏引《逸禮》云"皆升合食於太祖"，《文選注》引《逸禮》云"三皇禪云云，五帝禪亭亭"。《論衡》"宣帝時河内女子壞老屋，又得《逸禮》一篇，合五十七"。斷珪碎璧，皆可寶也。吳草廬曰："三十九篇唐初猶存，諸儒曾不以爲意，遂至於亡，惜哉。"[①]凡此諸儒猶爲歆所大惑，於是人人視十七篇爲殘闕不完之書。唐定《正義》，孔沖遠自疏《禮記》，使門人賈公彦疏《儀禮》，已自輕之。自宋、明後，遂廢《禮經》，不以試士，天下士人於是無復誦習者。顛倒悖謬，率天下而侮聖黜經，遂千年矣，劉歆之罪可勝誅哉！以其所託甚古，故涽

---

　① "廬"，原誤作"盧"，《續修四庫全書》影印上海辭書出版社圖書館藏清光緒十七年(1891)康氏萬木草堂刻《新學僞經考》本(以下簡稱"萬木草堂本")同。引文乃元代吳澄《禮記纂言》語。吳澄，學者稱草廬先生，據此改。

亂二千年學者之耳目，莠言之亂，可畏矣乎！

　　按，六經皆孔子所作。《詩》三百五篇，《書》二十八篇，《禮》十六篇，①《易》上、下二篇，《春秋》十一篇，樂在於聲，其制存於《禮》，其章存於《詩》，無文辭，是爲六經。稟於聖制，尊無與上者。《易》之《繫辭》，《禮》之《喪服》，附經最早。然《史記》稱《繫辭》爲"傳"，《喪服》亦名"傳"，亦弟子所推補也。自六經而外，皆七十子後學所記，各述所聞，或獨撰一書，或合述一書，與經別行，統名曰"傳"，凡儒家言皆是，猶內典佛說者爲"經"，菩薩説者爲"律""論"也。雖以《論語》紀孔子言，以非孔子所撰，亦名爲"傳"。但諸所説雖宗師仲尼，亦各明一經之義。如《五帝德》《帝繫姓》《文王世子》《武王踐阼》，爲《書》作記者也；《繫辭》《易本命》，爲《易》作記者也；《王制》《坊記》，爲《春秋》作記者也；《曲禮》《玉藻》《少儀》《郊特牲》《禮運》《禮器》《投壺》《釁廟》，爲《禮》作記者也；自餘若《經解》《大學》《中庸》之類，通論爲多。蓋七十子後學記，即儒家之書，即《論語》《孝經》亦在其中。孔門相傳，無別爲一書謂之《禮記》者。但禮家先師，刺取七十子後學記之言禮者爲一册，俾便於考據，如後世之爲類書然。今按儒家有《子思》二十三篇，《曾子》十八篇，《公孫尼子》二十八篇，《孫卿子》三十三篇，《賈誼》五十八篇。《禮記》中，如《中庸》采之《子思》，《曾子問》及《立事》十篇采之《曾子》，《坊記》《表記》《緇衣》采之《公孫尼子》，《三年問》采之《荀子》，《保傅》《禮察》采之《賈誼》，則《禮記》純采之七十子後學可知。五家先師，日加附益，故既采《賈誼》之《保傅》《禮察》《公冠》，並采及漢孝昭帝《祝辭》，則宣、元後先師之所采者矣。又非徒采記

────────────

①　"十六"，萬木草堂本作"十七"。

禮者，並其通論義理之《大學》《中庸》《學記》等篇亦刺采之，漸次彙成，以便學者觀覽，猶《易》家先師之采《繫辭》，《韓詩》之采《外傳》。史遷引"宰予問《五帝德》"，尚未以爲《禮記》，則出之甚後。故大小戴、慶氏各有去取，各有附益，既非孔子制作，亦無關朝廷功令，其篇數蓋不可考，但爲《禮》家附記之類書，於中秘亦不涉焉。劉歆知其然，故采《樂記》於《公孫尼子》，采方士《明堂陰陽説》而作《月令》《明堂位》，《隋志》謂《小戴》四十六篇，馬融增入《月令》《明堂位》《樂記》三篇，乃爲四十九篇。按，《別錄》已有三篇目，則劉歆已竄附也。采諸子雜説而作《祭法》，並推附於戴氏所傳類書中。因七十子後學記而目爲《禮記》，自此始也。此云"《記》百三十一篇"，《釋文》引《周禮論序》云"《古禮記》二百四篇"，今并《明堂陰陽》三十三篇，《王史氏》二十一篇，《曲臺后倉》九篇，《中庸説》二篇，《明堂陰陽説》五篇，《周官傳》四篇，恰當二百六篇。考儒家上除《内業》《周史六弢》《周政》《周法》《河間周制》《讕言》《功議》七部不可知之書，諸云《周政》《周法》，疑歆所僞以證《周官》者，辨見下。下除《徐子》《魯仲連》以下，自《晏子》八篇，《子思》二十三篇，《曾子》十八篇，《漆雕開》十三篇，《宓子》十六篇，《景子》三篇，《世子》二十一篇，《魏文侯》六篇，《李克》七篇，《公孫尼子》二十八篇，《孟子》十一篇，《孫卿子》三十三篇，《芋子》十八篇，《寧越》一篇，《王孫子》一篇，《公孫固》一篇，《李氏春秋》二篇，《羊子》四篇，《董子》一篇，《俟子》一篇，恰二百六篇。若以《中庸》本在《記》内，此爲説耳，不可數，則《記》百九十篇。儒家除《李氏春秋》二篇似竄入外，實二百四篇。是則二百四篇者，七十子後學記原篇，人所共知。歆欲攻后倉《士禮》之闕，又窺見《禮經》十七篇，天子、諸侯、卿大夫之制無多，乃僞造典禮以爲《明堂陰陽》《王史氏記》，謂多天子、諸侯、卿大夫之制，於是去取七十子後學及后倉《記》，而竄《明堂陰陽》《王史氏》數十篇於其中，以實二百四篇之目,而痛抑今學爲"推士禮而致於天子"。其作僞之術,情見乎辭。考孔子定《禮》止十六篇,其他則與弟子言之,未及成書,賴弟子推補爲多。即以《喪服》一篇,已爲子夏之傳,蓋子夏所推補者,其他《禮記》諸篇可知。故倉等推禮是七十子家法,孔子發其大義,則高弟人人可依例推致。《論語》所謂"舉一隅不以三隅反,則不復",明貴能推致也。若使孔子事事爲之,雖以聖人之力有所不能盡者矣。歆之乘機竄僞,因間竊發,此如卓、操之伺隙盜篡,唯正名討除之而已。至若《釋文》所云:"戴德删《古禮》二百四篇爲八十五篇,謂之《大戴禮》。戴聖删《大戴禮》爲四十九篇,是爲《小戴禮》。後漢馬融、盧植考諸家同異,附戴聖篇章,去其繁重及所叙略而行於世,即今之《禮記》是也。"此皆古學家虛造之説,不可信。要之三家博士刺取《禮記》,多寡去取,各有不同。今本《禮記》,據《別録》有四十九篇。《別録》爲歆僞撰,則亦歆所定以便其竄附者,盧、馬考而述之者也。若《後漢書》曹褒之傳《禮記》四十九篇,橋仁之傳《禮記》四十九篇。考曹褒爲慶氏學,橋仁爲戴德學,安得有四十九篇之説?此爲僞古學僞竄無疑。其七十子後學記,辨詳下。

至《周官經》六篇,則自西漢前未之見。《史記·儒林傳》《河間獻王傳》無之。其説與《公》《穀》《孟子》《王制》今文博士皆相反,《莽傳》所謂"發得《周禮》以明因監",故與莽所更法立制略同,蓋劉歆所僞撰也。歆欲附成莽業而爲此書,其僞群經,乃以證《周官》者。故歆之僞學,此書爲首。自臨孝存難之,何休以爲"戰國陰謀之書",蓋漢今文家猶知之。自馬、鄭尊之,康成以爲三《禮》之首,自是盛行。蘇綽、王安石施之爲治,以毒天下,至乃大儒朱子亦稱爲"盛水不漏,非周公不能作",爲歆所謾甚矣!歆僞諸經,唯《周禮》早爲人窺破,胡五峰、季本、萬斯同辨之已詳，姚際恒亦置之《古今僞書考》中矣。又按，賈公彦《序周禮廢興》引《馬融傳》云：至孝成皇帝，達才通人劉向、子歆校理秘書，始得列序，著於《録》《略》。時衆儒以爲非是，唯歆獨識，其年尚幼，末年乃知其周公致太平之迹，弟子死喪，徒有河南緱氏杜子春尚在，永平之初，年且九十，能通其讀，頗識其説，鄭衆、賈逵往受業焉。云“唯歆獨識”，衆儒“以爲非是”，事理可明，此爲歆作《周官》最易見，其云向著録者妄耳。或信以爲真出劉向，且謂詿屬《周禮》爲“誤周公致太平之迹”，謂鄭君取之爲“不以人廢言”，則受歆欺紿矣。或又據《史記·封禪書》云，上與公卿諸生議封禪，群儒采封禪《尚書》《周官》《王制》之望祀土牛事，[①]信其出西漢前。不知《史記》經劉歆竄亂者甚多，史遷時蓋未有《周官》，有則《儒林傳》必存之。孝存以爲“武帝知《周官》末世瀆亂不驗之書”，亦猶有誤。武帝世本無《周官》，何得有所議邪？則孝存尚未知其根源也。今以《史記·河間獻王傳》及《儒林傳》正定之，其真僞決矣。蓋歆爲僞經，無事不力與今學相反，總集其成則存《周官》。今學全出於孔子，古學皆託於周公，蓋陽以周公居攝佐莽之篡，而陰以周公抑孔子之學，此歆之罪不容誅者也。其本原出於《管子》及《戴記》。《管子·五行》篇曰：“昔者黄帝得蚩尤而明於天道，得大常而察於地利，得奢龍而辯於東方，得祝融而辨於南方，得大封而辨於西方，得后土而辨於北方。黄帝得六相而天地治，神明至。”蚩尤爲當時，大常爲廩者，奢龍爲土師，祝融爲司徒，大封爲司馬，后土爲李。“春者，土師也；夏者，司徒也；秋者，司馬也；冬者，

---

① “土牛”，萬木草堂本同，殿本《史記·封禪書》作“射牛”，爲古代祭祀儀式之一，此處作“射牛”較當。

李也。"爲六官所自出。《曲禮》六太、五官、六府、六工,亦其
題也。《盛德》篇:"冢宰之官以成道,司徒之官以成德,宗伯
之官以成仁,司馬之官以成聖,司寇之官以成義,司空之官以
成禮。""是故天子,御者;太史、内史,左右手也;六官亦六轡
也。天子三公合,以執六官,均五政,齊五法,以御四者,故亦
唯其所引而之。以之道則國治,以之德則國安,以之仁則國
和,以之聖則國平,以之義則國成,以之禮則國定,此御政之
體也。""是故官屬不理,分職不明,法政不一,百事失紀,曰亂
也,亂則飭冢宰。地宜不殖,財物不蕃,萬民飢寒,教訓失道,
風俗淫僻,百姓流亡,人民散敗,曰危也,危則飭司徒。父子
不親,長幼無序,君臣上下相乖,曰不和也,不和則飭宗伯。
賢能失官爵,功勞失賞禄,爵禄失則士卒疾怨,兵弱不用,曰
不平也,不平則飭司馬。刑罰不中,暴亂奸邪不勝,曰不成
也,不成則飭司寇。百度不審,立事失理,財物失量,曰貧也,
貧則飭司空。"《千乘》篇云"司徒典春""司馬司夏""司寇司
秋""司空司冬"。《文王官人》篇"國則任貴""鄉則任貞""官
則任長""學則任師""族則任宗""家則任主""先則任賢"。
《朝事》篇則幾於全襲之。歆之所爲,大率類是。歆既多見故
書雅記,以故規模彌密,證據深通。後儒生長其下,安得不爲
所惑溺也?

《司馬法》言車乘與今學不同,與《周官》合,蓋亦歆之僞書。
其云軍禮,與《周官》吉、凶、軍、賓、嘉合。以《禮經》按之,《禮
運》《昏義》祇有冠、昏、喪、祭、射、鄉、朝、聘八禮,《王制》有
冠、昏、喪、祭、鄉、相見六禮。唯《本命》以冠、昏、朝、聘、喪、
祭、賓主、鄉飲酒、軍旅爲九禮。若非歆所自出,則歆所竄入
者也。《大戴禮》多與《周禮》同,二者必居一焉。

樂記二三篇

王禹記二十四篇

雅歌詩四篇

雅琴趙氏七篇　名定，勃海人，宣帝時丞相魏相所奏。

雅琴師氏八篇　名中，東海人，傳言師曠後。

雅琴龍氏九十九篇　名德，梁人。師古曰：“劉向《別録》云：‘亦魏相所奏也，與趙定俱召見待詔，後拜爲侍郎。’”

凡樂六家，百六十五篇。　出淮南、劉向等《琴頌》七篇。

《易》曰：“先王作樂崇德，殷薦之上帝，以享祖考。”故自黃帝下至三代，樂各有名。孔子曰“安上治民，莫善於禮”，“移風易俗，莫善於樂”，二者相與並行。周衰，俱壞，樂尤微眇，以音律爲節，又爲鄭、衛所亂，故無遺法。漢興，制氏以雅樂聲律，世在樂官，頗能紀其鏗鏘鼓舞，而不能言其義。六國之君，魏文侯最爲好古，孝文時得其樂人竇公，獻其書，乃《周官·大宗伯》之《大司樂》章也。武帝時，河間獻王好儒，與毛生等共采《周官》及諸子言樂事者，以作《樂記》，獻八佾之舞，與制氏不相遠。其内史丞王定傳之，以授常山王禹。禹，成帝時爲謁者，數言其義，獻二十四卷《記》。劉向校書，得《樂記》二十三篇，與禹不同，其道寖以益微。

按，樂本無經，其儀法篇章，散見於《詩》《禮》，所謂“以音律爲節”是也。制氏“世在樂官”“能紀其鏗鏘鼓舞”，下《詩賦略》有《河南周歌聲曲折》七篇、《周謠歌詩聲曲折》七十五篇，《大戴·投壺》，雅詩可歌有《鹿鳴》《貍首》《鵲巢》《采蘩》《采蘋》《伐檀》《白駒》《騶虞》八篇。上云“《雅歌詩》四篇”，則音律未亡，安得謂“無遺法”也？魏文侯樂人竇公，不見他書，唯師古注引桓譚《新論》有之。桓譚嘗從歆問業，專述歆僞古文經學，不足爲據。按《史記》，魏文侯薨年至文帝元年，已二百有十四歲，計竇公能爲樂人，年當在壯，而爲樂人未必在文侯薨年,獻書未必在文帝元年,則應二百五六十許歲,安得爲百八十歲也？天下安得此老壽？與晋時得范明友之奴,正復妄言耳。且使竇公誠有獻書事,則"天下遺文古事靡不畢集太史公",太史公好述奇怪,有此遺經、異人,其有不詳叙之邪！蓋歆贗作《周官》,故僞造故事以證明之也。其所云獻王"與毛生等共采《周官》及諸子言樂事者以作《樂記》,獻八佾之舞,與制氏不相遠。其内史丞王定傳之,以授常山王禹",禹"獻二十四卷《紀》",考《史記·禮樂志》《河間王世家》《儒林傳》皆無此事,則亦歆所僞託而已。歆之精神全在《周官》,其僞作《古文書》《毛詩》《逸禮》《爾雅》,咸以輔翼之,故於《七略》處處設證,使人深入其蔀,目迷五色而不之覺,其術至巧密。豈知心勞日拙,千載後終有發覆之日邪！此所云獻王、毛生采《周官》,皆點綴其人以爲旁證,又云"與制氏不相遠",以重之也。歆謂王禹"獻二十四卷《記》",劉向"得《樂記》二十三篇,與禹不同,其道寖以益微",而所列即二十三卷《記》居首。歆所造諸古文,列皆居首,是歆以二十三卷《記》爲主矣。《禮記·樂記》正義謂："劉向所校二十三篇,著於《別録》,二十四卷《記》無所録。"《正義》又載二十三卷之目有《竇公》一篇。《別録》出歆所改竄,竇公其人又即歆所附會者,此尤歆僞二十三卷《記》之明證。然則王禹二十四卷之《記》,特歆點綴之以爲烘託之法,猶高氏之《易》,鄒、夾之《春秋》耳。其以二十四卷爲益微,抑揚尤爲可見,二十三卷《記》載於《別録》,不可謂"微"。其所謂"微"者,定指二十四卷之書。是《樂記》出於歆無疑矣。《禮樂志》亦有引河間樂之説,附辨於下：

漢書禮樂志附

是時河間獻王有雅材,亦以爲治道非禮樂不成,因獻所集《雅樂》。天子下大樂官,常存肄之。

至成帝時，謁者常山王禹，世受河間樂，能説其義。其弟子朱曄等上書言之，①下大夫博士平當等考試。當以爲：“漢承秦滅道之後，賴先帝聖德，博受兼聽，修廢官，立太學。河間獻王聘求幽隱，修興雅樂，以助化時。大儒公孫弘、董仲舒等皆以爲音中正雅，立之大樂。春秋鄉射，作於學官，希闊不講，故自公卿大夫觀聽者，但聞鏗鎗，不曉其意，而欲以風諭衆庶，其道無由，是以行之百有餘年，德化至今未成。今曄等守習孤學，大指歸於興助教化。衰微之學，興廢在人，宜領屬雅樂，以繼絶表微。孔子曰：‘人能弘道，非道弘人。’河間區區小國，藩臣以好學修古，能有所存，民到於今稱之。況於聖主廣被之資，修起舊文，放鄭近雅，述而不作，信而好古，於以風示海内，揚名後世，誠非小功小美也。”事下公卿，以爲“久遠難分明”，當議復寢。

劉歆僞撰《樂記》，託之河間獻王，又別託爲王禹所傳，以烘託之。朱曄等之上言，平當之議，蓋即授意於歆者。公卿以爲“久遠難分明”，則亦“孔光不助、龔勝解綬、師丹大怒”之倫也。

春秋古經十二篇　經十一卷　公羊、穀梁二家。

左氏傳三十卷　左丘明，魯太史。

公羊傳十一卷　公羊子，齊人。師古曰：“名高。”

穀梁傳十一卷　穀梁子，魯人。師古曰：“名喜。”

鄒氏傳十一卷

夾氏傳十一卷　有録無書。師古曰：“夾，音頰。”

左氏微二篇　師古曰：“微，謂釋其微指。”

---

①　“朱”，萬木草堂本同，殿本《漢書·禮樂志》作“宋”，下同。

鐸氏微三篇　楚太傅鐸椒也。

張氏微十篇

虞氏微傳二篇　趙相虞卿。

公羊外傳五十篇

穀梁外傳二十篇

公羊章句三十八篇

穀梁章句三十三篇

公羊雜記八十三篇

公羊顏氏記十一篇

公羊董仲舒治獄十六篇

議奏三十九篇　石渠論。

國語二十一篇　左丘明著。

新國語五十四篇　劉向分《國語》。

世本十五篇　古史官記黃帝以來訖春秋時諸侯、大夫。

戰國策三十三篇　記春秋後。

奏事二十篇　秦時大臣奏事及刻石、名山文也。

楚漢春秋九篇　陸賈所記。

太史公百三十篇　十篇有録無書。

馮商所續太史公七篇　韋昭曰：“馮商受詔續《太史公》十餘篇，在班彪《別録》。商，字子高。”師古曰：“《七略》云：‘商，陽陵人，治《易》，事五鹿充宗，後事劉向，能屬文。後與孟柳俱待詔，頗序列傳，未卒，病死。’”

大古以來年紀二篇

漢著記百九十卷　師古曰：“若今之起居注。”

漢大年紀五篇

凡春秋二十三家，九百四十八篇。省《太史公》四篇。

古之王者，世有史官，君舉必書，所以慎言行，昭法式也。左史記言，右史記事，事爲《春秋》，言爲《尚書》，帝王靡不同之。周室既微，載籍殘缺，仲尼思存前聖之業，乃稱曰：“夏禮，吾能言之,杞不足徵也;殷禮,吾能言之,宋不足徵也。文獻不足故也。足,則吾能徵之矣。"以魯周公之國,禮文備物,史官有法,故與左丘明觀其史記,據行事,仍人道,因興以立功,敗以成罰,假日月以定曆數,藉朝聘以正禮樂。有所襃諱貶損,不可書見,口授弟子,弟子退而異言。丘明恐弟子各安其意,以失其真,故論本事而作傳,明夫子不以空言說《經》也。《春秋》所貶損大人、當世君臣,有威權勢力,其事實皆形於傳,是以隱其書而不宣,所以免時難也。及末世口說流行,故有公羊、穀梁、鄒、夾之傳。四家之中,公羊、穀梁立於學官,鄒氏無師,夾氏未有書。

按,《史記·儒林傳》《春秋》祇有公羊、穀梁二家,無左氏,《河間獻王世家》無得《左氏春秋》立博士事。馬遷作史多採《左氏》,若左丘明誠傳《春秋》,史遷安得不知?《儒林傳》述六藝之學,彰明較著,可爲鐵案。又《太史公自序》稱"講業齊、魯之都""天下遺文古事靡不畢集太史公",若河間獻王有是事,何得不知?雖有蘇、張之舌不能解之者也。《漢書·司馬遷傳》稱司馬遷據左氏《國語》,采《世本》《戰國策》,述《楚漢春秋》,《史記·太史公自序》及《報任安書》俱言"左丘失明,厥有《國語》",《報任安書》下又云"乃如左丘明無目,孫子斷足,終不可用,退論書策,以抒其憤",凡三言左丘明,俱稱《國語》。然則左丘明所作,史遷所據,《國語》而已,無所謂《春秋傳》也。歆以其非博之學欲奪孔子之經,而自立新說以惑天下,知孔子制作之學首在《春秋》,《春秋》之傳在《公》《穀》,《公》《穀》之法與六經通,於是思所以奪《公》《穀》者。以《公》《穀》多虛言,可以實事奪之,人必聽實事而不聽虛言也。求之古書,得《國語》與《春秋》同時,可以改易竄附。於是毅然削去平王以前事,依《春秋》以編年,比附經文,分《國語》以釋經,而爲《左氏傳》。歆本傳稱"歆始引傳解經",得其實矣。作《左氏傳微》以爲書法，依《公》《穀》日月例而作日月例。託之古文以黜今學，託之河間、張蒼、賈誼、張敞名臣通學以張其名，亂之《史記》以實其書，改爲十二篇，以新其目，變改“紀子帛”“君氏卒”諸文以易其説，續爲經文，尊“孔子卒”以重其事，偏僞群經以證其説。事理繁博，文辭豐美，凡《公》《穀》繹經之義，彼則有之。至其叙事繁博，則《公》《穀》所無。遭逢莽篡，更潤色其文以媚莽，因藉莽力，貴顯天下，通其學者以尊其書。證據符合，黨衆繁盛，雖有龔勝、師丹、公孫禄、范升之徒，無能搖撼。雖博士屢立屢廢，而賈逵選嚴、顔高才二十人，教以《左氏》。見《後漢書・賈逵傳》。至於漢末亂起，相斫之書以實事而益盛，武夫若關羽、吕蒙之屬，莫不熟習。孔子改制之學，既爲非常異義，《公》《穀》事辭不豐，於是式微。下迄六朝，《左傳》一統，《隋志》《釋文》嘆《公》《穀》之垂絶矣。唐世經學更變，並束三《傳》，而世尚辭章，《左氏傳》實大行也。陸淳《春秋集傳纂例》謂《左傳》其功最高，“能令百代之下頗見本末，因以求意，經文可知”。《史通・申左》篇云孔子修《春秋》時，年已老矣，故其傳付之丘明，傳之與經一體，相須而成也。凡所以尊《左》者，皆尊其事，遂至於今，學者咸讀《左氏》，而通《公》《穀》幾無人焉，此固劉歆所逆料而收拾者也。蓋《國語》藏於秘府，自馬遷、劉向外罕得見者。《太史公書》關本朝掌故，東平王宇求之，漢廷猶不與，見《漢書・東平思王傳》。況《國語》實是“相斫書”乎？時人罕見，歆故得肆其改竄。“舊綉移曲折”“顛倒在短褐”，幾於無迹可尋，此今學所以攻之不得其源，而陳元、賈逵所以能騰其口説也。今以《史記》，劉向《新序》《説苑》《列女傳》所述春秋時事較之，如少昊嗣黄帝之妄，后羿、寒浞篡統，少康中興之誣，宣公之夫人爲夷姜而非炁，宣姜之未嘗通公子頑，宋桓夫人、許穆夫人、戴公、文公非宣姜通昭伯所生，陳佗非五父，隱母聲子爲賤妾而非繼室，仲子非桓母，是皆歆誣古、悖父，竄易《國語》而證成其説者。劉逢禄《左氏春秋考證》甚詳。且《國語》行文舊體，如惠之二十四年則在《春秋》前，悼之四年則在獲麟後，皆與《春秋》不相比附。雖經歆改竄爲傳，遺迹可考。《史記·五帝本紀》《十二諸侯年表》皆云《春秋》《國語》，蓋史公僅採此二書，無《左氏傳》也。幸遷、向書尚在，猶可考見一二耳。而張衡、譙周、司馬貞反據《左傳》以攻《史記》，誤甚矣。其詳別見《左氏傳僞證》。歆徧造僞經，而其本原莫重於僞《周官》及僞《左氏春秋》。而僞《周官》顯背古義，難於自鳴，故先爲僞《左氏春秋》，大放厥辭。於《河間獻王傳》則謂“《左氏春秋》已立博士”，《移太常博士書》亦誦言之。此《志》敘仲尼之作《春秋》，横插與左丘明觀其史記以實之。劉逢禄《左氏春秋考證》曰：“左氏記事在獲麟後五十年，丘明果與夫子同時，共觀魯史，史公何不列於弟子？論本事而作傳，何史公不名爲‘傳’而曰‘春秋’？且如鄫季姬、魯單伯、子叔姬等事，何失實也？經所不及者獨詳誌之，又何説也？經本不待事而著，夫子曰‘其義則某竊取之矣’，何左氏所述君子之論多乖異也？”如劉説，歆亦不能自辨矣。蓋歆託於丘明而申其僞傳，於是尊丘明爲“魯君子”，竄之《史記·十二諸侯年表》中，又稱與孔子同觀史記，僞《古論語》，又稱孔子與丘明同恥，蓋歆彌縫周密者也。續經之傳云“悼之四年”，據《史記·魯世家》，悼公在位三十七年，其薨在獲麟後五十餘年，在孔子時且未即位，何得遽稱其謚？歆亦自忘其疏矣。《春秋正義》一引《嚴氏春秋》，亦有與左丘明觀書事，蓋嚴、顏高才受學之後所竄亂者矣。且孔父，夫子六世祖，而書名以貶。倘左氏如此，必非親見聖人者，此歆無可置辭者也。《公羊》《穀梁》大行漢世，自君臣政事奏議咸依焉。鄒、夾二氏，劉向《別録》

無之，而不惜憑虛。至其所首欲奪之者，雖以七十子親受之說，猶痛貶之爲"末世口説""安意失真"，置之與"無是""烏有"之偶鄒、夾同科。鼓舌搖脣，播弄白黑，隨手抑揚，無所不至。昔魏收作《魏書》，每言"何物小子，敢共魏收作色！舉之則使上天，按之當使入地"，時人號爲"穢史"。歆之作偽亂道，其罪又浮於收百倍矣。其云"《春秋古經》十二篇"，蓋歆之所妄分也。云"《經》十一卷"，注曰"公羊、穀梁二家"，則公、穀相傳皆十一篇，故《公羊傳》《穀梁傳》《公羊顏氏記》皆十一卷也，即"子虛"之《鄒氏》《夾氏傳》亦十一卷。然則天下相傳經皆十一篇，蓋孔子所手定。何邵公猶傳之，云"繫《閔公》篇於《莊公》下者，子未三年無改於父之道"，《公羊·閔二年》解詁。蓋西漢胡母生以來舊本也。歆《古經》十二篇，或析《閔公》爲一篇，或附續經爲一篇，俱不可知，要皆歆之偽本也。凡歆所偽之經，俱録加於今文之上，六藝皆然，此亦歆自尊其偽經之私心可見者也。歆既爲《左氏微》以作書法，又録《鐸氏微》《張氏微》在《虞氏微傳》之上，皆以爲《春秋》説。而西漢人未嘗稱之，蓋亦鄒、夾之類，皆歆所偽作以旁證《左氏微》者。其意謂中秘之《春秋》説尚多，不止《左氏春秋》爲人間所未見，譾見寡聞，未窺中秘者，慎勿妄攻也，其術自謂巧密矣。然考儒家別有《虞氏春秋》，與《虞氏微傳》豈有兩書邪？則《左氏傳》之與《國語》分爲二書，亦其狡偽之同例，尤無可疑，況《左氏傳》不見於《史記》而力爭於歆者乎？或據《史記·十二諸侯年表》云"魯君子左丘明，懼弟子人人異端，各安其意，失其真，故因孔子史記具論其語，成《左氏春秋》"以相難，則亦歆所竄入者，辨見前。《國語》僅一書，而《志》以爲二種，可異一也。其一"二十一篇"，即今傳本也；其一劉向所分之"《新國語》五十四篇"。同一《國語》，何篇數相去數倍？可異二也。劉向之書皆傳於後漢，而五十四篇之《新國語》，後漢人無及之者，可異三也。蓋五十四篇者，左丘明之原本也，歆既分其大半，凡三十篇以爲《春秋傳》，於是留其殘剩，掇拾雜書，加以附益，而爲今本之《國語》，故僅得二十一篇也。考今本《國語》，《周語》《晉語》《鄭語》多春秋前事，《魯語》則大半敬姜一婦人語，《齊語》則全取《管子‧小匡》篇，《吳語》《越語》筆墨不同，不知掇自何書。然則其爲《左傳》之殘餘，而歆補綴爲之，至明。歆以《國語》原本五十四篇，天下人或有知之者，故復分一書以當之，又託之劉向所分非原本，以滅其迹，其作僞之情可見。史遷於《五帝本紀》《十二諸侯年表》，皆云《春秋》《國語》，若如今《國語》之寥寥，又言少皞與本紀不同，史遷不應妄引矣。劉申受《左氏春秋考證》知《左氏》之僞，攻辨甚明，而謂“《左氏春秋》，猶《晏子春秋》《呂氏春秋》也，直稱《春秋》，太史公所據舊名也，冒曰《春秋左氏傳》，則東漢以後之以訛傳訛者矣”。蓋尚爲歆竄亂之《十二諸侯年表》所惑，不知其即《國語》所改。故近儒以爲“左氏作《國語》，自周穆王以後分國而述其事，其作此書，則依《春秋》編年，以魯爲主，以隱公爲始，明是《春秋》之傳”，番禺陳氏澧説。亦猶申受不得其根原也。然申受《左氏春秋考證》謂“《楚屈瑕》篇年月無考”，固知《左氏》體例與《國語》相似，不必比附《春秋》年月也，是明指《左傳》與《國語》相似矣。《左氏春秋考證‧隱公》篇“紀子帛、莒子盟於密”，證曰：“如此年，《左氏》本文盡闕。”“六月戊申”，證曰：“十年《左氏》文闕。”《桓公》篇“元年”，證曰：“是年《左氏》文闕。”“冬曲沃伯誘晉小子侯殺之”，證曰：“即有此事，亦不必在此年，是年《左氏》文闕。”“冬曹太子來朝”，證曰：“是年《左氏》文闕，《巴子》篇年月無考。”“冬齊、衞、鄭來戰於郎，我有辭也”，證曰：“是年《左氏》文亦闕,《虞叔》篇年月無考。”“十二年”,證曰:“是年《左氏》文闕,《楚伐絞》篇當與《屈瑕》篇相接,年月亦無考。”“十三年”,證曰:“是年亦闕,《伐羅》篇亦與上相接,不必蒙此年也。”“十六年”,證曰:“是年亦闕。”《莊公》篇“元年”,證曰:“此以下七年文闕,《楚荆尸》篇、《伐申》篇年月亦無考。”“十三年”“十五年”“十七年”,皆證曰:“文闕。”“二十七年”,證曰:“比年《左氏》文闕。”“二十九年”,證曰:“文闕。”“三十年”,證曰:“是年蓋闕”。“三十一年”,證曰:“文闕。”《僖公》篇“君子以齊人之殺哀姜也,爲已甚矣”,證曰:“是年文闕。”《昭公》篇“冬十一月,晋魏舒、韓不信如京師”,證曰:“此篇重定元年,僞者比附《經》文而失撿耳。”又觀各條,劉申受雖未悟《左傳》之摭於《國語》,亦知由他書所采附,亦幾幾知爲《國語》矣。蓋經、傳不相附合,疑其説者自來不絕。自博士謂“左氏不傳《春秋》”,班固爲歆《傳》,云“及歆治《左氏》,引傳文以解經,轉相發明,由是章句義理備焉”,班爲古學者,亦知引傳解經由於歆矣。不特班固也,范升云“《左氏》不祖孔子而出於丘明,師徒相傳,又無其人”。《後漢書·范升傳》。李育頗涉獵古學,嘗讀《左氏傳》,雖樂文采,然謂不得聖人深意。何休作《公羊墨守》《左氏膏肓》《穀梁廢疾》,《後漢書·儒林傳》。惜不得歆作僞之由,未達一間,卒無以塞陳元、賈逵之口耳。又不徒范升、李育、何休也,王接謂《左氏》“自是一家書,不主爲經發”。《晋書·王接傳》。《朱子語類》云:“林黄中謂《左傳》‘君子曰’是劉歆之辭。”“《左傳》‘君子曰’最無意思。因舉‘芟夷蘊崇之’一段,是關上文甚事!”八十三。又不止王接、林黄中、朱子也,即尊信《左氏傳》者,亦疑其有爲後人附益矣。陸淳《春秋集傳纂例》謂左氏功最高,“能令百代之下頗見本末,因之求意,經文可知”。而後人妄有附益,左氏本未釋者抑爲之説。番禺陳氏澧《東塾讀書記》曰"孔沖遠云《春秋》諸事，皆不以日月爲例，唯'卿卒''日食'二事而已""此説可疑，豈有一書内唯二條有例者乎""蓋《左傳》無日月例，後人附益者"。又："《傳》之《凡例》與所記之事有違反者，如《莊十一年傳》云：'凡師，敵未陳曰敗某師，皆陳曰戰。'《釋例》曰：'令狐之役，晋人潛師夜起，而書戰者，晋諱背其前意而夜薄秦師，以戰告也。'《成十八年傳》云：'凡去其國，國逆而立之曰入，復其位曰復歸，諸侯納之曰歸，以惡曰復入。'《釋例》曰：'莊六年，五國諸侯犯逆王命以納衛朔，懼有違衆之犯，而以國逆告。'此明知《凡例》不合而歸之於'告'，是遁辭矣。"且《左傳》多傷教害義之説，不可條舉，言其大者，無人能爲之回護。如文七年"宋人殺其大夫"，《傳》云："不稱名，非其罪也。"既立此例，於是宣九年"陳殺其大夫泄冶"，杜注云："泄冶直諫於淫亂之朝以取死，故不爲《春秋》所貴而書名。"昭二十七年"楚殺其大夫郤宛"，杜注云："無極，楚之讒人，宛所明知，而信近之以取敗亡，故書名罪宛。"種種邪説出矣。宣四年"鄭公子歸生弑其君夷"，《左傳》云："凡弑君，稱君，君無道也；稱臣，臣之罪也。"杜預《釋例》暢衍其説。襄二十七年"秋七月，豹及諸侯之大夫盟於宋"，《傳》云："季武子使謂叔孫以公命曰：'視邾、滕。'既而齊人請邾，宋人請滕，皆不與盟。叔孫曰：'邾、滕，人之私也，我，列國也，何故視之？宋、衛，吾匹也。'乃盟。故不書其族，言違命也。"是孔子貴媚權臣而抑公室也。凡此皆歆借經説以佐新莽之篡，而抑孺子嬰、翟義之倫者，與隱元年"不書即位，攝也"同一獎奸翼篡之説。若是之類，近儒番禺陳氏澧皆以爲後人附益，是雖尊《左氏》者亦不能不以爲後人附益矣。又不止後儒也，且爲歆僞傳作注、疏者，亦不能無疑矣。莊二十六年"秋，虢人侵晋。冬，虢人又侵晋"，杜預注："此年經、傳各自言其事者,或經是直文,或策書雖存,而簡牘散落,不究其本末,故傳不復申解,但言傳事而已。"《正義》:"曹殺大夫,宋、齊伐徐,或須説其所以。此去丘明已遠,或是簡牘散落,不復能知故耳。上二十年亦傳不解經。"蓋杜預、孔穎達亦以爲傳不釋經,各明一事矣。文十三年,《左傳》"其處者爲劉氏",《正義》云:"漢室初興,《左氏》不顯於世,先儒無以自申,插注此辭,將以媚於世。"則孔沖遠之有異説多矣。又僖公十五年"曰上天降災",《釋文》曰:"此凡四十二字,檢古本皆無,尋杜注亦不得有。有,是後人加也。"此文見《列女傳》,小有異同,夫服、杜以後,尚有改竄,而世人習爲故常,則歆以前之竄亂,尚可辨邪! 以此證之,然則天下尚有惑《左氏》之文采,溺劉歆之僞説,其亦有未審矣。或者惑於《史記·十二諸侯年表》《左氏春秋》之説及《左氏微》,信左氏之傳經,且以史遷引《左傳》書法,《左傳》多與今學之禮相合爲證。《史記》之文多歆竄入,辨見前。左丘明著書在獲麟後五十餘年,習聞孔門之説,不稱今學之禮,則何稱焉? 但中多異説,爲歆所竄入,故今古禮錯雜其中。要之,《左氏》即《國語》,本分國之書,上起穆王,本不釋經,與《春秋》不相涉,不必因其有劉歆僞《古禮》,而盡斥爲僞書,亦不能因其偶合於《儀禮》《禮記》,而信其傳經也。

漢書藝文志辨僞第三下

論語古二十一篇 <small>出孔子壁中，兩《子張》。如淳曰："分《堯曰》篇後'子張問何如可以從政'已下爲篇，名曰《從政》。"</small>

齊二十二篇 <small>多《問王》《知道》。如淳曰："《問王》《知道》皆篇名也。"</small>

魯二十篇　傳十九篇 <small>師古曰："解釋《論語》意者。"</small>

齊説二十九篇

魯夏侯説二十一篇

魯安昌侯説二十一篇 <small>師古曰："張禹也。"</small>

魯王駿説二十篇 <small>師古曰："王吉子。"</small>

燕傳説三卷

議奏十八卷 <small>石渠論。</small>

孔子家語二十七卷 <small>師古曰："非今所有《家語》。"</small>

孔子三朝七篇 <small>師古曰："今《大戴禮》有其一篇，蓋孔子對哀公語也，三朝見公，故曰《三朝》。"</small>

孔子徒人圖法二卷

凡論語十二家，二百二十九卷。

《論語》者，孔子應荅弟子、時人及弟子相與言而接聞於夫子之語也。當時弟子各有所記，夫子既卒，門人相與輯而論纂，故謂之《論語》。漢興，有齊、魯之説。傳《齊論》者，昌邑中尉王吉、少府宋畸、御史大夫貢禹、尚書令五鹿充宗、膠東庸生，唯王陽名家。傳《魯論語》者，常山都尉龔奮、長信少府夏侯勝、丞相韋賢、魯扶卿、前將軍蕭望之、安昌侯張禹，皆名家。張氏最後而行於世。

歆造古文以徧僞諸經，無使一經有缺，至於《論語》《孝經》亦復不遺。傳《魯論》之庸生，當亦歆所竄入，以實其僞經之傳人耳。《魯論》由張禹傳至東漢,包氏、周氏之説猶其真派,然已雜合齊、魯,亂家法矣。至鄭康成雜合古今,真僞遂不盡可考。《志》稱"《論語古》二十一篇",注云"出於孔子壁中,兩《子張》"。按《論衡・正説》篇云:"不知《論語》本幾何篇。" "至武帝,發取孔子壁中古文,得二十一篇,齊、魯二、河間九篇,三十篇。至昭帝女讀二十一篇,宣帝下太常博士,時尚稱書難曉,名之曰'傳',後更隸寫以傳誦。初,孔子孫孔安國以教魯人扶卿,始曰《論語》。今時稱《論語》二十篇,又失齊、魯、河間九篇。"是古文不止二十一篇也,王充必有所見。則歆之僞《論語》尚不止二十一篇,特歆不敢著之《七略》耳。然自鄭康成雜合古今,則今本《論語》必有僞文,如"巧言、令色、足恭,左丘明恥之,丘亦恥之;匿怨而友其人,左丘明恥之,丘亦恥之"一章,必歆僞竄。又何晏《論語集解》雜采古今,"采孔、馬之注,則改包、周之本,用包、周之説,又易孔、馬之經"。臧氏琳《經義雜記》語。今"巧言令色"一章,《集解》正引僞孔安國注,其爲《古文論語》尤爲明確。歆以左丘明親見聖人,好惡與同,以仲尼弟子無左丘明,故竄入《論語》以實之。歆徧竄群經,證成僞説,不復可條辨也。《孔子三朝》七篇,師古曰:"今《大戴禮》有其一篇,蓋孔子對哀公語也。"按《大戴》孔子對哀公,有《千乘》《四代》《虞戴德》《誥志》《小辨》《用兵》《少間》七篇,不止一篇也。《小辨》有"爾雅以觀於古"語,其歆僞《爾雅》所由附會者歟!

孝經古孔氏一篇　二十二章。師古曰:"劉向云:'古文字也。'《庶人章》分爲二也,《曾子敢問章》爲三,又多一章,凡二十二章。"

孝經一篇　十八章。長孫氏、江氏、后氏、翼氏四家。

長孫氏説二篇

江氏説一篇

翼氏説一篇

后氏説一篇

雜説四篇

安昌侯説一篇

五經雜議十八篇　石渠論。

爾雅三卷，二十篇　張晏曰：“爾，近也；雅，正也。”

小雅一篇　古今字一卷

弟子職一篇　應劭曰：“管仲所作，在《管子》書。”

説三篇

凡孝經十一家，五十九篇。

《孝經》者，孔子爲曾子陳孝道也。夫孝，天之經，地之義，民之行也，舉大者言，故曰《孝經》。漢興，長孫氏、博士江翁、少府后倉、諫大夫翼奉、安昌侯張禹傳之，各自名家。經文皆同，唯孔子壁中古文爲異。“父母生之，續莫大焉”，“故親生之膝下”，諸家説不安處，古文字讀皆異。師古曰：“桓譚《新論》云：‘《古孝經》千八百七十二字，今異者四百餘字。’”

按，《孝經》傳授，不詳所自始，故有朱子《刊誤》之疑。又未明《左氏》之爲歆所竊僞，以《孝經》中“夫孝，天之經也，地之義也，民之行也”“言思可道，行思可樂，德義可尊，作事可法，容止可觀，進退可度，以臨其民，是以其民畏而愛之，則而象之”與《左傳》同，不知《左傳》之襲《孝經》，反疑《孝經》之襲《左傳》，於是孔門真傳之書反疑爲僞矣。考董仲舒《春秋繁露·五行對》篇“河間獻王問溫城董君曰：‘《孝經》曰，夫孝，天之經，地之義，何謂也？’”《漢書·匡衡傳》衡上疏曰：“《大雅》曰：‘無念爾祖，聿修厥德。’孔子著之《孝經》首章。”若《吕氏春秋》、陸賈《新語》、劉向《説苑》，皆有援據。《孝經鉤命決》云：“孔子在庶，志在《春秋》，行在《孝經》。”《公羊叙疏》引。西漢儒者言之鑿鑿，以爲出於孔子，固非。《困學紀聞》引晁氏云

“當是曾子弟子所爲書”，又引馮氏云“是書當成於子思之手”。今按其文稱曾子，而末引《詩》《書》，與《坊記》《表記》《緇衣》相近似，必孔門之故書雅記，晁氏所云，殆亦近之。《四庫提要》以魏文侯有《孝經傳》，而信爲七十子遺書，則誤矣。文侯《孝經傳》，《漢志》不錄，此與子夏《易傳》皆僞書，不足據。《隋志》謂爲“河間人顏芝所藏，漢初，芝子貞出之，凡十八章”，不知所自出，疑未必確。然而江翁、后倉等所傳，淵源深遠。劉歆既僞造古文，必欲使經藝咸有古文而後止，不必有他義也，《孝經》與《易》《論語》皆不過顛倒改易文字以自異。然據桓譚之言，《孝經》僅千八百七十一字，異者乃四百餘字，“何許子之不憚煩”也？共王無得古文之事，爲歆僞撰，辨已見前。而歆必以《孝經古孔氏》一篇爲首，託之孔安國，亦猶僞造《古文尚書》之故智耳。桓譚嘗問學於歆，專守古學者，不足據也。因有《古孔氏》之故，遂有安國之傳。安國之傳亡逸於梁世，而劉炫之僞《孝經孔傳》出焉，亦與王肅僞《古文書》同，則非歆所及知矣。然《志》不云古文有孔氏說，而許叔重遣子沖《上說文書》，並上《孝經孔氏古文說》，則歆又僞作孔氏《孝經古文說》。《志》不詳之，猶歆有《易》費氏《章句》、費氏《分野》，而《志》不叙也，或作於定《七略》後也。然則僞《孔傳》之妄，亦歆之作俑矣。其餘流別，山陽丁晏《孝經徵文》辨之甚瞭，今不詳。

《爾雅》一書，張稚讓《上廣雅表》以爲周公所作。然劉歆《西京雜記》云：“郭偉以謂《爾雅》周公所制，①而《爾雅》有‘張仲孝友’，張仲，宣王時人，非周公之制明矣。嘗以問楊子雲，子雲曰：‘孔子門徒游、夏之儔所記，以解釋六藝者也。’家君以

---

① “偉”，萬木草堂本同，四庫本《西京雜記》作“威”。

爲《外戚傳》稱'史佚教其子以《爾雅》'，《爾雅》，小學也。又《記》言孔子教魯哀公學《爾雅》。《爾雅》之出遠矣，舊傳學者皆云周公所記也。'張仲孝友'之類，後人所足耳。"按，《爾雅》不見於西漢前，突出於歆校書時，《西京雜記》又是歆作，蓋亦歆所僞撰也。趙岐《孟子題辭》謂"文帝時《爾雅》置博士"，考西漢以前皆無此説，唯歆《移太常書》有孝文諸子傳説立學官之説，蓋即歆作僞造以實其《爾雅》之真。詳《經典釋文糾謬》。及歆《與楊雄書》稱説《爾雅》，尤爲歆僞造《爾雅》之明證。歆既僞《毛詩》《周官》，思以證成其説，故僞此書，欲以訓詁代正統。所稱子雲之言，史佚之教，皆歆假託，無俟辨。然子雲本受歆學，或爲歆所紿耳。孔子教魯哀公學《爾雅》之説，有《大戴禮·小辨》篇，"公曰：'寡人欲學小辨，以觀於政。'子曰：'爾雅以觀於古，足以辨言矣。'"足證。然哀公以人君觀政，孔子乃教以讀《爾雅》訓詁、禽魚、草木之文，非唯迂遠，實不通矣。《論語》孔子曰："不學《詩》，無以言。"又曰："誦《詩》三百，授之以政。"以此推之，《小辨》所謂"爾雅"必稱《大》《小雅》也，故足以辨言觀政。張揖《上廣雅表》："孔子曰：'爾雅以觀於古，足以辨言矣。'"王念孫《疏證》云《大戴禮》盧辨注云：[①]"爾，近也，是依於《雅》《頌》。"是盧氏不以"爾雅"爲書名。按，彼文云"循弦以觀於樂""爾雅以觀於古"，謂循乎弦，爾乎雅也。然則劉歆蓋因而附會之耳，幸有歆説在，猶可互證。《漢書·王莽傳》莽奏徵"有《逸禮》《古書》《毛詩》《周官》《爾雅》、天文、圖讖、鍾律、月令、兵法、史篇文字，通知其意者，皆詣公車"，蓋皆歆所僞竄，藉莽力以行其書。《爾雅》與《逸禮》《古書》《毛詩》《周官》並徵，其俱爲歆僞無疑。

----

① "辨"，萬木草堂本同，中華書局 1983 年版王念孫《廣雅疏證》作"辯"。

《經典釋文·序録》稱注者有犍爲文學、劉歆、樊光、李巡、孫炎凡五家,然則歆既僞撰,又自注之,自歆以前未嘗有。其"犍爲文學"無有姓名,亦歆所託,則徐敖傳《毛詩》、庸生傳《古書》之故態也。考《爾雅》訓詁,以釋《毛詩》《周官》爲主。《釋山》則有"五岳",與《周官》合,與《堯典》《王制》異;《王制》:"五岳視三公。"後人校改之名也。《釋地》"九州"與《禹貢》異,與《周官》略同;《釋樂》與《周官·大司樂》同;《釋天》與《王制》異;祭名與《王制》異,與《毛詩》《周官》合。若其訓詁全爲《毛詩》,間有"敏拇"之訓,"兼長"之釋,《釋獸》無"騶虞"之獸,《釋木》以"唐棣"爲"栘"。時訓三家以弄狡獪。然按其大體,以陳氏《毛詩稽古編》列《爾雅毛傳異同》考之,孰多孰少,孰重孰輕,不待辨也。蓋歆既徧僞群經,又欲以訓詁證之,而作《爾雅》,心思巧密,城壘堅嚴,此所以欺紿百代者歟!然自此經學遂變爲訓詁一派,破碎支離,則歆作俑也。或據《周易》"師,衆也","比,輔也","震,動也","遘,遇也",皆與《爾雅》合,《喪服傳》親屬稱謂與《釋親》合,《春秋元命包》云"子夏問夫子作《春秋》不以'初、哉、首、基'爲始何",《爾雅序正義》引。與《釋詁》合,而信之。不知歆綱羅其真以證成其僞,然而能堅人信,況《易·雜卦》亦歆所僞哉!鄭玄、張揖、郭璞之徒爲其所謾,不亦宜乎!

孫氏星衍《爾雅釋地四篇後叙》云:《爾雅》所紀則皆《周官》之事。《釋詁》《釋言》《釋訓》則誦訓"掌道方志以詔觀事"及《訓方氏》"掌誦四方之傳道"也。《釋親》則《小宗伯》"掌三族之別以釋親疏"。《釋宫》亦《小宗伯》"掌辨宫室之禁"也。《釋器》"其綬罟謂之九罭"云云,則《獸人》"掌罟田獸,辨其名物";"肉曰脱之"云云,則《内饔》"辨體名肉物";"黄金謂之璗"云云,則《職金》"掌凡金玉錫石之戒令,辨其名物之媺惡”；“金鏃翦羽謂之鍭”云云，則《司弓矢》“掌六弓四弩八矢之法，辨其名物”也；“珪大尺三寸謂之玠”云云，則《典瑞》“掌王瑞玉器之藏，辨其名物”；“一染謂之縓”云云，則《典絲》“絲入而辨其物”也。《釋樂》則《典同》“掌六律、六同之和，以辨天地四方陰陽之聲”也。《釋天》則《眡祲》“掌十煇之法，以觀妖祥辨吉凶”，又《保章氏》“掌天星，以志星辰日月之變動，以辨其吉凶”，又《甸祝》《詛祝》之所掌也；其旌旗則《司常》“掌九旗之物名”，《巾車》“掌公車之政，辨其旗物而等叙之”也；《釋地》《釋丘》《釋山》《釋水》則《大司徒》“以天下土地之圖，①周知九州之地域、廣輪之數，辨其山林、川澤、丘陵、墳衍、原隰之名物”，《職方氏》“掌天下之圖，以掌天下之地，辨其邦國、都鄙、四夷、八蠻、七閩、九貉、五戎、六狄之人民與其財用”，又《山師》《川師》《遼師》之所掌也。《釋草》以下六篇，亦《大司徒》“以土宜之法，辨十有二土之名物”，《山師》《川師》“辨其物與其利害而頒之於邦國，使致其珍異之物”，又《土訓》“道地慝以辨地物，而原其生以詔地求”也，又《倉人》“掌辨九穀之物”，《龜人》“掌六龜之屬，各有名物皆在”也。《釋畜》則《庖人》“掌共六畜、六獸、六牲，辨其名物”，其馬屬則《校人》“掌王馬之政，辨六馬之屬”，雞屬則《雞人》“掌其雞牲，辨其名物”也。昔魯哀公欲學小辨以觀於政，孔子告之《爾雅》，其意在是。是周公之著《爾雅》爲在《周禮》前，《周禮》之名物必以《爾雅》辨之也。觀此説，知《爾雅》與《周官》符合，其同爲僞書易明矣。

歆云：“古文讀應爾雅，故解古今語而可知也。”故既作《爾雅》後，復作《小爾雅》《古今字》。按《隋》《唐志》皆云“《小爾雅》

一卷,李軌解",唯《宋中興書目》"《小爾雅》一卷,孔鮒撰,十三章"。見《玉海》四十四。自後《宋史·藝文志》同。晁公武《郡齋讀書後志》云:"見於孔鮒書。"陳振孫《直齋書録解題》:"《小爾雅》一卷,《漢志》有此書,亦不著名氏,《唐志》有李軌解一卷,今《館閣書目》云'孔鮒撰',蓋即《孔叢子》第十一篇也。"國朝宋翔鳳《小爾雅訓纂序》曰:"今之爲康成學者,恒謗譏此書,以爲不合鄭君,同乎俗説。然還按《詩》《禮》,乃鄭君之改易古文,非《小爾雅》之偭違經義。據其後以疑其前,明者之所不取也。漢之經師,咸有家法,唯有小學,義在博通。就今所傳楊子雲、劉成國、張稚讓諸家之作,多資旁采,鮮獲所宗,比之墨守,殆有殊途。至於此書,則依循古文,早見淩雜,隴括以就,源流合一。"今以宋氏《小爾雅訓纂》逐條按之,無一字出於古文僞經之外者,蓋與《爾雅》同爲劉歆僞撰。《古今字》當亦出於一手。門人陳千秋曰:"《尚書釋文》引賈逵説:'俗儒以銛重六兩,《周官》劍重九鋅,俗儒近是。'按逵所謂'俗儒'之説,即出《小爾雅》。逵、劉歆古文之干城,何忽詆爲'俗儒'? 然逵以其與《周官》合,故以爲近是。是即《小爾雅》與《周官》出於一手之明據,逵特偶馳騁其辭耳。"至自尊而竄附"《孝經》家",抑亦妄矣。宋氏之説,足以衛《小爾雅》,不知更足以證劉歆之僞也。至宋人以爲孔鮒撰者,蓋五代之亂,此書已佚,而僞造《孔叢》者嘗刺取以入其書,宋人又就《孔叢》録出之,故當代書目遂題爲孔鮒所撰,則展轉附會,歧中之歧,殆不足辨也。

史籀十五篇　周宣王太史作《大篆》十五篇,建武時亡六篇矣。

八體六技

蒼頡一篇　上七章,秦丞相李斯作;《爰歷》六章,車府令趙高作;《博學》七章,太史令胡母敬作。

凡將一篇　司馬相如作。

急就一篇 元帝時黃門令史游作。

元尚一篇 成帝時將作大匠李長作。

訓纂一篇 楊雄作。

別字十三篇

蒼頡傳一篇

楊雄蒼頡訓纂一篇

杜林蒼頡訓纂一篇

杜林蒼頡故一篇

凡小學十家，四十五篇。 入楊雄、杜林二家三篇。

《易》曰："上古結繩以治，後世聖人易之以書契，百官以治，萬民以察，蓋取諸《夬》。""夬，揚於王庭"，言其宣揚於王者朝廷，其用最大也。古者八歲入小學，故《周官》保氏掌養國子，教之六書，象形、象事、象意、象聲、轉注、假借，造字之本也。漢興，蕭何草律，亦著其法，曰："太史試學童，能諷書九千字以上，乃得爲史。又以六體試之，課最者，以爲尚書、御史、史書令史。吏民上書，字或不正，輒舉劾。"六體者，古文、奇字、篆書、隸書、繆篆、蟲書，皆所以通知古今文字，摹印章，書幡信也。古制，書必同文，不知則闕，問諸故老。至於衰世，是非無正，人用其私。故孔子曰："吾猶及史之闕文也，今亡矣夫！"蓋傷其浸不正。《史籀》篇者，周時史官教學童書也，與孔氏壁中古文異體。《蒼頡》七章者，秦丞相李斯所作也。《爰歷》六章者，車府令趙高所作也。《博學》七章者，太史令胡母敬所作也。文字多取《史籀》，而篆體復頗異，所謂"秦篆"者也。是時始建隸書矣，起於官獄多事，苟趨省易，施之於徒隸也。漢興，閭里書師合《蒼頡》《爰歷》《博學》三篇，斷六十字以爲一章，凡五十五章，并爲《蒼頡》篇。武帝時，司馬相如作《凡將》篇，無復字。元帝時，黃門令史游作《急就》篇。成帝時，將作大匠李長作《元尚》篇，皆《蒼頡》中正字也。《凡將》則頗有出矣。至元始中,徵天下通小學者以百數,各令記字於庭中。楊雄取其有用者,以作《訓纂》篇,順續《蒼頡》,又易《蒼頡》中重復之字,凡八十九章。臣復續楊雄作十三章,凡一百三章,無復字,六藝群書所載略備矣。《蒼頡》多古字,俗師失其讀。宣帝時,徵齊人能正讀者,張敞從受之,傳至外孫之子杜林,爲作訓故,并列焉。

《論語》《學記》《經解》《莊子》《史記》叙六經,皆不他及,誠以孔子所筆削,雖《論語》《孝經》不能上列,況其他乎?小學者,文史之餘業,訓詁之末技,豈與六經大道並哉!六藝之末而附以小學,僞《爾雅》《小雅》《古今字》本亦小學而附入《孝經》,此劉歆提倡訓詁,抑亂聖道,僞作古文之深意也。按,《内則》"十年出就外傅""學書計",《尚書大傳》"十有三年始入小學""二十入大學",蓋與《内則》俱卿士之禮。《尚書大傳》又云"十五始入小學""十八入大學",此士庶人之禮也。唯《大戴·保傅》篇"年八歲而出就外舍""束髮而就大學",則太子之禮,非卿、士、庶人所能比也。"保氏六書"之説,條理甚備,唯古書絕不之及。唯許慎《説文》、鄭康成注《周官》稱焉,然皆出歆之傳,蓋創造於歆而僞附於《周官》者也。《左傳》"止戈爲武,反正爲乏",蓋歆所僞竄,鄭漁仲攻之,識蓋高矣。然歆亦非能創爲之,蓋事、形、聲、意,通以轉、假,古人所本有,名義條例,歆之所發明。倘其自著一書,發明六例,豈不甚善?唯僞託於經,則不得不惡而辨之也。其云"蕭何草律,太史試學童,能諷書九千字以上乃得爲史,又以六體試之",六體中有古文、奇字,信如歆言,則其時吏民皆識古文,古文之學何以不興?且許慎、衛恒、江式之流,咸以爲古文絶於秦、漢,何也?蓋繆篆、蟲書,以摹印章,書幡信,則或有之。《八體六技》蓋歆所僞撰。《史籀》十五篇,蓋猶是周人小學之

書,唯與歆所偽之壁中古文異體,故歆稱蕭何律之六體及甄
豐之校六書,皆有古文、奇字,而無籀,其抑之可見。蓋秦篆
文字出於《史籀》篇,《史籀》爲周之文,而爲漢今文之祖,歆之
抑之,亦猶言《易》則尊費氏而抑施、孟、梁丘,言《春秋》則右
《左氏》而左《公》《穀》也。《蒼頡》雖爲秦篆,然上原《史籀》,
當爲文字正體。至元始中,徵天下通小學者以百數,各令記
字於庭中。時王莽柄國,尊信劉歆,此百數人被徵者,必皆歆
之私人,奉歆偽古文、奇字之學者也。劉歆工於作偽,故散之
於私人,假藉莽力徵召,貴顯之以愚惑天下。如古文經傳,授
之私人,及王莽奏徵天下通《逸禮》《古書》《毛詩》《周官》《爾
雅》、天文、圖讖、鍾律、月令、兵法者,詣公車,至者千數,皆其
故智。楊雄之好奇字,蓋爲歆所惑而受歆學者,_{《法言》《太玄》}
_{並用偽經。}取其有用者,以作《訓纂》篇,易《蒼頡》重復之字,凡
八十九章。蓋歆徵其私人以給楊雄,又假楊雄之名,使編《訓
纂》以給天下,其術甚巧。楊雄有知,應悔爲其所賣也。班固
續作十三章,凡一百三章,無復字,六藝群書所載略備。固所
謂六藝者,歆之《毛詩》《逸書》《逸禮》《周官》《左氏春秋》《爾
雅》《月令》之倫,其偽古文皆取之。《史籀》十五篇,建武已亡
其六。《蒼頡》五十五章,每章六十字,然則西漢《蒼頡》篇三
千三百字。相如《凡將》、史游《急就》、李長《元尚》皆《蒼頡》
正字,唯《凡將》頗有出,當不多,兼有復字。蓋漢時《蒼頡》篇
本合《蒼頡》《爰歷》《博學》之書爲之,故有復字。李斯、趙、胡
各自著書,本不相謀,則復字當必多,是并無三千三百字之數
矣,西漢六藝群書當備集矣,此爲周、秦相傳之正字也。而楊
雄、班固所增,凡一百三章,以六十字一章計之,共六千一百
八十字,驟增兩倍之數。《蒼頡》本皆今字,歆復使杜林作《訓
故》,竄以古字、古訓,於是《蒼頡》亦有亂於古學者矣。故云

《蒼頡》多古字，俗師失其讀”，蓋以歆授意杜林竄入古學之本爲正也。許慎紹賈逵之傳，主張古學，《説文叙》云“九千三百五十三文”，殆兼《蒼頡》篇五十五章三千三百字，楊雄、班固所續一百三章六千一百八十字，共九千餘字而成之。於是真僞之字，淄澠混合，不可復辨。《説文叙》中袛舉《蒼頡》篇、《訓纂》篇，未及班書，讀者未了。按，班固死於永元四年，《説文》成於十二年，《説文》“隍”下引班説，可見許采班書。《新唐書·藝文志》“班固《在昔》篇一卷，《太甲》篇一卷”，即十三章也，惜《説文》中不可盡別白矣。於是周、漢相傳之正字，盡爲歆所增亂而不可識矣。吁！雄、固、許慎失之於愚，而歆變亂先王之正文，其罪又浮於李斯矣。今唯據《急就》篇擇籀文及西漢今文經之逸文彙存之，而以西漢前金石文字輔證之，或可存周、漢經藝正字之大概焉。

凡文字之先必繁，其變也必簡。故篆繁而隸簡，楷真繁而行草簡。人事趨於巧便，此天智之自然也。以造文之始，必多爲筆墨形象而後其意始顯。及其通用，但使爲記號，而已可共曉。今泰西文自巴比倫文字而變爲猶太，再變爲希臘，又變爲拉丁，然後爲今法文，英文又從法文而變之，以音紀字，至簡者也，拉丁之字稍繁焉。侍郎郭嵩燾使其地，得其三千年前古文字，皆是象形，與中國鍾鼎略同，然則文字未有不始於繁而終於簡者也。今古文反簡，籀文乃繁。桂馥云：“故小篆於籀文則多減，於古文則多增。如‘云’字，古文也，小篆加雨爲‘雲’；‘肙’字，古文也，小篆加水爲‘淵’，玉筠曰：“⊗⊗始是古文，一象形，一會意，令人一望而知其物。顛倒⊗字，又斷其兩曲以成‘二’字，遂成‘云’矣。水字横書之，破其崖岸，列之兩旁，遂成‘肙’矣。此作字者，欲其整齊，不顧佩規錯矩也，豈得爲古文哉?”‘承’字，古文也，小篆加人爲‘保’。《臣部》云：‘篆文“臣”從“頁”’。徐鍇曰：‘籀文“臣”從“昚”’。然則‘臣’爲古文，‘醫’爲籀文，‘頤’爲小篆。”然則古文改繁爲簡，因小篆而作可知。桂馥又云：“《説文叙》云：‘至孔子書六

經，左丘明述《春秋傳》，皆以古文。'"此可知大篆不施於書册
也。王筠曰："今之書册，固不知幾經改易，然'其''盤''災'
三字皆籀文，'敢''棄'二字亦由籀文小變之，'邀'字見《禮
記》，此亦有所承，非盡後人改用籀文也。"且周旣有籀書，何
以復作古文？必不然矣。即有一二奇字，亦是列國妄改，不
合於《史籀》之正者也。桂馥又云："《說文》諧聲，多與《詩》
《易》《楚辭》不合。"如確是三代古文，則應相合，益以知其
僞也。

按，文字之流變，皆因自然，非有人造之也。南、北地隔則音
殊，古、今時隔則音亦殊。蓋無時不變，無地不變，此天理也。
然當其時、地相接，則轉變之漸可考焉。文字亦然。《志》稱
"《史籀》篇者，周時史官教學童書也，與孔氏壁中古文異體"，
則非歆之僞體，爲周時眞字，斷斷也。子思作《中庸》，猶曰
"今天下書同文"，則是自春秋至戰國，絕無異體異製。凡史
載筆，士載言，藏天子之府，載諸侯之策，皆籀書也，其體則今
之石鼓及《說文》所存籀文是也。子思云然，則孔子之書六
經，藏之於孔子之堂，分寫於齊、魯之儒皆是。秦之爲篆，不
過體勢加長，筆畫略減，如南北朝書體之少異。蓋時、地少
移，因籀文之轉變，而李斯因其國俗之舊，頒行天下耳。觀石
鼓文字與秦篆不同者無幾，不止如王筠所謂"其""盤""災"
"敢""棄"，知經文上承籀法也。王筠深於六書，故能發出。深於許愼而
能攻許愼，如柳子厚深於《國語》而作《非國語》，楊雄深於《離騷》而作《反騷》，所謂蠹
生於木，而還食其木也。今秦篆猶存者，有《郎邪刻石》《泰山刻石》
《會稽刻石》《碣石門刻石》，皆李斯所作，以爲正體，體並圓
長，而秦權、秦量即變方匾。漢人承之而加少變，體在篆、隸
間。以石考之，若《趙王上壽刻石》爲趙王遂廿二年，當文帝
後元六年。《魯王泮池刻石》當宣帝五鳳二年，體已變矣，然
絕無後漢之隸也。至《厲王中殿刻石》，幾於隸體，然無年月，

江藩定爲江都屬王,尚不足據。左方文字莫辨,《補訪碑録》
審爲"元鳳"二字,而《金石萃編》疑爲"保""歲""庶"等字,則
"元鳳"固不確也。《金石聚》有《鳳凰畫象題字》,體近隸書,
《金石聚》以爲元狩年作,江陰繆荃蓀謂當從《補訪碑録》,釋
爲元康,則晋武帝時隸也。《麃孝禹碑》爲河平三年,則同治
庚午新出土者,體亦爲隸,順德李文田以爲僞作無疑也。《葉
子候封田刻石》爲始建國天鳳三年,亦隸書,嘉慶丁丑新出
土,前漢無此體,蓋亦僞作,則西漢未有隸體也。降至東漢之
初,若《建平郫縣石刻》《永光三處閣道石刻》《開通褒斜道石
刻》《裴岑紀功碑》《石門殘刻》《郙閣頌》《戚伯著碑》《楊淮表
紀》,皆以篆筆作隸者。北海相景君銘,曳脚筆法猶然。若
《三公山碑》《是吾碑》,皆由篆變隸、篆多隸少者。《吳天發神
讖》猶有此體。若《三老通碑》《尊楗閣記》,爲建武時碑,則由
篆變隸而隸多篆少者。以漢鍾鼎考之,唯高廟、都倉、孝成、
上林諸鼎有秦篆意,汾陰、好峙則似秦權。至於《太官鍾》《周
楊侯銅》《丞相府漏壺》《慮俿尺》《若食官鍾銘》《綏和鍾銘》,
則體皆扁繆,在篆、隸之間矣。今《焦山陶陵鼎銘》,其體方
折,與《啓封鐙》及《王莽嘉量》同爲《天發神讖》之先聲,亦無
後漢之隸體者。以瓦當考之,秦瓦如"維天降靈甲天下""大
萬樂當""鬼氏冢當""蘭池宮當""延年瓦""方春萌芽"等瓦,
爲圓篆。至於漢瓦,若"金"字、"樂"字、"延年""上林""右空"
"千秋萬歲""漢并天下""長樂未央""上林甘泉""延壽萬歲"
"高安萬世""萬物咸成""狼千萬延""宣靈""萬有喜""萬歲"
"長樂萬歲""長生無極""千秋長安""長生未央""永奉無疆"
"平樂阿宮""億年無疆""仁義自成""搗衣中庭""上林農宮"
"延年益壽",體兼方圓,其"轉嬰柞舍""六畜蕃息"及"便"字
瓦,則方折近《郙閣》矣。蓋西漢以前無熹平隸體,和帝以前

皆有篆意。其漢磚有"意寧建平"，秦阿房瓦"西凡廿九六月官"八字，純作隸體，恐不足據。蓋自秦篆變漢隸，減省方折，出於風氣遷變之自然。許慎《説文叙》詆今學，謂"諸生競逐説字解經，誼稱秦之隸書爲蒼頡時書，云'父子相傳，何得改易'"，蓋是漢世實事。自蒼頡來，雖有省改，要由遷變，非有人改作也。《志》乃謂"秦時始建隸書，起於官獄多事，苟趨省易，施之於徒隸"，許慎又謂"程邈所作"，蓋皆劉歆僞撰古文，欲黜今學，故以徒隸之書比之，以重辱之。門人陳千秋説。其實古無"籒""篆""隸"之名，但謂之"文"耳，創名而抑揚之，實自歆始。且孔子五經中無"籒""篆""隸"三字，唯僞《周官》"隸"字最多，則用《莊子》《韓非子》者，又"卿乘篆車"，此亦歆意也。於是"篆""隸"之名行於二千年中，不可破矣。夫以"篆""隸"之名承用之久，驟而攻之，鮮有不河漢者。吾爲一證以解之。今人日作真書，興於魏、晉之世，無一人能指爲誰作者，然則風氣所漸移，非關人爲之改作矣。東漢之隸體，包氏世臣以爲蔡中郎所變。然《王稚子闕》《嵩高銘》《封龍山碑》《乙瑛碑》挑法已成，特中郎集其成耳。然漢隸中有極近今真楷者，如《高君闕》"故益州舉廉丞貫"等字，"陽都"字之"邑"旁，直是今真書，尤似顏真卿。考《高頤碑》爲建安十四年，此闕雖無年月，當同時也。《張遷表頌》，其筆畫直可置今真楷中。《楊震碑》似褚遂良筆，蓋中平三年者。《子斿殘石》《正直殘石》《孔彪碑》亦與真書近者。至《吳葛府君碑》，則純爲真書矣。若吳之《谷朗碑》，晉之《郛休碑》《枳陽府君碑》《爨寶子碑》，北魏之《靈廟碑》《弔比干文》《鞠彦雲志》《惠感鄭長猷靈藏造象》，皆在隸、楷之間，與漢碑之《是吾》《三公山》《尊楗閣》《永光閣道刻石》，在篆、隸之間者正同，皆轉變之漸，至可見也。不能指出作今真書之人，而能指出作漢隸者，豈不妄哉？後人加出"八分"之説，又指爲王次仲作，益更支離。
然蔡文姬述父邕語曰："去隸八分取二分，去小篆二分取八
分。"張瓌瓘曰："八分減小篆之半，隸又減八分之半。"劉氏熙
載曰："漢隸可當小篆之八分，是小篆亦大篆之八分，正書亦
漢隸之八分。"於古今轉變之故，頗能發明。通於此義，則知
自孔子時之文，三變至今日而猶存，未嘗有人改作之，唯歆竄
亂之耳。夫籀、篆之體，有承變而無大異，雖以歆之顛倒妄
謬，亦不過謂"篆體復頗異，所謂秦篆者也"。孔子手寫之經，
自孔鮒、孔襄傳至孔光，十餘世不絶，別有秦、魏之博士賈山、
伏生及魯諸生手傳之本。師弟親授，父子相傳，安得變異？
則漢儒之文字即孔子之文字，更無別體也。子思謂"今天下
書同文"，則許慎"諸侯力政，不統於王""分爲七國""文字異
形"，江式表謂"其後七國殊軌，文字乖別，暨秦兼天下，丞相
李斯乃奏蠲罷不合秦文者"，衛恒《四體書勢》謂"及秦用篆
書，焚燒先典而古文絶"，皆用劉歆之僞説而誕妄之䜌言也。
古文奇字，本於鍾鼎，今《説文》所載，古文千餘，無奇字，蓋即
《八體六技》之書。許慎説經，皆從古學，則是盡見古文。劉
歆以古文之體寫其僞經，然字數不過千餘，其中又多劉歆所
僞造，則三代金石異文亦僅矣。凡中世承平，右文漸盛，則金
石漸興。宋之劉敞、黄長睿、歐陽《集古》、明誠《金石》皆然。
明及國朝，此風彌扇，而僞鍾鼎、僞碑版遂螽涌其間。京師市
賈皆擅此技，山東賈人且開爐專鑄古銅，正不獨《岣嶁之碑》
爲楊慎僞撰，"垂露"諸體爲夢英僞作，其餘"吉日癸巳"之刻，
"比干銅盤"之銘亦然。且即有三代文字，歷世既邈，又字多
異體，勢難盡識，不出於勉强傅合，則必將杜撰僞作，故談金
石學者，未有不自欺而附會者也。漢自武、宣後，郡國山川往
往出彝鼎，士人漸有好之。當時上好符瑞，方士媚上，僞爲

之,真者殆無一二。且道家興於漢、魏,後作爲符篆諸體,虞集識之,凡七十餘體,則方士所僞造應不少。《漢書·郊祀志》:"美陽得鼎獻之,張敞好古文字。"按鼎銘曰:"王命尸臣,官此栒邑,賜爾旗鸞黼黻雕戈。尸臣拜手稽首曰:'敢對揚天子,丕顯休命。'"蓋當時識古文者唯有敞。然今所見鼎銘皆出於王命,而書體絕異,此鼎銘不知何體。歆"古文"二字大體從此撰出,其以《左傳》附於張敞亦以此。然恐張敞識古文字,亦歆所杜撰耳。楊雄、劉歆皆以絕特之學兼好奇字,如近世金石大盛,碩學之徒罕有不通之者。其許慎云"涼州刺史杜業、沛人爰禮、講學大夫秦近,亦能言之",則當時實有奇字。於是楊雄好之,而作《訓纂》。侯芭、歆子棻皆從問之,亦歆所爲也。歆既好博多通,多搜鍾鼎奇文以自異,稍加竄僞增飾,號稱"古文",日作僞鍾鼎,以其古文刻之,宣於天下以爲徵應。以劉歆之博奧,當時不能辨之,傳之後世,益加古澤。市賈之僞,不易辨其僞作,況歆所爲哉?許慎謂"鼎彝即前代之古文",古文既僞,則鼎彝之僞,雖有蘇、張之舌不能爲辨也。歆窺其時學者破碎,枝葉叢蔓,說五字之文至於二三萬言,乘其空虛,挾校書之權,藉王莽之力,因以僞文寫僞經,別爲《八體六技》以惑誘學士,昭其徵應。《說文序》稱:孝平時,徵爰禮等百餘人,說文字於未央廷中,以禮爲《小學》元士。亡新居攝,使大司空甄豐等校文書。有六書:一曰"古文",孔子壁中書;二曰"奇字",即古文而異者;三曰"篆書",即小篆;四曰"佐書",即秦隸書;五曰"繆篆",所以摹印;六曰"鳥蟲書",所以書幡信。又稱:"壁中書者,魯共王壞孔子宅,而得《禮記》《尚書》《春秋》《論語》《孝經》。又北平侯張蒼獻《春秋左氏傳》。"然《史記》共王無得古文事,張蒼傳授亦歆僞託,則是實無古文。歆既位國師,爲王莽所尊信,爰禮、楊

雄、甄豐皆其私黨，杜林事莽，亦其私人，王瑛、塗惲受其古文
僞《書》，徐敖、陳俠受其《毛詩》，皆藉歆力擢至貴顯。兩次詔
求古文、奇字，集之王庭，天下學者耳目咸爲所塗，幾以爲真
壁中古文矣。杜林爲張敞外孫，既夙有師承，易於託附，故西
州漆簡爲東漢僞古文書之胎祖，而復爲《蒼頡》《訓纂》《蒼頡
故》以亂舊文。賈逵傳父徽所受塗惲之學，和帝中受詔修理
舊文，傳之許慎，今所傳《説文》是也。《漢志》小學諸書，見近
人所輯，僅得十一於千百，然半爲歆所竄定者。許慎主張古
學，其文字九千三百五十三。封演《聞見記》："後漢和帝時，
始獲七千三百八十四字，安帝時，許慎特加搜采，九千之文始
備。"和帝時或未數班固書也。其書自古文、籀文外，小篆諸
體亦皆自古文變出。其説經、説禮皆古説，則純乎歆之僞學
也。當是時，古文之學最盛，扶風曹喜工篆，而曰"小異斯法
而甚精巧"。蔡邕採之爲古文雜形，詔於太學立石碑，刊載五
經，題書楷法多是邕書。後開鴻都，諸方獻篆，書畫奇能莫不
雲集。於時張揖著《埤蒼》《廣雅》《古今字詁》，陳留邯鄲淳亦
與揖同時，博古開藝，特善《蒼》《雅》《八體》、六書，又建《三字
石經》於漢碑之西。又有京兆韋誕、河東衛覬，並能古文篆，
皆述歆、慎之餘波。於是《説文》《字林》《三蒼》《爾雅》盛行，
爲"小學"之軌則。唐世立之於學官，以課試天下之士。於是
歆、慎之學統一天下，尊無二上矣。

凡六藝一百三家，三千一百二十三篇。
六藝之文，《樂》以和神，仁之表也；《詩》以正言，義之用也；
《禮》以明禮，明者著見，故無訓也；《書》以廣聽，知之術也；《春
秋》以斷事，信之符也。五者，蓋五常之道，相須而備，而《易》爲
之原，故曰"《易》不可見，則乾坤或幾乎息矣"，言與天地爲終始

也。至於五學，世有變改，猶五行之更用事焉。古之學者耕且養，三年而通一藝，存其大體，玩經文而已，是故用日少而畜德多，三十而五經立也。後世經傳既已乖離，博學者又不思多聞闕疑之義，而務碎義逃難，便辭巧說，破壞形體，說五字之文，至於二三萬言。後進彌以馳逐，故幼童而守一藝，白首而後能言，安其所習，毀所不見，終以自蔽，此學者之大患也。

《詩》雖有三家，其歸一也；《書》皆出於伏生；《禮》皆出於高堂生；《易》皆出於商瞿，尤無異論；《春秋》出於公羊、穀梁，經傳純全，安得謂爲"乖離"？歆僞爲古文，不攻舊說之乖，無以見新學之是。是時古文之出，孔光、龔勝、師丹、公孫禄及諸博士皆不從之，故歆又以學者爲不"闕疑""安其所習，毀所不見"爲大患，皆歆抑真今、崇僞古之微言也。

《六藝略》之作僞，略見於此。而其大端有五罪焉。一，顛倒六經之序。《詩》《書》《禮》《樂》《易》《春秋》之序，孔子手定。孔門舊本，自《經解》《莊子》、史遷無不以《詩》爲首，《書》次之，《易》後於《詩》《書》《禮》《樂》，而先於《春秋》，靡有異説。<small>辨見前。</small>而歆以《易》爲首，《書》次之，《詩》又次之。後人無識，咸以爲法，自是《釋文》《隋志》宗之，至今以爲定制。倒亂孔子六經之序，其罪一。二，西漢以前但有博士之經，即秦火不焚之本，孔氏世傳不絶之書，無闕文亦無異本也。歆僞作古文以竄易六藝，或增或改，諸經皆徧，以其僞古經文加於孔子今文經之上。如《易經》本上、下二篇，而云"《易經》十二篇"，此歆所增改者也。"《尚書古文經》四十六卷，《經》二十九卷"，上古文經者，歆作也，下經者，博士傳孔子之經也。"《春秋古經》十二篇，《經》十一卷"，上古經，歆僞也，下經，博士傳孔子之經也。"《論語古》二十一篇，《齊》二十二篇，《魯》二十篇"，《論語古》，歆僞也，齊、魯《論》者，七十子所傳也。"《孝經古孔氏》一篇,《孝經》一篇",古孔氏者,歆僞定也,《孝經》者,博士所傳孔門之舊也。以己僞經加孔子真經上,悖謬已極,其罪二。博士傳孔子學者,《詩》止齊、魯、韓三家,《禮》止高堂生十七篇,《樂》止制氏,《春秋》止公、穀二家。歆僞爲《毛詩》《逸禮》《周官·大司樂》章及《樂記》《左氏傳》,於是論議之間,斥三家《詩》"取雜説非本義""《士禮》不備,倉等推而致於天子""制氏《樂》僅知其鏗鏘鼓舞,而不能言其義""公、穀二家口説失真",詆之唯恐不至,而盛稱其僞作之書。後人無識,竟爲所惑,孔子真經微而幾亡,僞經盛行。其誣毀篡聖,大罪三。六經皆孔子筆削,包括天人,至尊無並。雖以《論語》《孝經》之美,《王制》《經解》《學記》《莊子》《史記》不以並稱。至於小學,尤爲文史之末技,更無可與經並列者。歆僞作古文以寫僞經,創爲訓詁以易經義,於是以《論語》《孝經》列六藝。又以僞作之《爾雅》《小爾雅》厠"《孝經》家"。自是六經微言大義之學亡,孔子制作教養之文絶。自後漢以來,訓詁形聲之學偏天下,塗塞學者之耳目,滅没大道,其罪四。六經筆削於孔子,禮、樂制作於孔子,天下皆孔子之學,孔子之教也。歆思奪之,於《易》則以爲文王作上、下篇,於《周官》《爾雅》以爲周公作。舉文王、周公者,猶許行之託神農,墨子之託禹,其實爲奪孔子之席計。非聖無法,大罪五。歆作僞經,定《七略》,其罪如此,不知天下後世猶甘尊信之否乎?

《論語》:"子謂子夏曰:'女爲君子儒,毋爲小人儒。'"《孟子》:"夷子曰:'儒者之道,古之人若保赤子。'"又:"逃墨必歸於楊,逃楊必歸於儒。"《荀子·非十二子》篇:"是子張氏之賤儒也。""是子夏氏之賤儒也。""是子游氏之賤儒也。"而《儒效》篇發大儒之效尤詳。《禮記·儒行》篇:"魯哀公問於孔子

曰：'夫子之服，其儒服歟？'"《莊子‧秋水》篇："知儒、墨之
自然而相非，則趣操覩矣。"《徐無鬼》篇："莊子曰：'然則儒、
墨、楊、秉四，與夫子爲五。'"《墨子‧公孟》篇："程子曰：'非
儒何故稱於孔子也？'"《韓非子‧顯學》篇："世之顯學，儒、墨
也。儒之所至，孔丘也。墨之所至，墨翟也。故孔、墨之後，
儒分爲八，墨離爲三。"太史談論"六家"指要："夫陰陽、儒、
墨、名、法、道德，此務爲治者也。"見《史記‧太史公自序》。《史記‧
酷吏傳序》："儒以文亂法，而俠以武犯禁。"《酈生傳》："沛公
不好儒，未可以儒上說也。[①]"諸子、傳記所言"儒"皆如此，不能徧舉，僅每
家擇錄一二耳。凡所云"儒"者，皆與異教對舉而言。蓋孔子改制
後，從其學者皆謂之"儒"。故"儒"者，譬孔子之國號，如高祖
之改國號爲漢，太宗有天下之號爲唐，藝祖有天下之號爲宋，
皆與異國人言之。至於臣民自言，則云"皇朝""聖朝""本朝"
"國朝"，人自明之，不待稱國號也。孔子之學，秦時已立博
士。《史記‧秦始皇本紀》云非博士官所職，敢有藏《詩》《書》
者，悉詣守尉雜燒之。則博士以《詩》《書》爲職可知。《賈山
傳》"祖父祛，爲魏時博士"，則秦、魏亦從孔子之教。意自子
路居衛，曾子居魯，子貢居齊，子張居陳，子夏居西河，澹臺子
羽居楚，七十子各散游諸侯，大者爲師傅卿相，小者友教士大
夫，雖以七國之無道，蓋無不從孔子之教矣。老、墨後起，揭
幟與孔子爭，而義理精密，大勢已成，終不能敵，而道日尊，名
日盛。故戰國諸子，名、法、農、戰，蠭涌並興，莫不欲奪孔子
之席，日與孔子爲難。高祖入魯，以太牢祀孔子，亦以其一時
教祖，因而尊之。至於文、景，雖好黃、老，博士仍具官待問。
然諸子之言紛然淆亂，孔子之道雖大行，仍與諸教相雜，未能

---

①　"上"，萬木草堂本同，殿本《史記‧酈生傳》作"生"。

別黑白而定一尊,猶文王之化行江、漢,三分有二,未大一統也。至武帝時,董仲舒請"諸不在六藝之科、孔子之術者"絕勿進,丞相田蚡亦好儒術,公孫宏請廣屬學官之路,立太常博士弟子,設甲乙科。元帝時,郡國徧立校官,於是天下仰流,百川赴海,共歸孔子之學,則天下混一,諸家息滅,無復儒墨之可對言,亦無九流之可並立。故太史公特爲孔子立世家,其贊曰:"言六藝者,折衷於夫子,可謂至聖矣!"於《周本紀》《十二諸侯年表》《列國世家》,皆特書"孔子卒",蓋尊爲一統共主也。其七十子則立《仲尼弟子列傳》以尊之。其後學以孟、荀爲大宗,亦立傳焉。斯真史遷之高識別裁也。太史談之以儒列於六家者,談本老學,其時未絕異教,故以儒與道、墨班,猶邈、夏之人,樂與宋並稱,夜郎欲與漢比,亦其宜耳。若史遷即不爾。至於向、歆之世,則天下之受成於孔學者,久以六經爲學,教出於一,既無異論,亦無異學,凡義理、文字、書册莫不統焉。歆之編《七略》也,既獨尊六藝爲一略,統冠群書以崇孔子,猶編《漢書》者之尊高祖爲本紀,編《宋史》者之尊藝祖爲本紀矣。則七十子後學者,如子思、孟子、孫卿,猶高祖之有文、景、武、昭,藝祖之有真、仁、英、神也。不爾,亦與七十子同爲宗室諸王也。其後學若陸賈、賈誼、董仲舒之徒,則其將相大臣也。編書之例與編史之例同,則七十子後學者,亦宜爲《五宗世家》《蕭曹世家》之比,宜附於本紀之後,不與《外夷列傳》班者也。屈原之文皆引經藝,亦陳良之儔,傳仲尼之道者,則詩賦家亦古詩之流。以《太史公書》附春秋家後例之,亦宜附詩家之末。然勿混正統,則與《兵書》《數術》《方技》各分爲略,附於六經七十子後學記之後,如《文苑》《方術》之各立專傳,尚無不可。唯名、法、道、墨者,本各自爲教,如漢之有匈奴、西域,宋之有邈、夏、金、元,自爲異

國,不相臣服。史家於《文苑》《方術》之下立《外夷傳》,俾其
事得詳,而其體不與中國敵,體裁至善也。循斯爲例,則名、
法、道、墨諸家,其道不能廢者,宜爲異學略,附於《七略》之
末,如《晋書》之有《載記》,乃爲合作也。今歆編《七略》,以儒
與名、法、道、墨並列,目爲諸子,外於六藝,號爲九流,是陳壽
之《三國志》,崔鴻之《十六國春秋》,蕭方之《十國春秋》也。
且儒者,孔子之教名也,既獨尊孔子之六經,而忽黜其教號、
弟子與衰滅之教並列,則是光武修漢高之實録,而乃立《漢
傳》《匈奴傳》《西域傳》《西南夷傳》並列,俾文、景、武、昭、蕭、
曹、絳、灌與冒頓、烏孫、身毒齊類而並觀。高宗修宋藝祖之
實録,而又立《宋傳》《遼傳》《夏傳》《金傳》《元傳》,俾真、仁、
英、神、趙普、曹彬、韓琦、富弼之倫,與耶律德光、耶律休哥、
阿骨打、趙元昊、成吉斯齊類而並列。有是史裁,豈不令人發
笑哉!且九流之中,唯道、墨與儒顯然爭教,自餘若農家之
學,則《書》存《無逸》,《詩》存《七月》《生民》,非農而何?《論
語》言"正名",《易·繫》"明罰勅法",非名、法而何?《典》重
"授時",《禮》貴"筮日",非陰陽家而何?若夫爲命之重,芻蕘
之采,則縱横家、小説家何嘗不兼納之其中?今乃以之與儒
並列,而皆以爲出於古先一官之守!夫儒家,即孔子也,七十
子後學者,即孔子之學也。其中如《繫辭》《喪服傳》《公羊傳》
之類,附經已久,七十子之書與孔子不能分爲二學也。以七
十子之學僅出於司徒之一官,足以順陰陽、明教化而已,則是
孔子之教,六經之學,僅得司徒一官,少助教化,其他則無補。
而十家之術,雖縱横、小説反覆鄙瑣,亦得與孔子之道,猶水
火之相生而相滅,仁義之相反而相成,宜各舍短取長,折衷之
以備股肱之材。不知歆何怨何仇於孔子,而痛黜之深如此。
出之異教之口猶可,出於歆家承儒業者,豈不大異哉!孔子

之道，範圍天下，子思所謂"上律天時，下襲水土""譬如天地之無不持載，無不覆幬，譬如四時之錯行，如日月之代明"。歆乃公然貶之，大書《七略》以告天下，千古謗聖毀賢，無如此極，非狂禪之呵佛罵祖比也。考歆終日作偽，未必有甄綜九流之識，蓋爲操、莽之盜漢，非爲金、元之滅宋也。特自偽《周官》，欲託身爲周公以皋牢一切，故兼收諸子，以爲不過備我學一官一識之守，因痛抑孔子，以爲若而人者，亦僅備一官守，足助順陰陽、明教化而已。陽與之，實所以奪之者，至矣。唐人尊周公爲先聖，而以孔子爲先師，近世會稽章學誠亦謂周公乃爲集大成，非孔子也，皆中歆之毒者。但群曚謗日，終不能以隻手遮天，孔子之道自尊也。唯自歆列儒家於諸子，而叙七十子於其中，後世因之。自荀勗《中經簿錄》，隋、唐《經籍》《藝文志》以下，至國朝《四庫全書總目》，莫不從之。傳仲尼之正統者，僅列九流之一家，講小學之偽文者，乃爲六經之附庸，顛倒悖逆，至於此極！二千年中，雲霾霧塞，如墮深阱，未有人變易之者，天下尚有公是邪？宜乎爲孔子之學者日衰也。《傳》曰："見無禮於君者，如鷹鸇之逐鳥雀。"今大聲疾呼，以當鳴鼓之攻，別采群書爲《七十子後學記》，以附六經之後，以備孔門之學。庶學者知所嚴崇，興起而革劉歆以儒平列九流之逆説。其詳見《七十子後學記凡例》，今不及。

歆抑儒家於九流，其謬固如此。而後之修史者，自班固以下，以《儒林》別立列傳，皆囿於歆之邪説。夫《史記》之立《儒林傳》，蓋武帝以前百數十年間，孔子之學未一統，伏生、申公之倫皆獨抱遺經，經略方新而反側未靖。《史記》紀其行事，特揭儒者之號，以表異之，事之宜也。若至武帝厲學官、置博士之後，孔子之學淹有四海，而猶拘拘以"儒"自表，無乃悖乎？後漢儒術尤盛，將相皆出其中，舉朝皆儒，別立《儒林》，尤爲無理。尤可異者,《宋史》爲尊朱子,以《儒林》《道學》分爲二傳,薄孔子教名而不居,别爲異論以易之,已如守成之主,無故而自更國號矣。而近世儀徵阮元,更附會以《周官》"師以道得民,儒以藝得民"之説。夫儒者之名,始於孔子,一統之號,臣庶所尊。抑之爲藝,而以道專屬於師,又以師、儒不過我法中繫民之一,抑先聖之大道,以自尊其瀆亂不驗之術。試問非儒何以爲師? 非道何以爲儒? 似此出於異教之口,已爲可怪。歆貶洙、泗之國號,斥尼山之教術,而猶有尊信之者,此真離經畔道之尤者也。自漢迄明,其立《儒林傳》,皆名不正、言不順之大者,今並糾於此,以正大義焉。

漢書藝文志疏證

佚名　撰

李兵　整理

漢書疏證卷十一^①

藝文志第十

漢興，改秦之敗，大收篇籍

王應麟《考證》曰："《惠帝紀》：四年三月，除挾書律。劉歆移書太常博士曰：'漢興，獨有一叔孫通略定禮儀，天下唯有《易》卜，未有他書。至孝惠之世，乃除挾書之律。至孝文，始使掌故朝錯從伏生受《尚書》。《詩》始萌牙。至孝武，然後鄒、魯、梁、趙頗有《詩》《禮》《春秋》先師，皆起於建元之間。《泰誓》後得，博士集而讀之。'趙岐《孟子題辭》：'孝文欲廣游學之路，《論語》《孝經》《孟子》《爾雅》皆置博士。'"

於是建藏書之策 <small>如淳曰："劉歆《七略》曰：'外則有太常、太史、博士之藏，內則有延閣、廣內、秘室之府。'"</small>

《考證》曰："《通典》：'漢氏圖籍所在，有石梁、延閣、廣內，貯之於外府；又御史中丞居殿中，掌蘭臺秘書及麒麟、^②天禄二閣，藏之於內禁。'《百官表》："御史中丞，在殿中蘭臺，掌圖籍秘書。"《七略》曰：'孝武敕丞相公孫弘廣開獻書之路，百年之間，書積如丘山。'"

---

① 整理者按：國家圖書館藏清抄本《漢書疏證》二十七卷，佚名撰，被收入《續修四庫全書》（上海古籍出版社2002年版）第265冊。關於此書作者，董恩林《佚名〈史記疏證〉、〈漢書疏證〉作者考——兼論杭世駿〈史記考證〉的性質》（《歷史研究》2010年第3期），巢彥婷《杭世駿作〈史記疏證〉〈漢書疏證〉補考》《古典文獻研究（第二十輯下卷）》，鳳凰出版社2017年版），董恩林、湯軍《佚名〈漢書疏證〉作者研究補證》《華中師範大學學報（人文社會科學版）》2020年第3期），皆論證了此書作者爲杭世駿，可參。

② "蘭"字原脱，據民國開明書店《二十五史補編》本（以下簡稱"補編本"）《漢藝文志考證》補。

每一書已，向輒條其篇目，撮其指意，録而奏之。

《考證》曰："劉向受詔校書，每一書竟，表上輒言：'臣向書、①長水校尉臣參書、太常博士書，中外書合若干本，以相比校，然後殺青。'"《風俗通》云："劉向典校書籍，皆先書竹，爲易刊定，②可繕寫者以上素。"

歆於是總群書而奏其《七略》

《考證》曰："《隋志》：'劉向《七略別録》二十卷、劉歆《七略》七卷。剖析條疏，各有其部。'歆嗣父業，乃徙温室中書於天禄閣上，著爲《七略》，大凡三萬三千九十卷。"

故有《輯略》　師古曰："輯與集同，謂諸書之總要。"

《刊誤補遺》曰："按當是時猶未以'集'名書，故此《志》所載賦、頌、歌、詩一百家皆不曰'集'。晋荀勖分書爲四部，③其四曰丁部；宋王儉撰《七志》，其三曰《文翰志》，亦未以'集'名之；梁阮孝緒爲《七録》，始有《文集録》。《隋·經籍志》遂以荀况等詩賦之文皆謂之'集'，而又有'別集'。史官謂'別集'之名，漢東京所創。按閔馬父論《商頌》輯之亂。韋昭曰：'輯，成也。'竊謂'別集'之名，雖始於東京，實本於劉歆之《輯略》，而《輯略》又本於《商頌》之'輯'云。"

王氏二篇　名同。

《考證》曰："晁氏曰：'《易》家著書自王同始，學官自楊何始。'"

韓氏二篇　名嬰。

《考證》曰："韓嬰亦以《易》授人，推《易》意而爲之傳。燕、趙間好《詩》，故其《易》微，唯韓氏自傳之。涿郡韓生，其後也，曰：'所受《易》即先太傅所傳也。嘗授《韓詩》，不如《韓氏易》"

---

①　"書"字原爲空格，據殿本《北齊書·樊遜傳》改。
②　"爲"，《四部叢刊三編》影宋本《太平御覽》卷六百六引作"改"。
③　"勖"，原避宋神宗趙頊嫌諱作"勉"，今回改。

深。'蓋寬饒從受焉。寬饒封事引《韓氏易傳》言'五帝官天下,三王家天下'。"

古五子十八篇

《考證》曰:"劉向《別録》:'所校讎中《古五子書》,除復重,定著十八篇。分六十四卦,著之日辰,自甲子至壬子,凡五子。'《律曆志》'日有六甲,辰有五子',注云:'六甲之中,惟甲寅無子。'"

淮南道訓二篇

《考證》曰:"《七略》曰:'《九師道訓》者,淮南王安所造。'張平子《思玄賦》'文君爲我端蓍兮,利飛遁以保名',注云:'《遁》上九曰:飛遁,無不利。《淮南九師道訓》曰:遁而能飛,吉孰大焉。'曹子建《七啓》'飛遁離俗'注亦引之。劉向《別録》:'所校讎中《易》傳《淮南九師道訓》,除復重,定著十二篇。淮南王聘善爲《易》者九人,從之採獲,故中書著曰《淮南九師書》。'《文中子》謂'九師興而《易》道微'。《隋志》已亡其書。"

孟氏京房十一篇　災異孟氏京房六十六篇

《考證》曰:唐《大衍曆·卦議》曰:"十二月卦出於《孟氏章句》,其説《易》本於氣,而後以人事明之。京氏又以卦爻配朞之日,《坎》《離》《震》《兑》,其用事自分、至之首,皆得八十分日之七十三。《頤》《晋》《井》《大畜》,皆五日十四分,餘皆六日七分,止於占災眚與吉凶、善敗之事。至於觀陰陽之變,則錯亂而不明。"《京房傳》注:孟康曰:"分卦直日之法,一爻主一日,六十四卦爲三百六十。餘四卦《震》《離》《兑》《坎》爲方伯監司之官。消息卦爲辟。辟,君也。息卦曰'太陰',消卦曰'太陽',其餘卦曰'少陰''少陽',謂臣下也。"《五行志》引《京房易傳》"尊卦用事"云云。谷永以《京房易占》對日食。[①] 李固對策引《京房易》。郎顗按房《飛候》,參察衆政。

---

① "永",原誤作"水",據補編本《漢藝文志考證》改。

正月三日至乎九日，三公卦。《集韻》："觀我端頤。"①《釋文》："坎卦：京作'欿'。剝牀以膚，京作'簠'，謂祭器。"《釋文·序錄》：《孟喜章句》十卷，無上經。《七錄》云："又下經無《旅》至《節》，無《上繫》。"一行《易纂》引孟喜《序卦》曰：②"陰陽養萬物，必訟而成之；君臣養萬民，亦訟而成之。"《隋志》：八卷，殘缺。《京房章句》十二卷。《七錄》云"十卷"。晁氏曰："《漢志》《易》京氏凡三種，八十九篇。《隋志》有《京章句》十卷，又有《占候》十種七十三卷。《唐·藝文志》有《京章句》十卷，而《占候》存者五種二十三卷。今其章句亡矣，乃略見於僧一行及李鼎祚之書。而其傳者曰《易傳》三卷、《積算雜占條例法》一卷，或共題《易傳》四卷，而名皆與古不同。今所謂《京氏易傳》者，或題曰《京氏積算易傳》，疑《隋》《唐志》之《錯卦》是也。《錯卦》在隋七卷，唐八卷，所謂《積算雜占條例法》者，疑隋《逆刺占災異》十二卷是也。至唐《逆刺》三卷，而亡其九卷。元祐八年，高麗進書有《京氏周易占》十卷，疑《隋志》'《周易占》十二卷'是也。"

章句，施、孟、梁丘氏各二篇

《考證》曰："《儒林傳》：'初，《易》唯有楊，孝宣世立施、孟、梁丘，元帝立京氏。'《隋志》：'梁丘、施、高亡於西晉，孟、京有書無師。'陸澄曰：'《易》自商瞿之後，雖有異家之學，同以象數爲宗。'許氏《說文》稱'《易》孟氏'，其文多異。《虞翻傳》：'其家五世孟氏之學。'《釋文》云："《晉》卦，孟作齊。""

京氏段嘉十二篇　師古曰："嘉即京房所從受《易》者。"

《管城碩記》曰："據《儒林傳》'房授東海殷嘉'，則嘉乃京之門人，非京所從受《易》者。又'段'當作'殷'，字訛也。《後漢·

---

① "端"，原誤作"端"，據清康熙四十五年曹寅揚州使院刊本《集韻》改。
② "纂"字原脫，據補編本《漢藝文志考證》補。

馮異傳》‘段建’，《東漢紀》作‘殷建’①。《班彪傳》‘殷肅’，《固
集》作‘段肅’，皆以字近而訛。”

民間有費、高二家之説

《考證》曰：“費直本皆古字，號‘古文《易》’，以授王璜，未得
立。陳元、鄭衆皆傳費氏學。建武中，韓歆上疏，欲爲費氏立
博士，范升奏非急務。馬融爲《傳》，授鄭康成，康成作《易
注》，荀爽又作《傳》，自是費氏大興。《釋文·序錄》：“《費直章句》四
卷，殘缺。”高相專説陰陽災異，未立學官。後漢費興，高遂微。費
直説十二次度數，見《晋·天文志》，王弼所傳本費氏。”

劉向以中古文《易經》校施、孟、梁丘經

《考證》曰：“《釋文》引古文，如‘彙’作‘靑’，‘翩’作‘偏’，‘介’
作‘砎’，‘枕’作‘沈’，‘蹢躅’作‘躃躩’，‘繻’作‘襦’。劉向引
《易》曰：‘飛龍在天，大人聚也。’又引《易大傳》曰：‘誣神者，
殃及三世。’《説苑》引《易》曰：‘建其本而萬物理，失之毫釐，
差以千里。’司馬遷引《易》曰：‘差以毫釐，謬以千里。’東方朔
引‘正其本，萬事理，失之毫釐，差以千里’②。今《易》無此語。
沙隨程氏曰：‘此緯書通卦驗之文。’《説苑》引‘勞而不怨’‘有
功而不德，厚之至也’‘有一道，大足以守天下，中足以守國
家，小足以守其身，謙之謂也。夫天道毀滿而益謙，不損而益
之，故損；自損而終，故益’。又云：‘天地動而萬物變化。’
《坊記》引‘不耕穫，不菑畬，凶’。”

唯費氏經與古文同

《考證》曰：“《易》文之異者，《漢書》引‘嘽嘽’‘喪其齊斧’‘日
中見昧’‘其欲逐逐’‘不如西鄰之禴祭’。《説文》引‘夕惕若
夤’‘亢龍有悔’‘乘馬驙如’‘再三黷’‘褆既平’‘百穀草木麗

---

① “建”下原衍一“紀”字，據四庫本《管城碩記》卷二刪。
② “差”，原誤作“謬”，據殿本《漢書·東方朔傳》改。

於地'①'以往遴'②'包宄,③用馮河''僮牛之告''泣涕漣如'
'其牛觢''天且劓'④'君子豹變,其文斐也''噬乾肉''明出地
上晉''夤𦐇。''艮𥦙。''楂恒凶''抎馬壯吉''䊫升大吉''履虎
尾,虩虩''豐其屋'⑤'日厎之離''需有衣袽''爇𩋆''埶飪'
'夫乾崔然''天地壹壹''犓牛乘馬''參天𥏻地''重門擊柝'
'燥萬物者,莫熯于離''雜而不越''爲駹頰'。又引'地可觀
者,莫可觀於木''井,法也',今《易》所無。《說文序》曰:"其稱《易》
孟氏,皆古文也。"《周禮注》引'其刑劓''襦有衣袽''參天兩地而
奇數''巽爲宣髮'⑥。《緇衣》引'恒其德,偵'。《深衣》引'直
其政,方其義也'。《史記》引'《乾》稱蜚龍,鴻漸于般''狐涉
水,濡其尾'。《後漢‧劉修碑》'動乎僉中''鬼神富謙'。《魏
文帝紀》注太史許芝引'初六,履霜,陰始凝也'。《內則》注引
'明夷睇于左股'。郎顗引'困而不失其所'。无"亨"字。"

經二十九卷

《考證》曰:"伏生口傳二十八篇,後得《泰誓》一篇。劉歆曰:
'《泰誓》後得,博士集而讀之。'董仲舒引'白魚入于王舟,有
火復于王屋,流爲烏'。《郊祀志》引'正稽古立功立事,可以
永年,丕天之大律'。《毛詩箋》引'天將有立父母,民之有政
有居'。《詩正義》引'師乃鼓譟,前歌後舞,格于上天下地。
咸曰:孜孜無怠',又曰'司馬在前'。《周禮疏》引'周公曰:
都,懋哉。予聞古先哲王之格言,大子發拜手稽首。'《說苑》

---

① "麤",原誤作"麗",據補編本《漢藝文志考證》、清嘉慶間刻《平津館叢書》本(以
下簡稱"平津本")《說文解字》改。

② "遴",原誤作"避",據補編本《漢藝文志考證》、平津本《說文解字》改。

③ "宄",原誤作"荒",據補編本《漢藝文志考證》、平津本《說文解字》改。

④ "且",原誤作"卑",據四庫本《漢藝文志考證》、平津本《說文解字》改。

⑤ "豐",原誤作"豊",據補編本《漢藝文志考證》、平津本《說文解字》改。

⑥ "巽",原誤作"異",據補編本《漢藝文志考證》、《十三經注疏》本《周禮注疏》改。

引'附下而罔上者死,附上而罔下者刑。與聞國政而無益於民者退,在上位而不能進賢者逐'。伏生無此篇,而《書傳》有八百諸侯俱至孟津,白魚入舟之事,與《泰誓》同。不知伏生先爲此語,抑《泰誓》出後,後人加此語? 未可知也。房宏等説宣帝本始元年,河内女子有壞老人屋,得古文《泰誓》三篇。《别録》云:'武帝末,①得於壁内,獻之。與博士,使讀説之。數月,皆起傳以教人。'不得云'宣帝時始出'也。鄭康成《書論》云:'民間得《泰誓》。'《墨子》引《大誓》曰:"小人見姦巧乃聞不言也,發罪鈞。"

又曰:"二十九篇,是計卷。若計篇,則三十四,去《泰誓》,猶有三十一。伏生所傳謂之今文,則歐陽、夏侯三家所傳及蔡邕《石經》是也。《泰誓》非伏生所傳,而《史記·儒林傳》云:'秦時焚書,伏生壁藏之。漢定,伏生求其書,亡數十篇,獨得二十九篇。'蓋太史公當武帝時,《泰誓》已出,而入伏生《書》内,故總言之。孔臧《與安國書》云:'曩雖爲今學,亦多所不信,唯聞《尚書》二十八篇,取象二十八宿,謂爲至然也。《河圖》古文乃自百篇邪?'此劉歆所謂'以《尚書》爲備'。"

傳四十一篇

《考證》曰:"伏生作《尚書傳》四十一篇,授張生,張生授歐陽生。《隋志》云:'濟南伏生之傳,唯劉向父子所著《五行傳》是其本法,而又多乖戾。'《釋文·序録》:'《尚書大傳》三卷,伏生作。'鄭康成注,其《序》曰:'伏生至孝文時,年且百歲,歐陽生、張生從學焉。伏生終後,數子各論所聞,以己意彌縫其間,而别作章句,又特撰其大義,因經屬指,名之曰傳。劉子政校中書,奏此目録凡四十一篇,康成詮次爲八十三篇。今

---

① "末",原誤作"未",據補編本《漢藝文志考證》改。

本四卷，首尾不倫。’《劉向傳》贊云：‘《鴻範論》發明《大傳》，著天人之應。’《唐志》又有《暢訓》一卷，《大傳》篇有《九共》《帝告》。以《西伯戡黎》爲《畝耆》，《冏命》爲《臩命》，《費誓》爲《盼誓》，《吕刑》爲《甫刑》。《序》又有《嘉禾》《揹誥》，今本闕。又引《盤庚》‘若德明哉，湯任父言卑應言’，《酒誥》‘王曰封，唯曰若圭璧’，皆古文所無。漢儒《五行傳》，其原自《大傳》，其流爲災異之説。吴氏曰：‘馬融、鄭康成之學，悉本伏生。’石林葉氏曰：‘《大傳》以天、地、人、四時爲七政，謂《金縢》作於周公没後，^①何可盡據？’《史記》以“平在朔易”爲“便在伏物”。《索隱》云：“據《大傳》。”《周禮疏》云：“《白虎通》引《尚書大傳》云‘拊革，裝之以糠’。今《書傳》無者，在亡逸中。”’

歐陽章句三十一卷　大、小夏侯章句各二十九篇

《考證》曰：“初，《書》唯有歐陽。孝宣世，立大、小夏侯。《七録》云：‘三家至西晉並亡，其説間見於義疏。’葉氏曰：‘自漢訖西晉，言《書》惟祖歐陽氏。’鄭康成云：‘歐陽氏失其本義。’《郊祀志》引歐陽、大小夏侯三家説‘六宗’，皆曰：‘上不及天，下不及墜，旁不及四方，在六者之間，助陰陽變化，實一而名六。’《後漢·輿服志》：‘永平二年，乘輿服從歐陽氏説，公卿以下從大、小夏侯氏説。’桓榮習《歐陽尚書》，受朱普學，章句四十萬言，浮辭繁長，多過其實。及榮入授顯宗，減爲二十三萬言。子郁復删省定成十二萬言。夏侯勝從歐陽氏問，建自師事勝及歐陽高，左右采獲。又從五經諸儒問與《尚書》相出入者，牽引以次章句。然則大、小夏侯皆歐陽之學。”

劉向五行傳記十一卷

《考證》曰：“本傳曰：‘《洪範五行傳論》。’本伏生《大傳》，云：“維王后元祀，帝令大禹步于上帝。”沈約曰：‘伏生創紀《大傳》，五行之體始

---

①　“没”字原爲空格，據補編本《漢藝文志考證》改。

詳；劉向廣演《洪範》，休咎之文益備。'《隋志》：'《洪範五行傳論》十一卷，劉向注。'"餘詳本傳。

許商五行傳記一篇

《考證》曰："夏侯始昌推《五行傳》，傳族子勝，下及許商，其傳與劉向同。《儒林傳》：'商善爲算，著《五行論》。'夏侯勝曰："天久陰而不雨，臣下有謀上者。"對言"在《鴻範傳》"。"

周書七十一篇

《史通》曰："《周書》者，與《尚書》相類，即孔氏刊約百篇之外，凡爲七十二章。① 上自文、武，下終靈、景。其有明允篤誠，典雅高義，時亦有淺末恒説。滓穢相泰恒，似後之好事者所增益也。至若《職方》之言，與《周官》無異；《時訓》之説，比《月令》多同。斯百王之正書，五經之別録者也。"

《考證》曰："《隋志》雜史有《周書》十卷，今本凡七十篇，始於《度訓》，終於《器服》，晋孔晁注。《隋》《唐志》皆云得之晋太康中汲郡魏安釐王家。《晉紀》："咸寧五年十月，得竹簡古書。"然劉向、班固所録並著《周書》，而司馬遷《史記》'武王克殷'事與此合。鄭康成注《周禮》《儀禮》引《王會》，許叔重《説文》亦引《逸周書》，馬融注《論語》引《周書・月令》有更火之文，豈漢世已入中秘，其後稍隱邪？今篇目比漢但闕其一，繫之汲冢，失其本矣。杜預注《左傳》'蠻之柔矣'，謂'逸《詩》，見《周書》'。而狼瞫所稱《周志》'勇則害上，不登於明堂'，其語今見篇中。'千里百縣，縣有四郡'，又引以爲'上大夫受縣'之注。預注《左傳》既訖，汲冢書始出，見《後序》。《吕氏春秋》引'民善之則畜也，不善則讎也'。《楚世家》引'欲起無先'。蘇秦引'綿綿不絶，蔓蔓奈何'。《蒙恬傳》引'必參而伍之'。蕭何引'天予

① "七十二"，明萬曆三十年張鼎思刻本《史通》卷一同，清光緒九年浙江書局刊本（以下簡稱"浙局本"）《玉海・藝文》、補編本《漢藝文志考證》皆作"七十一"。

不取，反受其咎'。主父偃引'安危在出令，存亡在所用'。谷永引'記功忘過，宜爲君'。《王商傳》引'以左道事君者，①誅'。楊賜引'天子見怪則修德'。《説苑》引'前車覆，後車戒'。《墨子》引'國無三年之食，非其國'。《淮南子》引'掩雉不得，更順其風''上言者常，下言者權'。《戰國策》引魏任章'將欲敗之，必姑輔之；將欲取之，必姑與之'。《貨殖傳》引'農不出則乏食，工不出則乏事，②商不出則三寶絶'，③'虞不出則財匱少'。《説文》引'朕實不明，以俒伯父'。《書正義》引《月令》云：'三日粤朒。'《張衡集》引'乃命少皞清'。皆曰《周書》。今文有無其語者，豈在逸篇乎？書多駁辭，宜孔子所不取。抑戰國之士，私相綴續，託周爲名，孔子亦未必見也。唐《大衍曆議》曰：'七十二候原于周公，《時訓》《月令》，雖頗有增益，然先後之次則同。'《謚法》即此書第五十四篇也。若周史記之名，太史公謂'孔子西觀周室，論史記舊聞'，又謂'周太史伯陽讀史記''孔子讀史記至楚復陳'，又曰'史記獨藏周室'。而説《公羊》者，以爲'孔子制《春秋》之義，使子夏等十四人求周史記，得百二十國寶書'。薛氏曰：'先王之制，諸侯無史，外史掌四方之志，而職於太史。'止齋陳氏曰：'古者諸侯無私史，有邦國之志，小史掌之，而藏周室。魯人所謂周人御書，晋人所謂辛有之二子董之，於是有董史是也。'秦宓曰："書非史記周圖，④仲尼不采。"《墨子》曰："吾見百國《春秋》。""

議奏四十二篇

《考證》曰："論石渠者，歐陽地餘、林尊、周堪、張山拊、假倉。"

---

　　①　"道"，原誤作"避"，據補編本《漢藝文志考證》、殿本《漢書·王商傳》改。
　　②　"工"，原誤作"上"，據補編本《漢藝文志考證》、殿本《史記·貨殖列傳》改。
　　③　"商"，原誤作"商"，據補編本《漢藝文志考證》、殿本《史記·貨殖列傳》改。
　　④　"書"，原誤作"讀"，據補編本《漢藝文志考證》、百衲本影宋紹熙刊本《三國志·秦宓傳》改。

孔子纂焉，上斷於堯，下訖於秦，凡百篇，而爲之序，言其作意

《考證》曰："《書序》，古文本自爲一篇，在百篇之後。劉歆曰：'孔子修《易》序《書》。'朱文公曰：'《書小序》非孔子作，或頗與經不合。《序》云：《書序》，序所以爲作者之意，未嘗以爲孔子所作。至劉歆、班固，始以爲孔子所作。'五峯胡氏曰：'《康誥》蓋武王命康叔之辭，不得不捨《書序》而從經史。'林氏曰：'《序》乃歷代史官相傳以爲《書》之總目，猶《詩》之有《小序》也。'吳氏曰：'先序者，孔子之序，猶《詩》之《大序》也；再序者，當時之序，猶《詩》之《小序》也。'"

《古文尚書》者，出孔子壁中　師古曰："《家語》'孔騰藏《尚書》《孝經》《論語》於夫子舊堂壁中'。《漢記·尹敏傳》云孔鮒所藏。二説不同。"

《考證》曰："《隋志》云：①'武帝時，共王壞孔子宅，得其末孫惠所藏之書，皆古文也。'《史通》亦以爲孔惠所藏，則又非師古所引二人者矣。"

酒誥脱簡一

《考證》曰："揚子曰：'昔之説《書》者，序以百，而《酒誥》之篇俄空焉，今亡夫。'伏生《大傳》：《酒誥》曰：'王曰：封，唯曰若圭璧。'其脱簡之文與？"

文字異者七百有餘

《考證》曰："歐陽、夏侯之學不傳，今無所考。以古文考之，呂大防得古文于宋敏求、王欽臣。② 如'嬴内'。《國語》。'放勛''中䁗''伯䴺''畬絲'。《史記》。'敿乃攖'。《周禮注》。'大龠''喬''薛''南偽''揖五瑞''枺遷''傅納'③'栞木'④'沛河''厥棐''惟甾'

———

① 按，補編本《漢藝文志考證》"隋志"上有"決疑曰"三字。
② "王"，原誤作"毛"，據補編本《漢藝文志考證》改。
③ "傅"，原誤作"傳"，據補編本《漢藝文志考證》、殿本《漢書·叙傳》改。
④ "木"，原誤作"水"，據補編本《漢文志考證》、殿本《漢書·地理志》改。

‘盟豬’‘夏狄’‘瑤琘’‘内憂服’‘服田力嗇’‘思曰睿’‘畏用六
極’。《漢書》。‘臯咎繇’‘平豑東作’‘剛而塞’‘五品不愻’‘睿畎
澮距川’‘若丹朱奡’‘宓三苗’‘鳥獸𪁉—作“𪁉”。髦’—作“𡧩毛”。
‘遹以記之’‘艸木蔪苞’‘咢咨’‘譒告’‘惟箘輅枯’‘崏山’‘雝
州’‘坶野’‘相時𢢔民’‘若顛木之有㽕枿’—作“欁”。‘我興受其
退’‘西伯戡䵣’‘使百工爰求，得之傅巖’①‘至于嫡婦’‘上不
替于凶德’‘我之不䢭’‘無有作政’②曰圛’圛者，色澤光明，古文作
“悌”，今文作“圛”。賈逵以今文校之，定以爲“圛”，鄭依賈氏所奏。‘曰貞曰
悔’③‘夏氏之民叨䵣’‘有疾不念’‘焞見三有俊心’‘在受德
忞’‘王三宿，三祭，三詫’‘柴誓’‘昭昭猗無他技’‘大命不摯’
‘一人冕執銳’‘維綱有稽’‘惟其敿丹臒’‘㦻㦻善諞言’④‘燥
火齭米’‘旁逑孱功’‘教育子’。《説文》。皆與古文合。‘度西曰
柳穀’‘於蕃時雍’‘辯秩東作’‘辯秩南僞’‘辯秩南訛，⑤敬致
日永’‘寅餞入日’‘辯秩西成’‘辯在朔易，日短’‘宅嵎夷’‘稘
三百有六旬’‘顧畏于民嵒’《説文》：“多言也。”‘舜讓於德，不台’
‘朱斨’‘柏譽’‘有能俾乂’‘惟刑之謐哉’‘修五禮五樂’‘黎民
祖飢’‘亡敖佚欲有國’‘一日二日萬機’‘五刑五庸哉’‘茂哉
茂哉’‘禹拜讜言’‘敬授民時’‘還瑞于群后’‘鄙德忝帝位’
‘歌詠言，聲依詠’‘歸假于祖禰，用特’‘賀遷有無，化居’‘鮮
食根食’‘天功，人其代之’‘予欲聞六律、五聲、八音、七始詠’
—作“采政忽”，—作“來始滑”⑥。‘辯章百姓’又作“偠”。‘知人則悊’‘五
流有度’‘貪淺納日’‘毋曠庶官’‘放勛乃殂’‘欽明文思晏晏’

---

①　“傅”，原誤作“傳”，據補編《漢藝文志考證》、平津本《説文解字》改。
②　“政”，原誤作“敗”，據補編《漢藝文志考證》、平津本《説文解字》改。
③　“曰悔”二字原爲空格，據補編《漢藝文志考證》、平津本《説文解字》改。
④　“諞”，原誤作“誦”，據補編《漢藝文志考證》、平津本《説文解字》改。
⑤　“訛”，原誤作“偽”，據補編《漢藝文志考證》改。
⑥　“滑”，原誤作“渭”，據補編《漢藝文志考證》改。

'旁施象刑維明''堋淫于家''沇州''海瀕廣潟''滎播既都'
'民降丘宅土''均于江海''二百里任邦''毋若丹朱敖''天用
剿—作"勦"。絕其命'①'予則奴戮女''作女鳩、女房''毋若火始
庸庸''若矢之有志'②'今汝慇慇''若藥不瞑眩''說築傅險之
野''有蜚雉登鼎耳而雊''自清，人自獻于先王''惟先假王正
厥事''天既付命正厥德''庶草繁蕪''叶疑''彝倫攸斁''毋
侮矜寡，而畏高明''不黨不偏，王道平平；不偏不黨，王道蕩
蕩''叶用五紀''饗用五福''羞用五事''艾用三德''艾，時陽
若；悊，時奧若；舒，恒奧若；霧，恒風若''鮌堙洪水''三人議
則從二人之言''曰雨曰濟曰圛曰瞀曰尅''西旅獻豪''是有
負子之責於天''我舊云孩子''民儀有十夫''惟乃丕顯考文
王，克明俊德''克明明德''祇祇畏畏顯民'③'戴璧秉圭''群
飲，女無失''不敢僭上帝命''爾不克遠省''在夏后之詷'④
'維丙午蟲''皇天既附中國民''知我國有眥''辨來，來，示予
卜，休恒吉''乃女其悉自學功''高宗梁闇，三年不言'—作"涼
陰"。'毋逸''以萬民惟正之共''毋淫于酒，毋逸于游田''不
禦克奔''乃惟孺子攽''越惟有胥賦小大多政''則克度之，克
猶繹之''割申勸寧王之德'⑤'武王惟瞯''勿以譣人''文王作
孝作敬''公毋困我''哉生霸''恫矜乃身''乃用其婦人之言'
'尚狂狂''作饙禾''常敀常任'⑥'哲民惟刑'—作"悊"。'我嗣事
子孫，大不克共上下，遏失前人光，在家不知命不易，天應棐
諶，乃亡隊命''用勱相我邦家''天棐諶辭''凭玉几''畢力賞

----

① "用"，原誤作"開"，據補編本《漢藝文志考證》改。
② "矢"，原誤作"夫"，據補編本《漢藝文志考證》改。
③ "祇祇"，原誤作"秖秖"，據補編本《漢藝文志考證》改。
④ "詷"，原誤作"詗"，據四庫本《漢藝文志考證》、平津本《說文解字》改。
⑤ "割"，原誤作"剏"，據《十三經注疏》本《尚書正義》卷十六改。
⑥ "敀"，原誤作"皉"，據補編本《漢藝文志考證》、平津本《說文解字》改。

罰'‘茲道能念予一人'‘王乃洮沫水'‘我有藏于西'‘敢翼殷命'‘作賄息謹之命'‘王耄荒'‘度作詳刑,以詰四方'①‘刑罰時輕時重'‘罰懲非死,②佞極于病'‘報以庶訧'‘天齊乎人,假我一日'③‘爰制百姓于刑之衷'‘其審核之'‘告汝詳刑'‘惟貨惟求'④‘上刑挾輕,下刑挾重'‘其罰百率'‘即我御事,罔克耆壽'‘迪一人使四方,若卜筮'‘陳宗赤刀'‘鮮誓'—作"肵"。‘峙乃餱糧'⑤‘黃髮之言,則無所愆'‘維諓諓善靖言'‘俾君子易怠'‘善徧言'。以"論"爲"徧"。漢世諸儒所引異字,此其略也。蔡邕所書《石經》,‘女毋翕侮成人'‘度爾口'‘安定厥國'‘興降不永'"崇降弗祥"。‘女比猶念以相從'‘各翕中'‘勖建大命'⑥‘厥遺任父母弟不迪'‘曰陳其五行'‘毋偏毋黨'‘有年于茲雒'‘乃劼乃憲既延'"乃逸乃諺既誕"。‘天命自亮,以民祗懼'‘肆高宗之饗國百年'⑦‘懷保小人,惠于矜寡'‘毋劼于游田'‘毋兄曰今日'"無皇"。‘人乃訓,變正刑'‘則兄曰敬德'‘且以前人之微言'‘是罔顯哉厥世'‘鮮光'"耿光"。‘黼衣'。"扆"。此殘碑存於今者也。若《左傳》引‘聖有謩勳'‘茂不茂',引《五子之歌》衍‘帥彼天常'⑧四字,又引《康誥》曰‘父子兄弟,⑨罪不相及',今無此語。"惟命不于常",注云《康誥》,今亦無。《禮記》引《兌命》"敬孫務時敏""民立而正事,純而祭祀,是爲不敬"。《尹告》"惟尹躬及湯"。《君

---

① "詰",原誤作"誥",據補編本《漢藝文志考證》改。
② "罰"字原脱,據補編本《漢藝文志考證》補。
③ "假",原誤作"俾",據補編本《漢藝文志考證》改。
④ "貨",原誤作"法",據補編本《漢藝文志考證》改。
⑤ "糧",補編本《漢藝文志考證》、平津本《説文解字》皆作"粮"。
⑥ "勖",原誤作"勛",據補編本《漢藝文志考證》改。
⑦ "百",原誤作"有",據補編本《漢藝文志考證》改。
⑧ "帥",原誤作"師",據補編本《漢藝文志考證》改。
⑨ "兄弟"二字原誤倒,據補編本《漢藝文志考證》乙正。

雅》。“夏日暑雨，小民惟曰怨資；冬祁寒，小民亦惟曰怨資”①。又引‘《太甲》
曰：民非后，無能胥以寧’‘高宗云：三年其惟不言，言乃讙’
‘《甫刑》曰：苗民匪用命’‘播刑之不迪’’《帝典》曰：克明峻
德’。又以‘割申勸寧王之德’爲‘周田觀文王之德’。注：“今博
士讀爲‘厥亂勸寧王之德’，古文似近之。”引‘庶言同’而無‘則繹’二字。
‘《尹吉》曰：惟尹躬天，見于西邑夏’。《尹吉》亦《尹誥》也。“天”當爲
“先”。《國語》引‘民可近也，而不可上也’‘惠于小民，唯政之
恭’。又引《湯誓》曰：‘余一人有辠，無以萬夫。’《孟子》引‘天
誅造攻自牧宮’‘有攸不惟臣，東征，綏厥士女’‘無畏，寧爾
也，非敵百姓也’‘惟曰其助上帝，寵之四方。有罪無罪，唯我
在’‘凡民罔不憝’‘自作孽，不可活’。《墨子》引《吕刑》‘群后
之肆在下，明明不常’‘三后成功，維假於民’。皆文字之異
者。② 至於《荀子》引《中蘁之言》‘諸侯自爲得師者王，得友者
霸，得疑者存，自爲謀而莫己若者亡’，又引《康誥》‘弘覆乎
天’‘惟文王敬忌，一人以擇’。先儒以爲繆妄。又引“《道經》曰：人
心之危，道心之微”“《書》曰：從命而不拂，微諫而不倦。爲上則明，爲下則遜”。注
以爲《伊訓》，今無此語。③ 又引“舜曰：維予從欲而治”。後漢劉陶推三家
《尚書》及古文，是正文字七百餘事，④名曰《中文尚書》。賈逵
撰歐陽、大小夏侯《尚書》古文同異，集爲三卷。”

《書》者，古之號令

《考證》曰：“艾軒林氏曰：‘古者，言爲《尚書》，事爲《春秋》，
蓋以左、右二史分掌之。秦置尚書於禁中，以通章奏。漢之
詔命在尚書，以尚書主王言，故秦、漢因是名官。先儒以爲上

① “資”字原脱，據補編本《漢藝文志考證》補。
② “文”，原誤作“父”，據補編本《漢藝文志考證》改。
③ “今”，原誤作“之”，據補編本《漢藝文志考證》改。
④ “七”，原誤作“十”，據補編本《漢藝文志考證》改。

古之書,則失之。'《七略》曰:"《尚書》,直言也。""

詩經二十八卷,齊、魯、韓三家

《考證》曰:《儒林傳》:"言《詩》,於魯則申培公,於齊則轅固生,於燕則韓太傅。"齊、魯以其國所傳,皆衆人之説也;毛、韓以其姓所傳,乃專門之學也。肅宗令賈逵撰《齊》《魯》《韓詩》與《毛詩》異同。晁氏曰:"齊、魯、韓三家之《詩》,早立博士,以《關雎》《葛覃》《卷耳》《鵲巢》《采蘩》《采蘋》《騶虞》《鹿鳴》《四牡》《皇皇者華》之類,①皆爲康王詩。《王風》爲魯詩,《鼓鐘》爲昭王詩,異同不可悉舉。賈誼以《騶虞》爲天子之囿,以《木瓜》爲下之報上。劉向以衛宣夫人作《邶·柏舟》,黎莊公夫人作《式微》陳婦道,蔡人之妻作《芣苢》之類,皆三家之説也。揚雄曰:'周康之時,頌聲作乎下,《關雎》作乎上,習治也。'與《毛詩》大不類。如此則其《序》必不同也。今所略見者,《韓詩》之《序》曰:'《芣苢》,傷夫也。《漢廣》,悦人也。《汝墳》,辭家也。《蝃蝀》,刺奔女也。'其詳可勝言哉!"《韓詩序》又云:②"《黍離》,伯封作也。《賓之初筵》,衛武公飲酒悔過也。"又謂《商頌》美宋襄公。歐陽氏曰:"《韓詩》遺説,往往見於他書,至經文亦不同,如'逶迤''郁夷'之類。"又曰:"孔子言'《關雎》,哀而不傷'。太史公曰:'周道缺,詩人本之衽席,《關雎》作。'而三家皆以爲康王政衰之時,謂爲周衰之作者,近是矣。"彭俊民曰:"申公得《詩》之約也,轅固得《詩》之直者也。以約窮理,而以直行己。觀其言以察其所行,信有異於毛公、韓嬰之所聞也。"《隋志》:"《齊詩》魏代已亡,《魯詩》亡於西晉,《韓詩》雖存,無傳之者,唯《毛詩鄭箋》至今獨立。"

---

① "牡",原誤作"牲",據補編本《漢藝文志考證》改。
② "又",原誤作"文",據補編本《漢藝文志考證》改。

魯故二十五卷

《考證》曰："《儒林傳》：'申公事浮丘伯受《詩》，獨以《詩經》爲訓故以教，亡傳，疑者則闕弗傳。'晁氏曰：'《詩》有《魯故》《韓故》《齊后氏故》《孫氏故》《毛詩故訓傳》，《書》有《大小夏侯解故》，前人惟故之尚如此。'《後漢·輿服志》注引《魯訓》。"

魯説二十八卷①

《考證》曰："《荀卿子》、劉向《説苑》《新序》《列女傳》間引《詩》以證其説，與《毛》義絶異。蓋《魯詩》出於浮丘伯，乃荀卿門人。荀卿之學，《魯詩》之原也。劉向爲楚元王交之孫，交亦受《詩》於浮丘伯。劉向之學，《魯詩》之流也。《魯詩》有韋氏學。②後漢《執金吾丞武榮碑》云："治《魯詩經》，韋君章句。""

齊后氏故二十卷

《考證》曰："后蒼事夏侯始昌，授翼奉、蕭望之、匡衡。奉言五際流爲災異之説，衡議論最爲近理。伏黯以明《齊詩》，改定章句，作《解説》九篇。子恭省減浮辭，定爲二十萬言。"

齊孫氏故二十七卷

《考證》曰："《儒林傳》：'《齊詩》有翼、匡、師、伏之學。'孫氏，未詳其名。"

韓內傳四卷

《考證》曰："韓生推《詩》之意，爲《內》《外傳》數萬言，其語頗與齊、魯間殊，然其歸一也。《白虎通》引《韓詩內傳》。《隋志》：'《韓詩》二十二卷，薛氏章句。'《文選注》多引之。後漢薛漢父子以章句著名，杜撫受業於漢，定章句。"《詩考》曰："《正義》云：'齊、韓之徒，以《詩經》爲章句，與《毛》異耳，非有壁中舊本可據。'晁説之曰：'説《韓詩》者，謂其《序》子夏所作。'"

---

① "説"，原誤作"詩"，據殿本《漢書·藝文志》改。
② "韋"，原誤作"章"，據補編本《漢藝文志考證》、殿本《漢書·儒林傳》改。

韓外傳六卷

《考證》曰:"《隋志》:十卷。《太史公自序》'厥協六經異傳',如子夏《易傳》、毛公《詩》及韓嬰《外傳》、伏生《尚書大傳》之流。歐陽子曰:"《外傳》非嬰傳《詩》之詳者,其遺説時見於他書,與毛之義絶異,而人亦不信。""《詩考》曰:"晁公武曰:'《外傳》雖非其解經之深者,然文辭清婉,有先秦風。'"

毛詩二十九卷　故訓傳三十卷

《考證》曰:"《六藝論》曰:'河間獻王好學,其博士毛公善説《詩》,獻王號之曰《毛詩》。'《正義》云:"毛爲詁訓,與經別。""二十九卷,不知併何卷。"《經典·序録》:'河間人大毛公爲《詩故訓傳》。一云魯人,不言其名。'《初學記》:'荀卿授魯國毛亨,作《詁訓傳》,以授趙國毛萇,時人謂亨爲大毛公,萇爲小毛公。'《詩譜》曰:'魯人大毛公爲《故訓傳》於其家,河間獻王得而獻之,以小毛公爲博士。'《後漢·儒林傳》"趙人毛萇傳《詩》",然則小毛公名萇。《正義》:"大毛公爲《傳》,由小毛公而題'毛'也。"《序録》:"小毛公,一云名長。"肅宗詔選高才受《毛詩》,遂行於世。鄭衆、賈逵傳《毛詩》,後馬融作《傳》,鄭玄作《箋》。淇水李氏曰:'毛之説,①簡而深,此獻王所以高其學也。鄭氏之釋,繁塞而其失愈多。鄭學長於禮,以禮訓《詩》,是按迹而議性情也。'魏氏曰:'《毛傳》簡要平實,無臆説,②無改字。'《正義》云:"故訓者,依故昔典訓而爲傳義。"曹氏曰:'許氏《説文》援據古文《毛氏詩》,其文與今多異。'吕氏曰:'《左氏》所引《詩》,多與《毛詩》合。'歐陽氏曰:'《毛詩序》與孟子説《詩》多合。'《隋志》:'毛萇善《詩》,自謂子夏所

---

①　"説",原誤作"詩",據補編本《漢藝文志考證》、元泰定二年慶元路儒學刻本《困學紀聞》卷三改。

②　"説",原誤作"脱",據補編本《漢藝文志考證》、清乾隆四十二年刻本《經義考》卷一百九改。

傳。先儒相承，謂《毛詩》。《序》，子夏所創，毛公及衛敬仲又加潤益。'《後漢·儒林傳》："衛宏作《毛詩序》。"鄭氏以爲諸序本自合爲一編，毛公始分以寘諸篇之首。"

古有采詩之官

《考證》曰："《食貨志》：'孟春之月，群居者將散，行人振木鐸徇于路，①以采詩，獻之太師，比其音律，②以聞於天子。'葉氏曰：'《列子》言立我烝民，莫匪爾極者，堯之時所謂詩也。《尚書大傳》言日月光華，弘余一人者，舜之時所謂詩也。古者天子五載一巡狩，則太師陳詩以觀風俗。二帝之世，工以納言，時而颺之。其施之學校以教士，與《禮》《樂》《書》相參，謂之四術。至孔子，始刪取著以爲經。'"

下取魯

宋祁曰："景本'取'作'采'。"

凡三百五篇

《考證》曰："《孔子世家》：'古者《詩》三千餘篇。及至孔子，去其重，取可施於禮義，上采契、后稷，中述殷、周之盛，至幽、厲之缺，始於衽席，故曰：《關雎》之亂以爲《風》始，《鹿鳴》爲《小雅》始，《文王》爲《大雅》始，《清廟》爲《頌》始。三百五篇，孔子皆弦歌之，以求合《韶》《武》《雅》《頌》之音。'今按《詩》三百十一篇，亡其辭者六篇，考之《儀禮》，皆笙詩也。曰笙、曰樂、曰奏，而不言歌，則有聲而無辭明矣。漢世毛學不行，故云'三百五篇'。王式以三百五篇諫。龔遂曰："誦《詩》三百五篇，人事浹，王道備。"《詩》有先孔子而亡者，如《新宮》《貍首》之類。"

魯最爲近之

《考證》曰："杜欽謂'佩玉晏鳴，《關雎》歎之'。鄭氏注《坊

---

① "木"，原誤作"本"，據補編本《漢藝文志考證》、殿本《漢書·食貨志》改。
② "音"，原誤作"章"，據補編本《漢藝文志考證》、殿本《漢書·食貨志》改。

記》，以‘先君之思’爲衛夫人定姜之詩，皆《魯詩》也。"

毛公之學，自謂子夏所傳

《考證》曰："《序錄》：徐整云：‘子夏授高行子，高行子授薛倉子，薛倉子授帛妙子，帛妙子授河間大毛公。’一云：‘子夏傳曾申，申傳魏人李克，克傳魯人孟仲子，孟仲子傳根牟子，根牟子傳趙人孫卿子，孫卿子傳魯人大毛公。’今按《詩序》‘高子曰：靈星之尸也’。即高行子。《孟子》：公孫丑問曰：‘高子曰：《小弁》，小人之詩也。’‘怨’。曰：‘固哉！高叟之爲《詩》也。’[①]《維天之命》傳孟仲子曰：‘大哉！天命之無極，而美周之禮也。’《詩譜》云：‘子思論《詩》於穆不已，仲子曰：於穆不似。’仲子，子思弟子。"

禮古經五十六卷

《考證》曰："劉歆欲立逸《禮》，移書曰：‘魯恭王得古文於壞壁，逸《禮》有三十九。’《論衡》謂"宣帝時，河内女子壞老屋，得佚《禮》"。《儀禮疏》曰：‘高堂生傳十七篇，是今文也。孔子宅得古《儀禮》五十六篇，其字皆篆書，是古文也。古文十七篇，與高堂生所傳者同，而字多不同。餘三十九篇，絶無師説，《七錄》云："餘篇皆亡。"秘在於館。’《志》云：‘《禮》古經出於魯淹中及孔氏。"劉原父曰："孔氏安國所得壁中書也。"《六藝論》云："孔壁得之。"今其篇名頗見於他書，若《學禮》《賈誼傳》。《天子巡狩禮》《内宰》注。《朝貢禮》《聘禮》注。《朝事儀》《覲禮》注。《烝嘗禮》《射人》疏。《中霤禮》《月令》注疏、《詩·泉水》疏。《王居明堂禮》《月令》《禮器》注。《古大明堂禮》《昭穆篇》蔡邕論。《本命篇》《通典》。《聘禮志》。《荀子》。又有《奔喪》《投壺》《遷廟》《釁廟》《曲禮》《少儀》《内則》《弟子職》諸篇，見《大》《小戴記》及《管子》。《七錄》云："古經，周宗伯所掌五禮威儀之事。""

---

① "之"，原誤作"人"，據補編本《漢藝文志考證》、《十三經注疏》本《孟子注疏》改。

經七十篇

劉敞曰：“此‘七十’與後‘七十’皆當作‘十七’，計其篇數則然。”
《考證》曰：“《儒林傳》：‘魯高堂生傳《士禮》十七篇。’《史記正義》：謝承云：“秦代有魯人高堂伯人。”按今《儀禮》，士禮有《冠》《昏》《相見》《喪》《夕》《虞》《特牲饋食》七篇，他皆天子、諸侯、卿大夫禮。《喪服傳》，子夏所爲，《白虎通》謂之《禮服傳》。鄭康成注以‘今’‘古’二字並之，或從今，或從古，或疊二文，別釋餘義。張淳曰：‘漢初未有儀禮之名，疑後漢學者見十七篇中有儀有禮，遂合而名之也。’歐陽氏曰：‘《大射》之篇，獨曰儀，蓋射主於容，升降揖遜不可失。’《七錄》云：“博士侍其生得十七篇。”

記百三十一篇

考證曰：“《隋志》云：‘河間獻王得仲尼弟子及後學者所記一百三十一篇獻之。’今逸篇之名可見者有《三正記》《別名記》《親屬記》《明堂記》《曾子記》《禮運記》《五帝記》《白虎通》。《王度記》《禮記注》、《禮記》《周禮》疏、《白虎通》、《後漢·輿服志》注。《王霸記》《夏官》注。《瑞命記》《文選注》《論衡》。《辨名記》《春秋疏》。《孔子三朝記》《史記》《漢書》注。《月令記》《大學志》。蔡邕論。《雜記》正義云：‘案《別錄》，《王度記》云似齊宣王時淳于髡等所説也。’”

明堂陰陽三十三篇

《考證》曰：“隋牛弘曰：‘案劉向《別錄》及馬宮、蔡邕等所見，當時有《古文明堂禮》《王居明堂禮》《明堂圖》《明堂大圖》《明堂陰陽》《泰山通義》、魏文侯《孝經傳》等，並説古明堂之事。其書皆亡。’《唐會要》引《禮記·明堂陰陽錄》，牛弘亦引《明堂陰陽錄》。今《禮記·月令》於《別錄》中屬明堂陰陽記，故謂之《明堂月令》。《説文》引《明堂月令》。”

王史氏二十一篇

《考證》曰：“《隋志》：‘河間獻王得《記》一百三十一篇，劉向檢得一百三十篇，第而叙之。又得《明堂陰陽記》三十三篇、《孔子三朝記》七篇、《王氏史氏記》二十一篇、《樂記》二十三篇，凡五種合二百十四篇。'"

曲臺后倉九篇

晋灼曰："天子射宫也。西京無太學，於此行禮也。"《刊誤補遺》曰："太學興于元朔三年。按《儒林傳》'詔太常議，予博士弟子。[1] 太常請因舊官而興焉，爲博士官置弟子員'是也。先是董仲舒對策'願興太學以養天下之士'，史謂立學校之官，自仲舒發之，故《武紀》以是列之贊語，《宣紀》以是載於議尊號詔文，是太學興於武帝時明甚。賈誼曰：'學者，所學之官也。'韓延壽修治學官，注謂'庠序之舍'。文翁修起學官，招學官弟子，注謂'學之官舍'。然則《儒林傳》所云'興舊官及博士官'，非太學而何？下文'郡國縣官有好文學者，與計偕'，故《文翁傳》云：'武帝時，令天下郡國皆立學校官。'烏有天下皆立學，而天子之都乃反無太學之理？[2]《紀》於元朔五年書'丞相弘請爲博士置弟子員'，按太常議本文'爲博士'下有'官'字，《紀》脱之耳。《通鑑》知其誤，故《武紀》書曰'博士官'，蓋取《儒林傳》文足之也。且史載何武等習歌詩太學下，博士弟子王咸舉幡太學下，執謂西京無太學也哉？王尊事師郡文學官，此郡文學之官舍如博士官也。師古曰：'郡有文學官，而尊事之以爲師。'豈忘前注？即'官'當讀作'館'。《易》'官有渝'，九家作'官'，蜀作'館'，古'官''館'通。"

《考證》曰："本傳'倉説《禮》數萬言，號曰《后氏曲臺記》'，授大、小戴。服虔曰：'在曲臺校書，著記，因以爲名。'《七略》曰：'宣皇帝時，行射禮，博士后倉爲之辭，至今記之，曰《曲臺記》。'初，《禮》唯有后。孝宣世，復立大、小戴《禮》。按《大戴·公符》篇載孝昭冠辭，蓋宣帝時《曲臺記》也。"

中庸説二篇

《考證》曰："孔子之孫子思伋作《中庸》。程氏曰：'《中庸》之書，是孔門傳授，成於子思，傳於孟子。'《白虎通》謂之《禮·中庸記》。《孔叢子》云：'子思年十六撰《中庸》之書四十九篇。'東萊吕氏曰：'未冠既非著書之時，而《中庸》之書亦不有

---

① "予"，原誤作"與"，據清《知不足齋叢書》本《兩漢刊誤補遺》改。
② "反"，原誤作"及"，據清《知不足齋叢書》本《兩漢刊誤補遺》改。

四十九篇也。此蓋戰國流傳之妄。’”

周官經六篇

《考證》曰：“河間獻王得《周官》。有李氏得而上於獻王，獨缺《冬官》，取《考工記》補之，合成六篇。《禮記疏》云：‘孝文時求得此書，不見《冬官》一篇，乃使博士作《考工記》補之。’謂孝文時，非也。”

軍禮司馬法百五十五篇

《考證》曰：“《周官·縣師》‘將有軍旅、會同、田役之戒，則受法于司馬，^①以作其衆庶’，小司馬‘掌事如大司馬之法’，司兵‘授兵，從司馬之法以頒之’，此古者《司馬法》，即周之政典也。《周禮疏》云：‘齊景公時，大夫穰苴作《司馬法》。至齊威王大夫等追論古法，又作《司馬法》附於穰苴。’太史公曰：‘自古王者而有《司馬法》，穰苴能申明之。’又曰：‘《司馬法》所從來尚矣，太公、孫、吳、王子王子成甫。能紹而明之。’《穰苴傳》曰：‘齊威王使大夫追論古者《司馬兵法》，而附穰苴於其中，因號曰《司馬穰苴兵法》。’太史公曰：“余讀《司馬兵法》，閎廓深遠，雖三代征伐未能竟其義，^②如其文也，亦少褒矣。若夫穰苴區區爲小國行師，何暇及《司馬兵法》之揖讓乎？”漢武帝詔引‘登車不式’，《周禮注》引‘鼓聲不過闒，鼙聲不過闒，鐸聲不過琅’‘上卜下謀，^③是謂參之’‘昏鼓四通爲大鼜’‘弓、矢，圍；殳、矛，守；戈、戟，助’。《疏》引‘十人之長執鉦，百人之師執鐸，千人之師執鼙，萬人之主執大鼓’。《左傳疏》服虔引《謀帥篇》曰：‘大前驅啓，乘車大晨，^④倅車屬焉。’又引‘五十乘爲兩，百二十乘爲伍，八十一乘爲

---

① “法”，原誤作“注”，據補編本《漢藝文志考證》、《十三經注疏》本《周禮注疏》改。

② “義”，原誤作“意”，據殿本《史記·司馬穰苴傳》改。

③ “上卜”，原誤作“土上”，據《十三經注疏》本《周禮注疏》、補編本《漢藝文志考證》改。

④ “車”，原誤作“卑”，據《十三經注疏》本《春秋左傳注疏》改。

專,二十九乘爲參,二十五乘爲偏'。《説文》引'騴衛斯興'①
'善者,忻民之善,閉民之惡'②'師多則人讀'。杜佑引'上謀
下鬭''圍其三面,開其一面'之類,然其文或不見今五篇中。
百五十五篇,今存五篇而已。李靖曰:"周《司馬法》本太史公者也。"按《周禮注》引
《軍禮》曰:"無干車,③無自後射。"豈即此書所載歟? 大宗伯所掌軍禮之別,有五。
《孔叢子》有《問軍禮》之篇。"

議奏三十八篇④

《考證》曰:"論石渠者,戴聖、韋玄成、聞人通漢。《隋志》:
'《石渠禮論》四卷,戴聖撰。'《後漢・禮儀》《輿服志》注、《王
制》疏、《詩疏》並引《石渠論》。《通典》引《石渠禮議》:甘露三
年三月,黃門侍郎臨奏:'《經》曰鄉射合樂,大射不,何也?'戴
聖曰:'鄉射合樂者,質也。大射,人君之禮,儀多,故不合樂
也。'聞人通漢曰:'鄉射合樂,所以和百姓也。大射不合樂
者,諸侯之禮也。'韋玄成曰:'鄉人本無樂,故合樂,所以和百
姓而同其意。諸侯當有樂,故不曰合樂。'時公卿以玄成議
是。梁丘臨爲黃門郎,奉使問諸儒於石渠。"

凡禮十三家

《考證》曰:"《六藝論》云:'傳《禮》者十三家,唯高堂生及五
傳弟子戴德、戴聖名在也。'熊氏曰:"高堂生、蕭奮、孟卿、后蒼及戴德、戴
聖爲五,此所傳皆《儀禮》也。"《文選注》:《七略》曰:'禮家先魯有桓
生,説經頗異。'"

禮經三百,威儀三千

說詳《禮樂志》。

---

① "斯"字原爲空格,據平津本《説文解字》、補編本《漢藝文志考證》改。
② "閉民"二字原爲空格,據平津本《説文解字》、補編本《漢藝文志考證》改。
③ "干",原誤作"千",據《十三經注疏》本《周禮注疏》、補編本《漢藝文志考證》改。
④ "議奏三十八篇",原誤作"奏議二十八篇",據殿本《漢書・藝文志》、補編本《漢
藝文志考證》改。

《禮古經》者，出於魯淹中

劉敞曰："讀當云'《禮古經》者，出於魯淹中及孔氏'，孔氏則安國所得壁中書也。"

學七十篇文相似，多三十九篇

劉敞曰："'學七十篇'，當作'與十七篇文相似'[①]。五十六卷除十七，正多三十九也。"

《考證》曰："朱文公曰：'《疏》云古文十七篇，與高堂生所傳相似，是唐初時《漢志》猶未誤也。'"

推士禮而致於天子之說

《考證》曰："朱文公曰：'《士禮》，特略舉首篇以名之，其曰推而致於天子者，蓋專指冠、昏、喪、祭而言，若燕、射、朝、聘，則士豈有是禮而可推耶？'又曰：'《儀禮》乃本經，而《禮記‧郊特牲》《冠義》等篇，[②]乃其義疏。'"

樂記二十三篇

《考證》曰："《禮記正義》云：'《樂記》者，記樂之義。此於《別錄》屬樂記。蓋十一篇合爲一篇，謂有《樂本》，有《樂論》，有《樂施》，有《樂言》，有《樂禮》，有《樂情》，有《樂化》，有《樂象》，有《賓牟賈》，有《師乙》，有《魏文侯》。今雖合此，略有分焉。劉向所校二十三篇，著於《別錄》。今《樂記》所斷取十一篇，餘有十二篇，其名猶在：《奏樂》第十二，《樂器》第十三，《樂作》第十四，《意始》第十五，《樂穆》第十六，《説律》第十七，《季札》第十八，《樂道》第十九，《樂義》第二十，《昭本》第二十一，《昭頌》第二十二，《竇公》第二十三。'《周禮‧樂師》注云：'《貍首》在《樂記》。'蔡邕《明堂論》引《樂記》曰：'武王

---

① "十七"，原誤倒爲"七十"，據殿本《漢書‧藝文志》乙正。

② "篇"字原脱，據補編本《漢藝文志考證》、明正德十六年劉瑞曹山刻本《儀禮經傳通解》補。

伐殷，爲俘馘于京太室。'沈約云："《樂記》取《公孫尼子》。"《史記正義》云："《樂記》，公孫尼子次撰。""

王禹記二十四篇

《考證》曰："記無所録。"

雅歌詩四篇①

《考證》曰："《文選注》：《七略》曰：'漢興，魯人虞公善雅歌，發聲盡動梁上塵。'《晉志》：'杜夔傳舊雅樂四曲，一曰《鹿鳴》，二曰《騶虞》，三曰《伐檀》，四曰《文王》，皆古聲辭。'此四篇，豈即四曲歟？當考。"

雅琴趙氏七篇　師氏八篇　龍氏九十九篇

《考證》曰："劉向《別録》：'雅琴之意，皆出龍德《諸琴雜事》中。宣帝元康、神爵間，丞相奏能鼓琴者，渤海趙定、梁國龍德，皆召入見温室，使鼓琴待詔。定爲人尚清靜，少言語，善鼓琴。② 時間燕爲散操。'向有《雅琴賦》，見《文選注》。沈約曰：'《別録》：《龍氏雅琴》百六篇。'劉昆能彈雅琴，知清角之操。《文選注》引《七略》"《雅暢》第十七"。"

自黄帝下至三代，樂各有名

《通典》曰："伏羲樂名《扶來》，亦曰《立本》。神農樂名《扶持》，亦曰《下謀》。黄帝作《咸池》，少皥作《大淵》，顓頊作《六莖》，帝嚳作《五英》，堯作《大章》，舜作《大韶》，禹作《大夏》，湯作《大濩》，③周武王作《大武》，周公作《勺》。《大司樂》：周所存六代之樂。黄帝《雲門》《大卷》，堯《大咸》，舜《大磬》，④禹《大夏》，湯《大濩》，武王《大武》。"

---

①　"歌"，原誤作"頌"，據殿本《漢書·藝文志》改。

②　"鼓"，原誤作"琴"，據宋紹興刻本《藝文類聚》、補編本《漢藝文志考證》改。

③　"濩"，原誤作"護"，據清乾隆十二年武英殿刻本《通典·樂》、補編本《漢藝文志考證》改。

④　"磬"，原誤作"磬"，據四庫本《漢藝文志考證》、清乾隆十二年武英殿刻本《通典·樂》改。

春秋古經十二篇

《考證》曰："《周禮·小宗伯》注：'古文《春秋經》公即位爲公即立。'疏云："《春秋古經》是此古文經所藏之書。文帝除挾書律，此本然後行於世。"《史記·吳世家》：'余讀《春秋》古文。'服虔注《左氏》云：'古文篆書，一簡八字。'"

經十一卷①　　公羊、②穀梁二家。

《考證》曰："《詩正義》：'漢初爲傳訓者，皆與經別行，三傳之文不與經連，故石經書《公羊傳》皆無經文。'"

左氏傳三十卷

《考證》曰："漢初，出張蒼之家。文帝時，賈誼爲訓詁，授趙人貫公。太史公《十二諸侯年表序》云：'孔子西觀周室，論史記舊聞，興於魯而次《春秋》。七十子之徒，口受其傳指，爲有所刺譏褒諱挹損之文辭，③不可以書見也。魯君子左丘明懼弟子人人異端，各安其意，失其真，故因孔子史記具論其語，成《左氏春秋》。'劉歆以爲左丘明好惡與聖人同，親見夫子，而公羊、穀梁在七十子後，傳聞之與親見，其詳略不同。建平中，歆欲立《左氏》，諸儒排之，謂《左氏》不傳《春秋》。沈氏云：'《嚴氏春秋》引《觀周篇》云：孔子將修《春秋》，與左丘明乘如周，觀書於周史，歸而修《春秋》之經。丘明爲之傳，共爲表裏。'"

公羊傳十一卷

《考證》曰："戴宏序云：'子夏傳與公羊高，高傳與子平，平傳與子地，地傳與子敢，敢傳與子壽。至漢景帝時，壽乃共弟子齊人胡母子都著於竹帛。'《儒林傳》：胡母生爲景帝博士，與

---

① "十一"，原誤作"十二"，據殿本《漢書·藝文志》改。
② "公"，原誤作"八"，據殿本《漢書·藝文志》改。
③ "刺"，原誤作"頼"，據殿本《史記·十二諸侯年表》、補編本《漢藝文志考證》改。

董仲舒同業,齊之言《春秋》者宗事之,公孫弘亦頗受焉。武帝因尊《公羊》家,何休自謂本胡母生條例。劉氏曰:'《公羊》異二傳者,大指有三:一曰據百二十國寶書而作;二曰張三世;三曰新周故宋,以《春秋》當新王。三者皆非也。'《隋志》:'《春秋公羊傳》十二卷,嚴彭祖撰。'荀崧謂《公羊》'辭義清俊,斷決明審'。晁氏曰:'既曰一家之傳,而特書子公羊子者,孰謂謂高歟?又載魯子、高子之辭,何耶?而又復有子沈子、子女子、子北宮子者,高之所子歟?抑平、地、敢、壽之所子歟?'石林葉氏曰:"公羊、穀梁受學於子夏,此出於讖緯之書所謂《説題辭》者,①其言不經見。""

穀梁傳十一卷

《考證》曰:"韋賢、夏侯勝言'穀梁子本魯學,公羊氏乃齊學也'。吳兢《書目》云:'秦孝公時人。'楊士勛《疏》云:'穀梁子名俶,字元始,魯人,一名赤。受經于子夏,爲經作傳,傳孫卿,卿傳魯人申公,申公傳博士江翁。其後魯人榮廣大善《穀梁》,又傳蔡千秋。漢宣帝好《穀梁》,擢千秋爲郎,由是行於世。'《隋志》:'梁有《春秋穀梁傳》十五卷,漢諫大夫尹更始撰。'劉歆曰:'孝宣立《穀梁》,後漢賈逵兼通五家《穀梁》之説。'"

鄒氏傳十一卷　　夾氏傳十一卷

《考證》曰:"《七録》云:'建武中,《鄒》《夾氏》皆絶。'王吉能爲《騶氏春秋》。《隋志》:'王莽之亂,《鄒氏》無師,《夾氏》亡。'范升奏曰:'《春秋》之家,又有騶、夾。'"

鐸氏微三篇

《考證》曰:"太史公曰:'鐸椒爲楚威王傳,②爲王不能盡觀

---

① "讖",原誤作"纖","題"原誤作"顯",皆據浙局本《玉海·藝文》、補編本《漢藝文志考證》改。

② "傳",原誤作"傅",據殿本《史記·十二諸侯年表》、補編本《漢藝文志考證》改。

《春秋》，采取成敗卒四十章爲《鐸氏微》。’劉向《別録》云：‘左丘明授曾申，申授吳起，起授其子期，期授楚人鐸椒，鐸椒作《抄撮》八卷，授虞卿。’《説苑》：魏武侯問‘元年’於吳子。吳子對曰：‘言國君必謹始也。’‘謹始奈何？’曰：‘正之。’‘正之奈何？’曰：‘明智。’吳起學《春秋》見於此。”

愚按：鐸椒所撰名《鐸氏微》者，春秋有微婉之辭故也。

虞氏微傳二篇

《考證》曰：“劉向《別録》云：‘虞卿作《抄撮》九卷，授荀卿，荀卿授張蒼。’”

公羊顏氏記十一篇

《考證》曰：“顏安樂事眭孟。《六藝論》云：‘治《公羊》者，胡母生、董仲舒、仲舒弟子嬴公、公弟子眭孟、孟弟子嚴彭祖及顏安樂。’彭祖爲嚴氏學，安樂爲顏氏學，[①]皆立博士。後漢張霸減定《嚴氏春秋》爲二十萬言。”

公羊董仲舒治獄十六篇

《考證》曰：“《隋志》：董仲舒《春秋決事》十卷。《唐志》：《春秋決獄》十卷。《七録》云：“《春秋斷獄》五卷。”應劭曰：‘仲舒居家，朝廷每有政議，遣廷尉張湯問其得失，於是作《春秋決獄》二百三十二事，動以經對。’[②]《論衡》曰：‘仲舒表《春秋》之義，稽合於律，無乖異者。’《太平御覽》載仲舒《決獄》二事，引《春秋》“許止進藥”“夫人歸於齊”。《通典》載仲舒斷疑獄，引“《春秋》之義，父爲子隱”。”

議奏三十九篇

《考證》曰：“《劉更生傳》：‘初立《穀梁春秋》，徵更生受《穀梁》，講論五經於石渠。’《禮記正義》引“議郎尹更始、待詔劉更生等議石渠”云。後漢陳元曰：“孝宣爲石渠論，而《穀梁氏》興。””

---

①　“學”字原脱，據補編本《漢藝文志考證》補。
②　“動”，原誤作“勤”，據殿本《漢書·董仲舒傳》、補編本《漢藝文志考證》改。

國語二十一篇

《考證》曰："《司馬遷傳贊》：'左丘明爲傳，又纂異同爲《國語》。'《史通》曰：'左丘明既爲《春秋内傳》，又稽逸文，纂別說，分周、魯、齊、晉、鄭、楚、吳、越八國事，起周穆王，終魯悼公，爲《外傳國語》。六經之流，三傳之亞也。'陸淳謂與《左傳》文體不倫，定非一人所爲。太史公曰：'左丘失明，厥有《國語》。'石林葉氏曰：'按《姓氏譜》，有左氏，有左丘氏，則豈一家之言乎？唐啖、趙之徒頗知之，然未有以傳其說。'宋氏曰：'自魏晉以後，書録所題皆曰《春秋外傳國語》，是則《左傳》爲内，《國語》爲外，二書相副，以成大業。'"

世本十五篇

《考證》曰："《周官·瞽矇》'世奠繫'。注謂："世之而定其繫，謂書於《世本》也。《國語》曰：'教之世，以怵懼其動。'"《小史》'定繫世，辨昭穆'。注謂"《帝繫》《世本》之屬"，天子曰《帝繫》，諸侯曰《世本》。《司馬遷傳贊》：'《世本》録黃帝以來至春秋時帝王、公侯、卿大夫祖世所出，司馬遷采《世本》。'劉向曰：'《世本》，古史官明於古事者所記，録黃帝以來帝王、諸侯及卿大夫系、諡、名、號，凡十五篇。'《隋志》：《世本王侯大夫譜》二卷，又《世本》二卷，劉向撰；又四卷，宋衷撰；又云：'漢初得《世本》，叙黃帝以來祖世所出。'《春秋正義》云：'今之《世本》，與司馬遷言不同，《世本》多誤，不足依憑。'顏之推曰：'《世本》，左丘明所書，此說出皇甫謐《帝王世紀》。而有燕王喜、漢高祖，非本文也。'項氏曰："古者立氏必告于太史氏。春秋之末，知果別族於太史爲輔氏。後世史職既廢，宗法又亡。"鄭氏曰："三代之前，姓、氏分而爲二，男子稱氏，婦人稱姓。三代之後，姓、氏合而爲一。'"

戰國策三十三篇

《考證》曰："劉向《校書録序》云：'中書本號，或曰《國策》，或曰《國事》，或曰《短長》，或曰《事語》，或曰《長書》，或曰《修書》。臣向以爲戰國時游士輔所用之國，爲之筴謀，宜爲《戰國策》。'邊通學短長，蒯通善爲長短説，主父偃學長短從橫術。《隋志》：三十四卷，劉向錄。《唐志》缺二卷。今世所傳三十三卷。《史通》曰：'其篇有東西二周、秦、齊、燕、楚、三晉、宋、衛、中山，合十二國，分爲三十二卷。謂之策者，蓋録而不序，即簡以爲名。'司馬遷采《戰國策》。姚氏校定，總四百八十餘條，太史公所采九十餘條，其事異者止五六條。"

奏事二十篇　秦時大臣奏事及刻石名山文也。

《考證》曰："七國未變古式，言事於王，皆稱'上書'。秦初改'書'曰'奏'。秦刻石者四：嶧山、琅邪臺、之罘、會稽。"

楚漢春秋九篇

《考證》曰："陸賈記項氏與漢高初起及惠文間事。《隋志》：九卷。《史通》云："晏子、虞卿、呂氏、陸賈，其書篇第，本無年月，而亦謂'春秋'。"《司馬遷傳贊》：'漢興，伐秦定天下，有《楚漢春秋》。'劉氏曰：'歷代國史，其流出於《春秋》。劉歆叙《七略》，王儉撰《七志》，《史記》以下皆附《春秋》。荀勖分四部，史記、舊事入丙部。阮孝緒《七録·記傳録》紀史傳，由是經與史分。'洪氏曰："陸賈書當時事，而所言多與史不合，顏師古屢辨之。若高祖之臣，別有絳灌、南宮侯張耳、淮陰舍人謝公。""

太史公百三十篇　十篇有録無書。

《考證》曰：東萊呂氏曰："以張晏所列亡篇之目校之《史記》，或其篇具在，或草具而未成，非皆無書也。其一曰《景紀》，此其篇具在者也，所載間有班書所無者。其二曰《武紀》，十篇唯此篇亡。衛宏《漢舊儀注》曰：'司馬遷作本紀，極言景帝之短及武帝之過，武帝怒而削去之。'衛宏與班固同時，是時兩紀俱亡。今《景紀》所以復出者，武帝特能毀其副在京師者耳，藏之名山固自有他本也。《武紀》終不見者，豈非指切尤甚，雖民間亦畏禍，而不敢藏乎？其三曰《漢興以來將相年表》，其書具在，但前闕叙。其四曰《禮書》，其叙具在。自'禮由人起'以下，則草具而未成者也。其五曰《樂書》，其叙具在。自'凡音之起'而下，則草具而未成者也。其六曰《律書》，其叙具在，自'《書》曰七正二十八舍'以下，則草具而未成者也。其七曰《三王世家》，其書雖亡，然叙傳云'三子之王，文辭可觀，作《三王世家》'，則其所載不過奏請及策書。或如《五宗世家》，其首略叙其所自出亦未可知也。贊乃真太史公語也。其八曰《傅靳蒯成列傳》，此其篇具在，而無刊缺者也，張晏乃謂褚先生所補。褚先生論著附見《史記》者甚多，試取一二條與此傳並觀之，則雅俗工拙自可了矣。其九曰《日者列傳》，自'余志而著之'以上，皆太史公本書。其十曰《龜策列傳》，其序具在，自'褚先生曰'以下，乃其所補耳。方班固時，東觀、蘭臺所藏十篇，雖有録無書，正如《古文尚書》，兩漢諸儒皆未嘗見，至江左始盛行，固不可以其晚出，遂疑以爲僞也。"

馮商所續太史公七篇

《張湯傳贊》："馮商稱張湯之先與留侯同祖。"《史通》云："《史記》所書，年止漢武，太初已後，闕而不録。其後，劉向、向子歆及諸好事者，若馮商、衛衡、揚雄、史岑、梁審、肆仁、晋馮、段肅、金丹、馮衍、韋融、蕭奮、劉恂等，相次撰續，迄于哀、平間，猶名《史記》。至建武中，司徒掾班彪以爲其言鄙俗，不足以踵前史。又雄、歆偏褒新室，誤後惑衆，不當垂之後代。於是採其舊事，傍貫異聞，作《後傳》六十五篇，其子固爲《漢書》。"

太古以來年紀二篇

李德林曰："史者，編年也，故魯號紀年。《墨子》又云'吾見百國春秋'。"《春秋緯》曰："開闢至獲麟二百七十六萬歲，分爲十紀，大率一紀二十七萬六千年。"艾軒林氏曰："伏羲氏元年辛巳，或以爲甲寅。陶唐氏元年戊辰，或以爲辛卯，或以爲甲辰。舜之年月以孟子、司馬遷之言求之，《虞書》似亦有不合者。①"

《六藝論》云："燧人至伏犧一百八十七代。"

漢著記百九十卷

《考證》曰："劉毅曰：'漢之舊典，世有注記。'荀悦《申鑒》曰：'先帝故事，有起居注，日用動静之節必書焉。②'《通典》曰：'漢武帝有《禁中起居注》，馬后撰《明帝起居注》，則漢起居似在宮中，爲女史之任。'谷永言災異，有'八世著記，久不塞除'之語。"

愚按：《律曆志》自高帝以至更始，皆有《著紀》，則"記"當作"紀"。

漢大年紀五篇

《考證》曰："《高祖》《文帝》《武帝紀》臣瓚注引《漢帝年紀》，蓋即此書。"

左史記言，③右史記事④

《左傳疏》曰："左是陽道，陽氣施生，故令之記動；右是陰道，陰氣安靜，故使之記言。《藝文志》稱'左史記言，右史記動'，誤耳。"

夾氏未有書

《考證》曰："《夾氏傳》十一卷，⑤有録無書。然則録存而書亡也。"

論語古二十一篇

《考證》曰："《家語後序》云：'孔安國爲《古文論語訓》二十一篇。'何晏序云：'《古論》唯博士孔安國爲之訓解，而世不傳。'《新論》云：'文異者四百餘字。'《正義》曰：'孔子舊宅壁中得

---

① "虞"，原誤作"漢"，據補編本《漢藝文志考證》改。
② "日用"，原誤作"曰注"，據清光緒四年刻《小萬卷樓叢書》本《申鑒》卷二改。
③ "史"，原誤作"氏"，據殿本《漢書·藝文志》改。
④ "右史"，原誤作"史氏"，據殿本《漢書·藝文志》改。
⑤ "傳"，原誤作"書"，據殿本《漢書·藝文志》、補編本《漢藝文志考證》改。

古文經傳，即謂《論語》《孝經》爲傳也。古文者，科斗書。蒼頡本體，周所用，以今所不識，故名古文。'《春秋正義》引'哀公問主於宰我'。案《古論語》及孔、鄭皆以爲'社主'①，張、包、周等並爲'廟主'。《釋文》云：'不知命，無以爲君子也。'《魯論》無此章，今從《古》。《説文》引'狐貉之厚''絝衣長，②短右袂'③'色孛如也''文質份份''不使勝食既''朝服，袉紳''弓苦善射''小人窮斯濫''謅曰：禱爾于上下神祇''友諞佞''以杖荷莜''有荷臾而過孔氏之門''鼛湯舟'，皆古文也。又引《論語》"跨予之足"④。"

齊二十二篇　多《問王》《知道》。如淳曰："多《問王》《知道》，皆篇名也。"愚按：如説衍"多"字。

《考證》曰："晁氏公武曰：'《齊論》有《問王》《知道》兩篇，詳其名，是必論内聖之道、外王之業，未必非夫子之最致意者。不知何説，而張禹獨遺之。禹身不知王鳳之邪正，其不知此固宜。然勢位足以軒輊一世，使斯文遂喪，惜哉！'何晏叙云：'鄭玄就《魯論》篇章，考之《齊》《古》爲之註。'艾軒林氏曰：'康成溺於章句，其竄定未必審也。許氏《説文》有所謂《逸論語》，是康成之説未行，而《論語》散逸，已有不傳者。'《説文》：《逸論語》曰："玉粲之瑟兮，其瓂猛也。如玉之瑩。"又曰："璠璵，魯之寶玉也。孔子曰：'美哉璠璵，遠而望之奐若也，近而眎之瑟若也。一則理勝，二則孚勝。"《初學記》亦謂《逸論語》之文。愚謂《問王》疑即《問玉》也，篆文相似。《季氏篇》，洪氏曰：'或以爲《齊論》。'《正義》曰：'《齊論》者，齊人所傳。'"

愚按：《儀禮・士相見》疏引《論語・鄉黨》云："孔子與君圖事于庭，圖事于堂。"《説文》"跢"字注："讀若《論語》跨予

---

① "社"，原誤作"杜"，據《十三經注疏》本《論語注疏》、補編本《漢藝文志考證》改。
② "絝"字原爲空格，據平津本《説文解字》、補編本《漢藝文志考證》改。
③ "袂"，原誤作"挟"，據平津本《説文解字》、補編本《漢藝文志考證》改。
④ "予"，原誤作"于"，據《十三經注疏》本《論語注疏》、補編本《漢藝文志考證》改。

之足"。

魯二十篇

《考證》曰："《釋文》曰：'鄭校周之本，以《齊》《古》讀正凡五十事。《皇覽》引《魯讀》六事。'《正義》曰：'《魯論》者，魯人所傳，即今所行篇次是也。'石經《論語》載盍、毛、包、周有無不同之説，①其文有增損者，其字亦有假借及用古者，有字異而訓不遠，若'置其杖''賈之哉'者。後漢傳有'遵五迸四'之文，《祝睦碑》云：'鄉黨逡逡。'《劉修碑》云：'鄉黨遜遜如也。'《古今人表》'卑湛''尾生高''尾生畮''厥黨童子''祝佗''革子成''荓肦'。《廣韻》引"子西彼哉"，彼義切。《集韻》引"捣爾，②捨瑟而作"。"

愚按：《祝睦碑》"有耻且恪"，《費鳳碑》"有耻且佫"。

魯安昌侯説二十一篇

《考證》曰："何晏序云：'張禹本受《魯論》，③兼講《齊》説，善者從之，號曰《張侯論》，爲世所貴。'本傳：'禹爲成帝師，以上好《論語》，難數對己問經，爲《論語章句》獻之。'鄭玄以《張侯論》爲本，參考《齊》《古》而爲之注。④"

孔子家語二十七卷

馬昭謂："今《家語》，王肅增加，非鄭玄所見。"肅私定以難玄。

孔子三朝七篇

《考證》曰："劉向《別録》云：'孔子見魯哀公問政，比三朝，退而爲此記，凡七篇，並入《大戴禮》。'《蜀志》：秦宓曰：'昔孔子三見哀公，言成七卷。'裴松之注：'案《中經簿》有《孔子三

---

① "有"字原脱，據《四部叢刊三編》影明萬曆刻本《隸釋》卷十四、補編本《漢藝文志考證》補。
② "捣"，原誤作"悗"，據清康熙四十五年曹寅揚州使院刊本《集韻》改。
③ "禹"，原誤作"禺"，據《十三經注疏》本《論語注疏》、補編本《漢藝文志考證》改。
④ "注"，原誤作"法"，據殿本《隋書·經籍志》、浙局本《玉海·藝文》改。

朝》八卷，一卷目録，餘者所謂七篇。'七篇，今考《大戴禮》：《千本》《四代》《虞戴德》《誥志》《小辨》《用兵》《少間》。《史記》《漢書》《文選注》所引謂之《三朝記》，《爾雅疏》張揖引《禮·三朝記》，皆此書也。"

孔子徒人圖法二卷

《考證》曰："太史公曰：'弟子籍出孔氏古文近是。'《史記·孔子世家》：'弟子蓋三千焉，身通六藝者七十二人。'《史記》'自子石以右三十五人，顯有年名，及受業聞見于書傳。其四十有二人，無年及不見書傳'，《索隱》云：[1]'《家語》此例唯有三十七人。《史記》所傳七十有七，《家語》所録七十有六。其公良孺、秦商、顔亥、叔仲會四人，《家語》有事迹，《史記》闕。然自公伯寮、秦冉、鄡單三人，《家語》不載，而別有琴牢、陳亢、縣亶亶，當此三人之數，皆互有也。如《文翁圖》所記，又有林放、蘧伯玉、申根、申棠，俱是後人以所見增益，今殆不可考。'後漢《王政碑》云："有羔羊之絜，無申棠之欲。"蓋"申根"一作"棠"。以根、棠爲二人，未詳。艾軒林氏曰："合《家語》《史記》二書，則爲七十有九人。"蘇氏《古史》曰："秦冉、顔何不載於《家語》，琴牢、陳亢不録於《史記》，二書不可偏廢。而琴張、陳亢又見於《論語》，故并録之，凡七十九人。"致堂胡氏曰："公伯寮非孔子弟子，特季氏之黨耳。"《通典》七十九人之外，有蘧伯玉、林放、申根，凡八十二人。"申根"即"申棠"也。《史記》作"申黨"，《家語》作"申繢"，而無"申根"。以一人爲二人，自唐開元始。《志》'七十子喪而大義乖'，顔師古曰：'七十子，謂弟子達者七十二人。舉其成數，故言七十。'《隋志》：'《論語孔子弟子目録》一卷，鄭玄撰。'"[2]

孝經古孔氏一篇　　二十二章。

《考證》曰："孔惠所藏與顔芝十八章大較相似，而析出三章。校今文分《庶人章》爲二，《曾子敢問章》爲三。又有《閨門》一章。不同者

---

① "索隱云"三字原在"史記自子石"前，按"自子石"一句爲《史記》正文，非《史記索隱》所云，據殿本《史記·仲尼弟子列傳》、浙局本《玉海·學校》調正。

② "陳亢……鄭玄撰"原脱，據補編本《漢藝文志考證》補。

四百餘字。司馬公曰：'古文排擯，不得列於學官。獨孔^①安國及馬融爲之傳。隋開皇中，秘書學士王孝逸於陳人處得之。劉炫爲之作《稽疑》一篇，將以興墜起廢，而時人已多譏笑之者。唐開元中，劉知幾以爲宜行孔廢鄭，諸儒爭難蜂起，卒行鄭學。'許沖上父《説文》云：'《古文孝經》，昭帝時魯國三老所獻，建武時議郎衛宏所校。'按，《志》云'孔氏壁中古文'，則與《尚書》同出也。蓋始出於武帝時，至昭帝時乃獻之。^②《隋志》云：'安國之本，亡於梁亂。儒者皆云劉炫自作之，非孔舊本。'《家語後序》：'安國爲《孝經傳》二篇。'今有經無傳，司馬公爲《指解》并音。桓譚《新論》曰："《古孝經》二十章，千八百七十二字。今異者四百餘字。^③""

孝經一篇　十八章。

《考證》曰："《隋志》：'河間顔芝所藏。漢初，芝子貞出之，凡十八章，千八百七十二字。劉向以顔本比古文，^④除其繁惑，以十八章爲定。'"

雜傳四篇

《考證》曰："蔡邕《明堂論》引魏文侯《孝經傳》，蓋《雜傳》之一也。^⑤"

爾雅二卷^⑥

《考證》曰："《禮・三朝記》：'公曰：寡人欲學小辯，以觀於政，其可乎？孔子曰：《爾雅》以觀於古，足以辨言矣。'《釋詁》

---

① 此條"孝經古孔氏一篇……獨孔"原脱，據補編本《漢藝文志考證》補，其中"考證曰"三字據本書體例及上下文意補。

② "帝"字原脱，據補編本《漢藝文志考證》補。

③ "四百餘字"，原誤作"四百篇"，據補編本《漢藝文志考證》改。

④ "劉向"，原誤作"劉歆"，據殿本《隋書・經籍志》、補編本《漢藝文志考證》改。

⑤ "傳"字原脱，據補編本《漢藝文志考證》補。

⑥ "二卷"，殿本《漢書・藝文志》、補編本《漢藝文志考證》皆作"三卷"。

一篇,蓋周公所作;舊説此書始於周公以教成王。《釋言》以下,或言仲尼所增,子夏所定,叔孫通所益,梁文所補。漢郭威謂《爾雅》周公所制,而有'張仲孝友'等語,疑之,以問揚雄。雄曰:'《記》有孔子教魯哀公學《爾雅》,《爾雅》之出遠矣。自古學者皆云周公作,當有所據。其後,孔子弟子游、夏之儔,又有所記,以解釋六藝,故有張仲孝友等語。'劉向謂'史佚教其子以《爾雅》'[1]。晁氏曰:"《爾雅》,小學之類,附《孝經》非是。"

小雅一篇

《考證》曰:"孔鮒撰,十三章,申衍詁訓,見《孔叢子》。李軌《解》一卷。"

宋祁曰:"'小'字下,邵本有'爾'字。"

古今字一卷

《考證》曰:"《春官》'外史掌達書名于四方',注:'古曰名,今曰字。'《秋官·大行人》'諭書名',注:'書之字也。'《聘禮·記》曰:'百名以上,書之於策;不滿百名,書之於方。'《説文叙》:'倉頡初作書,蓋依類象形,故謂之文。其後形聲相益,即謂之字。字者,言孳乳而浸多也。著於竹帛,謂之書。書者,如也。'"

弟子職一篇

《考證》曰:"《管子·雜篇》第五十九有《學則》《蚤作》《受業》《饌饋》《乃食》《灑掃》《執燭》《請衽》《退習》等章。朱文公曰:'竊疑是作内政時,士之子常爲士,因作此以教之。'"

説三篇

《考證》曰:"《周禮注》引《孝經説》,蓋緯書,[2]非是之謂也。"

史籀十五篇

《考證》曰:"《説文叙》曰:'宣王太史籀著大篆十五篇,與古

---

[1]　"以"字原脱,據補編本《漢藝文志考證》補。

[2]　"緯"下原衍一"言"字,據補編本《漢藝文志考證》删。

文或異。'艾軒林氏曰：'大篆出於史籀，戰國以來俱用之。許氏微得其舊體。'唐玄度曰：'秦焚《詩》《書》，惟《易》與《史篇》得全。王莽之亂，此篇亡失。建武中，獲九篇。章帝時，王育為作解説，所不通者十有二三。晉世，此篇廢。今略傳字體而已。'今按《説文》引王育説。翟氏曰：'史籀變倉頡之法，作大篆，總天下字，一以會意。書法之壞自籀始。'衛恒曰：'或與古同，或與古異，世謂之籀書。'元帝善史書。應劭曰："史籀所作大篆。"①安帝年十歲，好學史書。《漢官儀》：'能通《蒼頡》《史籀篇》，補蘭臺令史，滿歲為尚書郎。'歐陽公指石鼓為籀書，以前乎籀書，則古文科斗也。嚴延年善史書，奏成於手中。貢禹亦言"郡國擇便巧史書者，以為右職"。《王尊傳》"司隸遣假佐"，蘇林謂"取內郡善史書佐給諸府"。《志》云："尚書御史、史書令史。"則外之郡國、內之諸府，皆有史書吏，以備劾奏也。"

八體六技

《考證》曰："《説文叙》：'秦書有八體：大篆、小篆、刻符、蟲書、摹印、署書、殳書、隸書。漢興，有草書。尉律：學僮十七已上始試，諷籀書九千字，乃得為吏，又以八體試之，郡移太史，并課最者以為尚書史。書或不正，輒舉劾之。及亡新居攝，使大司空甄豐等校文書之部，頗改定古文。時有六書：古文、奇字、篆書、佐書、繆篆、鳥蟲書。'佐書即隸也。《尚書正義》亦云'秦有八體，②亡新六書'，去大篆、刻符、殳書、署書，加古文、奇字。《志》謂：'漢興，蕭何草律，亦著其法。曰：太史試學童，能諷書九千字以上，乃得為史。又以六體試之。六體者，古文、奇字、篆書、隸書、繆篆、蟲書。'律即尉律，廷尉治獄之律也。六體乃新莽之制。漢興，尉律所試者，八體也。

---

① "所"字原脱，據補編本《漢藝文志考證》補。
② "秦"上原衍一"有"字，據補編本《漢藝文志考證》删。

當從《説文叙》。所謂'六技'者,疑即亡新六書。蕭子良《古今篆隸文體》云:'殳書,伯氏之職也。古者文既記笏,武亦書殳。'《墨藪》:'秦始皇以祈禱名山,作刻符書,用題印璽。蕭何作署書,題蒼龍、白虎二闕。'"

蒼頡一篇

《考證》曰:《説文叙》:"七國文字異形。秦初兼天下,丞相李斯乃奏同之,罷其不與秦文合者。斯作《蒼頡篇》,中車府令趙高作《爰歷篇》,太史令胡母敬作《博學篇》,皆取《史籀》大篆。或頗省改,所謂小篆者也。"初有隸書,以趨約易,而古文由此絶矣。《考工記》注引《蒼頡篇》有"鞄鬵""柯欘"。顔之推曰:"《蒼頡篇》,李斯所造,而云'漢兼天下,海内并廁。豨黥韓覆,畔討滅殘',非本文也。"羅氏曰:"其篇雖名祖《蒼頡》,而實異《史籀》。"龜山楊氏曰:"圖、書之文,天實兆之,非人私智所能爲也。秦人以吏爲師,嚴是古之禁,盡滅先王之籍。漢興,去秦未遠也。科斗書,世已無能知者,況數千載之後乎?揚子曰:'言,心聲也;書,心畫也。'世傳小篆,蓋李斯、趙高之徒以反古逆亂之心爲之,其淵原可知矣。"《揚子》:"或欲學《蒼頡》《史篇》。曰:'史乎史乎,愈於妄闕也。'"《張湯傳》:"爰書訊鞫論報。"劉仲馮曰:"趙高作《爰歷》,獄吏用之。"

愚按:《經典釋文》《毛詩》引蒼頡《解詁》。

凡將一篇

《考證》曰:"《文選・蜀都賦》注引司馬相如《凡將篇》曰:'黄潤纖美宜制禪。'《藝文類聚》引《凡將篇》曰:'鐘磬竽笙筑坎侯。'《唐志》猶有此書,今闕。《説文》引相如説。"

愚按:《説文》引司馬相如説凡十一處:[1]"营或从弓"[2]"淩从

---

[1]　"十一",原作"十二",按《説文》引司馬相如説凡十一處,據實際數量改。

[2]　"弓",原誤作"营",據平津本《説文解字》改。

遴”“茵从革”[①]“淮南宋蔡舞嗙喻也”“鷃，从鳥，安聲”“赧从赤”“藁，一莖六穗”[②]“虡，封豕之屬。一曰虎两足舉”[③]“蠁从向”“蠕从复”“軨或从霝”。

急就一篇

《考證》曰：“《隋》《唐志》謂之《急就章》。顔師古叙曰：‘司馬相如作《凡將篇》，史游景慕，擬而廣之。元、成之間，列於秘府。凡三十二章。’晁氏曰：‘雜記姓名、諸物、五官等字，以教童蒙。急就者，謂字之難知者，緩急可就而求焉。’元帝善史書，游爲此篇，皆稍近古。傳稱游“勤心納忠，有所補益”[④]，豈此類耶？”

訓纂一篇

《考證》曰：“《揚雄傳》：‘史篇莫大於《倉頡》，作《訓纂》。’《説文叙》：‘孝宣時，召通《倉頡》讀者，《志》云：“徵齊人能正讀者。”張敞從受之。涼州刺史杜業、沛人爰禮、講學大夫秦近亦能言之。孝平時，徵禮等百餘人，令説文字未央廷中，以禮爲小學元士。黄門侍郎揚雄采以作《訓纂篇》。’《隋志》：‘《三蒼》三卷，李斯作《倉頡篇》，江式曰：“《倉頡》《爰歷》《博學》，後人分五十五章，爲上卷。”按，此即《志》所謂“閭里書師”合三篇者。揚雄作《訓纂篇》，江式曰：“元壽中作，爲中卷。”後漢郎中賈魴作《滂喜篇》，江式曰：“永元中，賈叔郎接記，爲下卷。”故曰《三蒼》。’徐氏曰：‘賈魴以《三蒼》之書皆爲隸字，隸字始廣，而篆籀轉微。’《説文繫傳》以《蒼頡》《爰歷》《博學》爲《三蒼》。”

愚按：《説文》引揚雄説凡十二處：[⑤]“廾，从两手”[⑥]“鳥腊也。

① “革”，原誤作“鞃”，據平津本《説文解字》改。
② “藁一莖六穗”亦爲《説文》引司馬相如説，據平津本《説文解字》補。
③ “舉”字原脱，據平津本《説文解字》補。
④ “補”，原誤作“稱”，據補編本《漢藝文志考證》改。
⑤ “十二”，原作“九”，按《説文》引揚雄説凡十二處，據實際數量改。
⑥ “廾从两手”亦爲《説文》引揚雄説，據平津本《説文解字》補。

从肉，無聲”①“龕从弇”“舜从足、蹭”②“古理官決罪，三日得其宜乃行之。从晶从宜。亡新以爲疊从三日太盛，改爲三田”“人面頯”③“擘，握也”“拜，从兩手下”“鉼，蒲器”“《漢律》祠宗廟丹書告”“匰鼀，蟲名”“輻車輪斡”。

杜林蒼頡訓纂一篇

《考證》曰：“《杜鄴傳》：‘初，鄴從張吉學。吉子竦從鄴學問，尤長小學。鄴子林，正文字過於鄴、竦，故世言小學者由杜公。’《隋志》：‘梁有《倉頡》二卷，杜林注。’”

愚按：《説文》引杜林説凡十七處：④“董，蓲根”“芰从多”“藍，艸芽藍貌”“構，橢桷字”“舁，以爲麒麟字”“專，貶損之貶”“朱，亦朱木字”“狂从心”⑤“从水，胃聲”⑥“耿，光也”“媿，醜也”“妌，加教於女也”“卜者黨相詐驗爲婪”“鉼，竹筥”“匰鼀，朝旦”“輻車輪斡”“車軸耑也，从車，象形”⑦“巳實也，象形”⑧“酏爲鬻清”⑨。

教之六書，謂象形、象事、象意、象聲、轉注、假借，造字之本也。

《考證》曰：“《韓非子》曰：‘倉頡之作書也，自環者謂之私，背私謂之公。’一云：‘自營爲厶，背厶爲公。’象事、《周禮注》云“處事”，《説文序》云“指事”。象意、《周禮注》《説文序》云“會意”。象聲。《周禮注》云“諧聲”，《説文序》云“形聲”，《周禮疏》云：“書有六體，形聲實多。”夾漈鄭氏曰：‘書契

---

① “烏臘也从肉無聲”亦爲《説文》引揚雄説，據平津本《説文解字》補。
② “蹭”，平津本《説文解字》作“春”。
③ “人面頯”亦爲《説文》引揚雄説，據平津本《説文解字》補。
④ “十七”，原作“十六”，按《説文》引杜林説凡十七處，據實際數量改。
⑤ “狂从心”亦爲《説文》引杜林説，據平津本《説文解字》補。
⑥ “从水胃聲”亦爲《説文》引杜林説，據平津本《説文解字》補。
⑦ “車軸耑也从車象形”亦爲《説文》引杜林説，據平津本《説文解字》補。
⑧ 按，此條爲《説文》引賈逵説，當删。
⑨ 按，此條爲《説文》引賈逵説，當删。

之本，見於文字。獨體爲文，合體爲字。文有子、^①母，主類爲
母，從類爲子。文字之本，出於六書：象形、指事，文也；會
意、諧聲、轉注，字也；假借者，文與字也。'《古三墳》：'伏羲
氏始畫八卦，命臣飛龍氏造六書。'《説文》引孔子曰'一貫三
爲王''推十合一爲士''桼之爲言，續也''黍可爲酒，禾入水
也''烏，盱呼也''貉之爲言惡也''牛、羊之字，以形舉也''凡
在人下，故詰屈''狗，叩也''視犬之字，如畫狗也'。未詳所
出。然似非孔子之言，或緯書所載也？^②"

太史試學童，能諷書九千字以上，乃得爲史。

《考證》曰："羅氏曰：'古來用字約少，板策所書，多者纔百名
以上。今漢代試爲史者，一童所記至九千字，烏覩古所謂正
哉！'劉攽云："'馬'字缺畫，而石建懼死，雖云性謹，亦時重文也。"龜山楊氏
曰：'先王之時，書必同文，故建官以達之，所以一道德之歸，
立民信也。漢初猶有課試之科、舉劾之令，以同天下之習。'"

以爲尚書、御史、史書令史

《刊誤》曰："史與書令史二名，今有書令史。"《補遺》曰："史
書，大篆也，太史籀所作。以《志》考之，蓋太史課試，善史書
者，以補史書令史，而分隸尚書及御史也。按尚書、御史皆在
禁中，受公卿奏事，故下文云'吏民上書，字或不正，輒舉劾'，
則所謂史書令史者，正以其通知六體書，故以補此吏員耳。
《百官表》於尚書、御史不載令史，而《後書》有之，曰'尚書六
曹'，有令史三人，主書；御史中丞有蘭臺令史，掌奏。則所謂
'史書令史'，即主書及掌奏者是已。故《通典》引《漢官儀》

---

①　"文"字原脱，據清乾隆十二年武英殿刻本《通志・序》、補編本《漢藝文志考
證》補。

②　"緯"，原誤作"辯"，據清《連筠簃叢書》本《説文解字義證》卷二、補編本《漢藝
志考證》改。

云：'能通《倉頡》《史籀篇》，補蘭臺令史，滿歲爲尚書郎。'蓋
當時奏牘皆當用史書。《嚴延年傳》：'稱其善史書，所欲誅
殺，奏成於手中。'《貢禹傳》^①亦言'郡國擇便巧史書者，以爲
右職'。又《王尊傳》'司隸遣假佐'，蘇林謂'取内郡善史書佐
給諸府'。則外之郡國，内之諸府，皆有史書吏以備剡奏也。
令史專以史書爲職，恐不可爲二名。"

是時始建隸書矣

宋祁曰："'建'當作'造'。"

將作大匠李長《元尚篇》

宋祁曰："'李長'下當有'作'字。"

臣復續揚雄作十三章

《考證》曰："《隋》《唐志》：班固《太甲篇》《在昔篇》各一卷。"

五者，蓋五常之道，相須而備

《考證》曰："《白虎通》曰：'經，常也。有五常之道，故曰五
經。《樂》仁，《書》義，《禮》禮，《易》智，《詩》信也。'與此不同。
西山真氏曰：'六經於五常之道，無不包者，今以五常分屬於
六藝，是《樂》有仁而無義，《詩》有義而無仁也，可乎哉！'"

晏子八篇

《考證》曰："《隋》《唐志》：《晏子春秋》七卷。著其行事及諫
諍之言。《崇文總目》：十二卷。或以爲後人采嬰行事爲書，^②
故卷頗多於前志。柳宗元謂：'墨子之徒有齊人者爲之。^③墨
好儉，晏子以儉名於世，故墨子之徒尊著其事，以增高爲己術
者。且其旨多尚同、兼愛、非樂、節用、非厚葬久喪、非儒、明

---

① "傳"字原脱，據清《知不足齋叢書》本《兩漢刊誤補遺》補。
② "采"，原誤作"來"，據補編本《漢藝文志考證》改。
③ "子"字原脱，據宋咸淳廖氏世彩堂刻本(以下簡稱"廖刻本")《河東集》卷四、補
編本《漢藝文志考證》補。

鬼，皆出墨子。其言問棗及古冶子等，尤怪誕。又往往言墨子聞其道而稱之，此甚顯白者。後之録諸子書者，[①]宜列之墨家。非晏子爲墨也，爲是書者，墨之道也。'薛氏曰：'讀《孔叢子‧詰墨》，怪其於《墨子》無見，皆《晏子春秋》語也。迺知宗元之辨，有自而起。'"

子思二十三篇

《考證》曰："《隋》《唐志》：《子思子》七卷。沈約謂《禮記‧中庸》《表記》《坊記》《緇衣》皆取《子思子》。《文選注》引《子思子》'民以君爲心，君以民爲體'，又引《詩》云：'昔吾有先正，其言明且清，國家以寧，都邑以成。[②]'《初學記》引'東户季子之時，道上雁行而不拾遺，耕粔餘糧，宿諸畝首'。今有一卷，乃取諸《孔叢子》，非本書也。"

曾子十八篇

《考證》曰："《隋》《唐志》：二卷。參與弟子公明儀、樂正子春、單居離、曾元、曾華之徒論述立身孝行之要、天地萬物之理。今十篇，自《修身》至《天圓》，皆見於《大戴禮》。於篇第爲四十九至五十八。蓋後人摭出爲二卷。朱文公曰：'世傳《曾子》書，乃獨取《大戴禮》之十篇以充之，其言語氣象，視《論》《孟》《檀弓》等篇所載，相去遠甚。'晁氏曰：'視漢亡八篇矣。'"

漆彫子十二篇

《考證》曰："《韓非子》曰：'孔子之後，儒分爲八。有子張氏、子思氏、顏氏、孟氏、漆彫氏、仲良氏、公孫氏、樂正氏之儒。'"

---

①　"者"字原脱，據宋咸淳廖刻本《河東集》卷四、補編本《漢藝文志考證》補。

②　"都"，原誤作"者"，據清嘉慶胡克家重刻宋淳熙本（以下簡稱"胡刻本"）《文選》卷二十四、補編本《漢藝文志考證》改。

世子二十一篇

《考證》曰："王充《論衡·本性篇》：'周人世碩以爲人性有善有惡。舉人之善性養而致之，則善長；惡性養而致之，則惡長。如此則性各有陰陽，善惡在所養焉。故世子作《養書》一篇。宓子賤、漆雕開、公孫尼子之徒亦論性情，與世子相出入，皆言性有善有惡。'"

李克七篇

《考證》曰："《韓詩外傳》《説苑》：魏文侯問李克。《文選·魏都賦》注引《李克書》。"

公孫尼子二十八篇

《考證》曰："《隋》《唐志》：一卷，似孔子弟子。沈約謂《樂記》取《公孫尼子》。劉瓛曰：'《緇衣》，公孫尼子所作也。'馬總《意林》引之。"

孟子十一篇

《考證》曰："趙岐《題辭》：'著書七篇。又有《外書》四篇：《性善辯》《文説》《孝經》《爲正》。其文不能弘深，不與内篇相似。'《志》云十一篇，并《外書》也。《外書》今不傳。《論衡》云：'孟子作《性善》之篇，以爲人性皆善，及其不善，物亂之也。謂人生於天地，皆稟善性。長大與物交接，放縱悖亂，不善日以生矣。'《法言》引《孟子》曰：'夫有意而不至者有矣，未有無意而至者也。'《説苑》《太平御覽》引'人皆知以食愈飢，莫知以學愈愚''人皆知糞其田，而莫知糞其心'。《顔氏家訓》引'圖景失形'①。劉知幾《史通》引'堯、舜不勝其美，桀、紂不勝其惡'。李善注《文選》引'太山之高，參天入雲'。《史記·六國表》注：皇甫謐曰：'孟子稱禹生石紐，西夷人也。'

---

① "失"，原誤作"物"，據補編本《漢藝文志考證》改。

《漢·伍被傳》引'孟子曰：紂貴爲天子，死曾不如匹夫，是紂先自絕久矣，非死之日，天去之也'。《藝文類聚》引'滕文公葬及惠子諫'。《坊記注》引'舜年五十而不失其孺子之心'。皆《外書》也。《説文》引《孟子》'去齊，滰淅而行''源源而來''孝子之心，不若是恝''二女婐'。晁氏曰：'按，此書韓愈以爲弟子所會集，非軻自作。今考於軻之書，則知愈之言非妄發也。其書載孟子所見諸侯，皆稱諡，如齊宣王、梁惠王、梁襄王、滕定公、滕文公、魯平公是也。夫死然後有諡。軻著書時，所見諸侯不應皆死。且惠王元年至平公之卒，凡七十七年。孟子見惠王，王目之曰叟，必已老矣，決不見平公之卒也。故予以愈言爲然。'《傅子》云字子輿，①《廣韻》云字子居。唐林謹思云："七篇非軻自著，乃弟子共記其言。"與韓愈之説同。"

孫卿子三十三篇　當云三十二篇。

《考證》曰："劉向校讎書録序云：'所校讎中《孫卿書》凡三百三十三篇，以相校，除復重二百九十篇，定著三十二篇，皆以定殺青簡書，可繕寫。'《勸學》至《賦篇》。楊倞分易卷第，更名《荀子》。韓文公曰：'荀卿之書，語聖人必曰孔子、子弓。子弓之事業不傳，惟《太史公書·弟子傳》有駏臂子弓。子弓受《易》於商瞿。'《論語釋文》引王弼注：'朱張，字子弓，荀卿以比孔子。'後山陳氏曰：'子弓者，②仲弓也。'唐氏曰：'向博極群書，序卿事大抵本司馬遷，於遷書有三不合：春申君死，當齊王建二十八年，距宣王八十七年。向言卿以宣王時來游學，春申君死而卿廢。設以宣王末年游齊，年已百三十七矣。遷書記孟子以惠王三十五年至梁，當齊宣王七年。惠王以叟稱

---

①　"傅"，原誤作"傳"，據補編本《漢藝文志考證》改。
②　"者"字原脱，據《適園叢書》本《後山先生集》卷十七、補編本《漢藝文志考證》補。

孟子，計亦五十餘。後二十三年，子之亂燕，孟子在齊。若卿
來以宣王時，不得如向言後孟子百餘歲。田忌薦孫臏爲軍
師，敗魏桂陵，[①]當齊威王二十六年，距趙孝成王七十八年。
臨武君與卿議兵於王前，向以爲孫臏。倞以敗魏馬陵疑年，
馬陵去桂陵又十三年矣。'"

芉子十八篇　名嬰，齊人。

《考證》曰："《史記》'阿之吁子'，《索隱》：'吁音芉，《別錄》作
芉子。'徐廣云：'阿者，今之東阿。'《正義》曰：'《藝文志》：
《吁子》十八篇。顏師古：音弭。按，是齊人，阿又屬齊，恐
顏誤。'"

内業十五篇

《考證》曰："按《管子》有《內業》篇，此書恐亦其類。"

周史六弢六篇　師古曰："即今之《六韜》。"

《考證》曰："《莊子》：女商曰：'從説之，則以《金板》《六弢》。'
《釋文》云："本又作'六韜'，謂文、武、虎、豹、龍、犬。"今《六韜》六卷六十篇。
《尚書正義》以爲'後人所作，非實事也'。《館閣書目》謂《周
史六弢》恐別是一書。《通鑑外紀》云："《志》在儒家，非兵書也。今《六韜》文
王、武王問太公兵戰之事，其言鄙俚煩雜，不類太公之語，蓋後人依託爲之。"唐氏
曰：'春秋以前，中國未有騎戰，計必起於戰國之時。今《六
韜》言騎戰最詳，決非太公所作。當出於孫、吳之後謀臣策士
之所託也。'"

寧越一篇

《考證》曰："《呂氏春秋》：寧越，中牟之鄙夫也。苦耕稼之
勞，謂其友曰：'何爲而可以免此苦也？'其友曰：'莫如學。
學三十歲，則可以達矣。'寧越曰：'請以十歲。人將休，吾將

---

①　"桂"，原誤作"馬"，據民國十三年刻《續金華叢書》本《悦齋文鈔補》、補編本《漢
藝文志考證》改。

不敢休；人將臥，吾將不敢臥。'十五歲而周威公師之。注："威
公，西周君也。"《志》注云："爲周威王師。"《説苑》引'周威公問於寧子：
取士有道乎'。《史記·秦始皇紀》：賈生曰：'六國之士，有
寧越。'《索隱》云：'趙人。'徐廣云：'一作經越。或自別有此
人，①不必寧越。'"

王孫子一篇

《考證》曰："《隋志》：梁有《王孫子》一卷。馬總《意林》引之。
《太平御覽》引'趙簡子獵於晉陽，撫轡而歎''楚莊王攻宋，將
軍子重諫'。《藝文類聚》引"衛靈公坐重華之臺"。"

董子一篇

《考證》曰："《隋志》：一卷。《論衡·福虛篇》：'儒家之徒董
無心，墨家之徒纏子，②相見講道。纏子稱墨家右鬼神，③是引
秦穆公有明德，上帝賜之九十年。④ 董子難以堯、舜不賜年，
桀、紂不夭死。近而秦繆、晉文言之：夫繆者，誤亂之名；文
者，德惠之表。有誤亂之行，天賜之年；有德惠之操，天奪其
命乎？按，繆公之霸，不過晉文；晉文之謚，⑤美於繆公。⑥ 天
不加晉文以命，獨賜繆公以年，是天報誤亂也。'《館閣書目》：
'一卷。與學墨者纏子辨上同、兼愛、上賢、明鬼之非，⑦纏子
屈焉。'"

---

① "自"，原誤作"者"，據殿本《史記·秦始皇本紀》、補編本《漢藝文志考證》改。
② "徒"，《四部叢刊》影明通津草堂本《論衡》卷六、清光緒三十三年刻本《墨子間
詁》卷八皆作"役"。
③ "稱墨家"三字原爲空格，據明萬曆二十年刻《漢魏叢書》本（以下簡稱"《漢魏叢
書》本"）《論衡》卷六、補編本《漢藝文志考證》改。
④ "賜之九十年"五字原爲空格，據《漢魏叢書》本《論衡》卷六改。
⑤ "謚"，原誤作"謐"，據《漢魏叢書》本《論衡》卷六、補編本《漢藝文志考證》改。
⑥ "於"上原衍一"美"字，據《漢魏叢書》本《論衡》卷六、補編本《漢藝文志考
證》删。
⑦ "之"，原誤作"神"，據浙局本《玉海·藝文》引《中興館閣書目》改。

徐子四十二篇

《考證》曰："《魏世家》：惠王三十年，使龐涓將，而令太子申爲上將軍。過外黃，外黃徐子謂太子曰：'臣有百戰百勝之術。'太子曰：'可得聞乎？'客曰：'固願效之。'曰：'太子自將攻齊，大勝并莒，則富不過有魏，貴不益爲王。若戰不勝齊，則萬世無魏矣。此臣之百戰百勝之術也。'太子曰：'諾。請必從公之言而還矣。'客曰：'太子雖欲還，不得矣。彼勸太子戰攻，欲啜汁者衆。太子雖欲還，恐不得矣。'太子因欲還，其御曰：'將出而還，與北同。'太子果與齊人戰，敗於馬陵。齊虜魏太子申，殺將軍涓，遂大破。劉向《別錄》曰："徐子，外黃人也。外黃時屬宋。""

魯仲連子十四篇

《考證》曰："《隋志》：五卷，錄一卷。《春秋正義》《文選注》《太平御覽》引之。《史記正義》引《魯連子》云：'齊辯士田巴，服徂丘，議稷下，毀五帝，罪三王，服五伯，離堅白，合同異，一日服千人。有徐劫者，其弟子曰魯仲連，年十二，號千里駒。往詣田巴，曰：臣聞堂上不糞，郊草不芸，白刃交前，不救流矢，急不暇緩也。今楚軍南陽，趙伐高唐，燕人十萬，聊城不去，國亡在旦夕，先生奈之何？若不能者，先生之言有似梟鳴，出城而人惡之，願先生勿復言。田巴曰：謹聞命矣。巴謂徐劫曰：先生乃飛兔也，豈直千里駒？巴終身不談。'"

虞氏春秋十五篇

《考證》曰："《十二諸侯年表序》：'趙孝成王時，其相虞卿上采《春秋》，下觀近世，亦著八篇，爲《虞氏春秋》。'本傳云：'著書上采《春秋》，下觀近世，曰《節義》《稱號》《揣摩》《政謀》，凡八篇，以刺譏國家得失。世傳之曰《虞氏春秋》。'《史記》《志》篇數不同，當考。"

《孔叢子》曰：“虞卿著書，名曰《春秋》。魏齊曰：‘子無然也。《春秋》，①孔聖所以名經也。今子之書，大抵談説而已，亦以爲名，何？’答曰：‘經者，取其事常也，可常則爲經矣。且不爲孔子，其無經乎？’齊問子順，子順曰：‘無傷也。魯之史記曰《春秋》，經因以爲名焉。又晏子之書亦曰《春秋》。吾聞泰山之上封禅者七十有二君，其見稱述，數不盈十，所謂貴賤不嫌同名也。’”

高祖傳十三篇

《考證》曰：“《魏相傳》：‘奏《明堂月令》曰：高皇帝所述書《天子所服》第八。《隋志》：梁有《漢高祖手詔》一卷。”

陸賈二十三篇

《考證》曰：“本傳：高帝曰：‘爲我著秦所以失天下，吾所以得之者，及古成敗之國。’賈凡著十二篇，②每奏一篇，未嘗不稱善，稱其書曰《新語》。太史公曰：‘余讀陸生《新語》十二篇，固當世之辯士。’《隋》《唐志》：二卷。今有《道基》《術事》《輔政》《無爲》《資賢》《至德》《懷慮》七篇。吳儔曰：③‘《輔政篇》曰：書不必起於仲尼之門。夫黜仲尼之書，則道不尊矣，烏能使高帝行儒術哉！’”

孝文傳十一篇

《考證》曰：“《史記·文帝紀》凡詔皆稱‘上曰’，以其出於帝之實意也。”

賈誼五十八篇

《考證》曰：“本傳：‘凡所著述五十八篇。’今《新書》十卷，事

---

① “魏齊曰子無然也春秋”九字原脱，據《四部叢刊》影明翻宋本《孔叢子》卷五補。
② “賈”字原脱，據殿本《漢書·陸賈傳》、補編本《漢藝文志考證》補。
③ “儔”，原誤作“壽”，據補編本《漢藝文志考證》改。

勢、連語、①雜事凡五十八篇,或取《漢書·誼傳》附于後。②《唐志》云《賈子》。③ 書本七十二篇,劉向刪定。昭帝始元五年,詔曰:'通《保傅傳》。'文穎以爲賈誼作,今在《大戴禮》第四十八篇。考之《新書》,蓋以《保傅》《傅職》《胎教》《容經》四篇合爲一。朱文公曰:'其言教太子,輔少主之道,與誼本傳疏語同。當時以列於《論語》《孝經》《尚書》而進於君,蓋已有識其言之要者矣。'"

孔臧十篇

《考證》曰:"《孔叢·連叢子》云:'臧歷位九卿,遷御史大夫。辭曰:世以經學爲家,乞爲太常,與安國紀綱古訓。遂拜太常,禮賜如三公。著書十篇。先時嘗爲賦二十四篇,四篇別不在集,④似其幼時之作也。又爲書與從弟及戒子,皆有義。'朱文公曰:"《孔叢子》叙事至東漢,然詞氣卑近,亦非東漢人作。所書孔臧'禮賜如三公'等事,皆無其實,⑤而《通鑑》誤信之。所載臧兄弟往還書疏,正類《西京雜記》偽造漢人文章。""

《容齋三筆》曰:⑥"《孔叢子》一書,《漢·藝文志》不載,蓋劉向父子所未見。但於儒家有太常蓼侯《孔臧》十篇,今此書之末,⑦有《連叢子》上下二卷,云孔臧著書十篇,疑即是已。然所謂《叢子》者,本陳涉博士孔鮒子魚所論集,凡二十一篇,爲六卷。"

---

① "連"字原爲空格,據補編本《漢藝文志考證》改。

② "或取漢書誼傳附于後"九字原脱,據補編本《漢藝文志考證》補。

③ "唐志",補編本《漢藝文志考證》作"隋志"。

④ "四",原誤作"曰",據《四部叢刊》影明翻宋本《孔叢子》、補編本《漢藝文志考證》改。

⑤ "其"字原脱,據《四部叢刊》影明嘉靖刻本《晦庵集》卷五十四、補編本《漢藝文志考證》補。

⑥ "齋",原誤作"齊",據明崇禎三年馬元調刻本(以下簡稱"崇禎本")《容齋隨筆·三筆》改。

⑦ "末",原誤作"未",據崇禎本《容齋隨筆·三筆》改。

河間獻王對上下三雍宮三篇

《考證》曰：“本傳：‘武帝時，獻王來朝，獻雅樂，對三雍宮，及詔策所問三十餘事。其對推道術而言，得事之中，文約指明。’後漢張純案河間《古辟雍記》具奏之。《説苑》引獻王之言。司馬公曰：‘獻王得《周官》《左氏春秋》《毛氏詩》而立之。《周禮》者，周公之大典；毛氏言《詩》最密；《左氏》與《春秋》相表裏。三者不出，六藝不明。微獻王，則六藝其遂暗乎！故其功烈，至今賴之。’”

董仲舒百二十三篇

《考證》曰：“本傳：‘仲舒所著，皆明經術之意，及上疏條教，凡百二十三篇。而説《春秋》事得失，《間舉》《玉杯》《蕃露》《清明》《竹林》之屬，復數十篇，十餘萬言。’後漢明德馬后‘尤善董仲舒書’，注云：‘《玉杯》《蕃露》《清明》《竹林》之屬。’《七録》、《隋》《唐志》：《春秋繁露》十七卷。今八十二篇，始《楚莊王》，終《天道施》，三篇闕。又即用‘玉杯’‘竹林’題篇，疑後人附著。《館閣書目》：案《逸周書·王會》‘天子南面立，絀無繁露’，注云：‘繁露，①冕之所垂，有聯貫之象。’《春秋》屬辭比事，仲舒立名，或取諸此。集一卷，《士不遇賦》《答制策》《詣公孫弘記室》。② 其見於傳注者，有《救日食祝》《止雨書》《雨雹對》。”

公孫弘十篇

愚按：《西京雜記》：“公孫弘著《公孫子》，言刑名事，亦謂字直百金。”

鹽鐵論六十篇

《考證》曰：“《車千秋傳贊》：‘鹽鐵議者，起始元中，六年二月。

---

① “注云繁露”四字原脱，據補編本《漢藝文志考證》、清乾隆嘉慶間刻《抱經堂叢書》本《逸周書》卷七補。

② “詣”，原誤作“諸”，據補編本《漢藝文志考證》改。

徵文學賢良,問以治亂,皆對願罷郡國鹽鐵酒榷、均輸,務本
抑末,毋與天下爭利,然後教化可興。御史大夫弘羊以爲此
迺所以安邊竟、制四夷,國家大業,不可廢也。當時相詰難,
頗有其議文。至宣帝時,汝南桓寬次公,治《公羊春秋》,舉爲
郎,至廬江太守丞。博通善屬文,推衍鹽鐵之議,增廣條目,
極其論難,著數萬言。亦欲以究治亂,成一家之法焉。'今十
卷,《本論》第一至《雜論》第六十。"

劉向所序　新序

《考證》曰:"本傳'采傳記行事者《新序》《説苑》,凡五十篇,奏
之',《隋志》'《新序》三十卷、《説苑》二十卷'是也。曾鞏校定
十卷,《雜事》至《善謀》。陽朔元年二月癸卯上,總一百八十三章。二十
卷缺。《史記・商君傳》注引《新序論》。《索隱》曰:"《新序》是劉歆所撰。"蓋誤以
向爲歆。"

説苑

《考證》曰:"向校中書《説苑雜事》,分別次序,除去與《新序》
復重者,以類相從,凡二十篇,《君道》至《反質》七百八十四
章。鴻嘉四年三月己亥上。《崇文總目》'存者五篇',曾鞏復得十五
篇,與舊爲二十篇。李德芻云:'闕《反質》一卷。鞏分《修文》
爲上、下,以足二十卷。後高麗進一卷,遂足。'"

世説

《考證》曰:"未詳。本傳:'著《疾讒》[①]《摘要》《救危》及《世
頌》,凡八篇。依歸古事,悼己及同類也。'今其書不傳。"

列女傳頌圖

《考證》曰:"本傳:'向采取《詩》《書》所載賢妃正婦,興國規
條可法則及孽嬖亂亡者,序次爲《列女傳》,凡八篇,以戒天

---

①　"讒",補編本《漢藝文志考證》同,殿本《漢書・楚元王傳》、四庫本《漢藝文志考
證》皆作"譏"。

子。'《傳》七篇，《頌義》一篇。曾鞏序曰：'《隋書》及《崇文總目》皆十五篇，①曹大家注。以《頌義》考之，蓋大家所注，離其七篇爲十四，與《頌義》凡十五篇，②而益以陳嬰母及東漢以來凡十六事，非向書本然也。蘇頌以《頌義》篇次復定其書爲八篇。《隋書》以《頌義》爲劉歆作。今驗《頌義》之文，蓋向自叙。③又《藝文志》有《頌圖》，明非歆作也。'王回序曰：'有《母儀》《賢明》《仁智》《貞慎》《節義》《辯通》《孽嬖》等篇，而各頌其義，圖其狀，④總爲卒篇。傳如《太史公記》，頌如《詩》之四言，而圖爲屏風。頌云："畫之屏風。"劉向《七略別録》曰："臣向與黃門侍郎歆所校《列女傳》，種類相從，爲七篇，以著禍福榮辱之效、是非得失之分，畫之於屏風四堵。"以頌考之，每篇皆十五傳。則凡無頌者，宜皆非向所奏書，不特自陳嬰母爲斷也。'自周郊婦至東漢梁嬺等，以時次之，別爲一篇。《隋志》又曰：'向作《列仙》《列士》《列女》之傳。'《列仙》《列士傳》不著録。"

揚雄所序　太玄十九

《考證》曰："本傳：'《玄》三方，九州，二十七部，八十一家，二百四十三表，七百二十九贊，分爲三卷，曰一、二、三，有《首》《衝》《錯》《測》《攡》《瑩》《數》《文》《捝》《圖》《告》十一篇，⑤皆以解剥玄體，離散其文。'《首》《贊》《測》各爲卷，范望散於注中。蕭該《音義》曰：'案《別録》，《告》下有《玄問》一篇，合十二篇，今脱

---

①　"書"，原誤作"唐"，據《文選樓叢書》本《古列女傳》曾鞏序、補編本《漢藝文志考證》改。

②　"凡"字原脱，據《文選樓叢書》本《古列女傳》曾鞏序、補編本《漢藝文志考證》補。

③　"向"，原誤作"同"，據《文選樓叢書》本《古列女傳》曾鞏序、補編本《漢藝文志考證》改。

④　"狀"字原脱，據《文選樓叢書》本《古列女傳》王回序、補編本《漢藝文志考證》補。

⑤　"告"下原衍一"二"字，據殿本《漢書·揚雄傳》、補編本《漢藝文志考證》刪。

一篇。'"

法言十三

《考證》曰:"本傳:'以爲傳莫大於《論語》,作《法言》。'"

樂四

《考證》曰:"未詳。雄有《琴清英》。"

箴二

《考證》曰:"本傳:①'箴莫善於《虞箴》,作《州箴》。'"

於道最爲高

《考證》曰:"唐氏曰:'此自謂尊儒,不知與九流並列,已不是。八家皆儒家之一偏一曲耳。②'淇水李氏曰:'儒者之術,教化仁義而已也。使儒者在人主左右,得以仁義教化爲天下之治,則所謂道家者,不過爲巖野居士;名、法家者,③不過爲賤有司;陰陽者,食于太史局;而從橫、雜、墨之流,或馳一傳,或效一官;農家者流,耕王田、奉國賦以樂天下之無事。彼得與儒者相抗而爲流哉?'"

---

① "本傳"二字原脱,據補編本《漢藝文志考證》補。

② "偏",原誤作"隅",據補編本《漢藝文志考證》改。

③ "者"字原脱,據宋刻配清影宋鈔本《宋文選》卷十八、補編本《漢藝文志考證》補。

漢書疏證卷十二

藝文志第十下

伊尹五十一篇

《考證》曰："《説苑・臣術》篇、《吕氏春秋》皆引伊尹對湯問。《周書・王會》有《伊尹朝獻・商書》。愚謂孟子稱伊尹曰：'天之生此民也，使先知覺後知，使先覺覺後覺也。予，天民之先覺者也。予將以斯道覺斯民也，非予覺之而誰也！'伊尹所謂道，豈老氏所謂道乎？《志》於兵權謀省《伊尹》《太公》而入道家，蓋戰國權謀之士著書而託之伊尹也。《湯誓序》曰：'伊尹相湯伐桀，①升自陑。'孔安國謂出其不意，豈知伊尹者哉？傳伊尹之言者，孟子一人而已。"

太公謀八十一篇　言七十一篇　兵八十五篇

《考證》曰："李靖曰：'《謀》，所謂陰謀，不可以言窮；《言》，不可以兵窮；《兵》，不可以財窮。此三門也。'《齊世家》：'後世之言兵及周之陰權，皆宗太公爲本謀。'《戰國策》蘇秦'得《太公陰符》之謀'。《隋志》有《太公陰謀》。《文選注》引《七略》：'太公《金版》《玉匱》雖近世之文，然多善者。'又引《太公金匱》。太史公序《齊世家》曰：'謬權於幽。'《正義》謂《六韜》《三略》《陰符七術》之屬。愚謂老氏曰：'將欲翕之，必固張之；將欲奪之，必固與之。'此陰謀之言也。范蠡用之以取吴，張良本之以滅項，而言兵者尚焉。此太史公入道家。然陰謀之術，申、商、韓非之所本也。文王之德之純，

---

① "伐"，原誤作"代"，據《十三經注疏》本《尚書正義》卷八、補編本《漢藝文志考證》改。

太公見而知之。《丹書》'敬義'之訓,武王得於師尚父。陰謀傾商之説,陋矣。"

愚按:《説苑·君道》篇:"武王問太公。"

辛甲二十九篇

《考證》曰:"劉向《別録》曰:'辛甲,故殷之臣,事紂,蓋七十五諫而不聽,去至周,①召公與語,賢之,告文王。文王親自迎之,以爲公卿。封長子。'《左氏傳》:'辛甲爲太史,命百官,官箴王闕。'"

鬻子二十二篇

《考證》曰:"太史公序《楚世家》曰:'重黎業之,吴回接之。殷之季世,粥子牒之。'劉向《別録》云:'鬻子名熊,封於楚。'劉勰曰:'鬻熊知道,而文王咨謀。諸子肇始,莫先於斯。'唐逢行珪注一卷,十四篇。《序》云:"卷軸不全,而其門可見。"賈誼《新書》引文王、武王、成王問粥子。《列子·天瑞》篇引粥熊曰:'運轉無已,天地密移,疇覺之哉。'《力命》篇引粥熊語文王曰:'自長非所增,自短非所損。'陸佃曰:"《列子》所稱,即南華'藏舟''髡鶴'之義也。今其書無之,則熊之嘉言要旨,亡者多矣。"又小説有《鬻子説》十九篇,後世所加。"

筦子八十六篇

《考證》曰:"劉向序:'所校讎中《筦子》書,大中大夫卜圭書、臣富參書、射聲校尉立書、太史書,凡中外書五百六十四,以校,除復重四百八十四篇,定著八十六篇。'太史公曰:'余讀《筦子·牧民》《山高》《乘馬》《輕重》《九府》,詳哉言之也。'《九府》書民間無有,《山高》一名《形勢》。今二十四卷,《牧民》至《輕重庚》。《傅子》曰:'《筦子書》過半是後之好事者所加,《輕重》

---

① "至",原誤作"之",據殿本《史記·周本紀》、補編本《漢藝文志考證》改。

篇尤鄙俗。'《文選》引江邃《文釋》云：'《筦子》曰：夫士懷耿介之心，不蔭惡木之枝。今檢《筦子》，近亡數篇，①恐是亡篇之內，而邃見之。'石林葉氏曰："其間頗多與《鬼谷子》相亂。筦子自序其事，亦泛濫不切。疑皆戰國策士相附益。"蘇氏《古史》謂："多申、韓之言，非筦子之正也。甚者以智欺其民，以術傾鄰國，②有不貲之寶、石璧菁茅之謀。使筦仲而信然，尚何以霸哉？""

老子

《考證》曰："《隋志》：'梁有漢長陵三老毋丘望之注《老子》二卷。'《志》不著錄。晁氏公武曰：'以周平王四十二年授關尹喜，凡五千七百四十有八言，八十一章，言道德之旨。其末云：使民復結繩而用之，蓋三皇之道也。'東萊呂氏曰：'孔子嘗問禮焉。今載於《曾子問》者，與五千言殊不類。蓋告孔子者，其所職；著於書者，自其所見也。'陸德明《序錄》云：'周敬王時西出關，爲關令尹喜說《道》《德》二篇，尚虛無、無爲。漢文帝時，河上公作《章句》四篇以授帝，言治身、治國之要。'《志》無河上公《章句》。鄭氏、傅氏、徐氏、劉向傳說，今皆亡。王禹玉曰："今資善堂所寫御本，獨無章名，章名疑非老氏之意。"薛氏曰：'古文《老子道德上下經》無八十一章之辨，今文有河上公注，分八十一章。《史記》：樂臣公本師河上丈人，教安期，再傳至於臣公，其弟子蓋公爲曹相國師，修黃帝、老子學。則丈人者，乃今所謂河上公也。自晉世已言其教漢文帝，敘述尤怪誕。'景迂晁氏曰：'常善救人，故無棄人；常善救物，故無棄物。獨得諸河上公，古本無有也，傅奕能辨之。'王弼題曰《道德經》，不析《道》《德》而上下之，猶近古歟？"

---

① "亡"，原誤作"仁"，據胡刻本《文選》卷二十八、補編本《漢藝文志考證》改。

② "傾"，原誤作"頃"，據宋刻元明遞修本《古史·管晏傳》、補編本《漢藝文志考證》改。

文子九篇

《考證》曰："今本十二篇。《道原》至《上禮》,李暹注。豈暹析之歟？其傳曰：'姓辛氏,葵丘濮上人,號曰計然,范蠡師事之。本受業於老子,文子録其遺言爲十二篇。'名研,文子其字也。《志》注謂'似依託',晁氏曰：'三代之書,經秦火之後幸而存者,錯亂參差。如《爾雅》,周公作,而有張仲孝友是也。'柳宗元以爲駁書,曹子建表引《文子》,李善注以爲計然。今其書一以老子爲宗,略無與范蠡謀議之事。《貨殖傳》注：'計然,其書則有《萬物録》,著五方所出,皆述之。事見《皇覽》及《晋中經簿》。'《唐志》農家'《范子計然》十五卷',注云：'范蠡問、計然答。'則與《文子》了不同。《北史·蕭大圜》曰：'陶朱成術於辛文。'"

蜎子十三篇 名淵,楚人。

《考證》曰："《史記》：'環淵,楚人,學黄老道德之術,著上下篇。'《廣韻》：'古有楚賢者環淵。'《索隱》《正義》皆無注釋。今按《文選》枚乘《七發》'便蜎、詹何之倫',注云：'《淮南子》：雖有鈎鍼芳餌,加以詹何、蜎蠉之數,猶不能與罔罟爭得也；宋玉與登徒子偕受釣於玄淵。《七略》：蜎子名淵。三文雖殊,其人一也。'"

關尹子九篇

《考證》曰："劉向：'校中秘書九篇,太常存七篇,臣向本九篇。蓋公授曹相國參。相國薨,書葬。至孝武時,有方士來以七篇上,上以僊處之。淮南王安好道聚書,有此不出。臣向父德因治淮南王事得之。'永始二年八月庚子上。一《字》,二《柱》,三《極》,四《符》,五《鑑》,六《匕》,七《釜》,八《籌》,九《藥》。《列仙傳》云：'著書九篇,名《關令子》。'"

莊子五十二篇

《考證》曰："郭象注,三十三篇,《内篇》七、《外篇》十五、《雜篇》十一。陸德明《序録》云：'莊生宏才命世，辭趣華深，正言若反，故莫能暢其弘致。[1] 後人增足，漸失其真，故郭子玄云：一曲之才，妄竄奇説，若《閼奕》《意修》之首，《危言》《游鳧》《子胥》之篇，凡諸巧雜，十分有三。《藝文志》五十二篇，即司馬彪、孟氏所注是也。《内篇》七、《外篇》二十八、《雜篇》十四、解説三。言多詭誕，或似《山海經》，或類占夢書，故注者以意去取。其《内篇》衆家並同，自餘或有《外》而無《雜》。唯子玄所注，特會莊生之旨。'成玄英疏："莊周，字子休。"《文選注》《太平御覽》引《莊子・閼奕》《游鳧》之語。《荀子》曰：'莊子蔽於天而不知人。'朱文公曰：'莊子見道體，蓋自孟子之後，荀卿諸公皆不能及。'韓文公曰：'子夏之學，其後有田子方，子方之後，流而爲莊周。'故周之書喜稱子方之爲人。"

列子八篇

《考證》曰："劉向：'校中書《列子》五篇，與長社尉臣參校讎，[2]太常書三篇、太史書四篇、臣向書六篇、臣參書二篇，内外書凡二十篇，以校，除復重十二篇，定著八篇。《天瑞》至《説符》。《穆王》《湯問》二篇迂誕恢詭，非君子之言也。至於《力命》篇，一推分命；《楊子》之書，唯貴放逸。二義乖背，不似一家之書。'永始三年八月壬寅上。柳宗元曰：'劉向録《列子》曰鄭穆公時人，穆公在孔子前幾百歲，《列子》書言子產、鄧析。《史記》：鄭繻公二十四年，鄭殺其相駟子陽。子陽正與列子同時。是歲，魯穆公十年。不知向言魯穆公時，[3]遂誤爲鄭耶？

---

①　"暢"，原誤作"勝"，據《抱經堂叢書》本《經典釋文・序録》、補編本《漢藝文志考證》改。

②　"尉"字原脱，據補編本《漢藝文志考證》補。

③　"時"字原脱，據廖刻本《河東集》卷四、補編本《漢藝文志考證》補。

莊周放依其辭,其稱夏棘、①狙公、紀渻子、季咸等,皆出《列
子》。其文辭類《莊子》,而尤質厚。其《楊朱》《力命》,疑其楊
子書。其言魏牟、孔穿,皆出列子後,不可信。'或謂鄭"繡公"字誤
爲"繆公"。東萊吕氏曰:以《列子》所載'楊朱遇老子,老子中道
而歎'一章觀之,則朱受學於老子不疑。朱之言見於《列子》
者,固多後人所附益。'爲我'之説,亦略可見也。石林葉氏
曰:'《天瑞》《黄帝》篇與佛書相表裏。'吕氏曰:'《列子》多引
《黄帝書》,蓋古之微言,傳久而差者。《玄牝》一章,今見《老
子》。此戰國、秦、漢所以並言黄老也。'"

老成子十八篇

《考證》曰:"《列子》曰:'老成子學幻於尹文先生。'"

長盧子九篇

《考證》曰:"《史記》:'楚有尸子、長盧。'"

公子牟四篇

《考證》曰:"《荀子·非十二子》注:'魏牟,魏公子,封於中
山。'今《莊子》有'公子牟稱莊子之言,以折公孫龍',據即與
莊子同時也。又《列子》稱'公子牟解公孫龍之言'。龍,平原
君之客,而張湛以爲文侯子,據年代非也。《説苑》:'公子牟
東行,穰侯送之。'未知何者爲定。"

田子二十五篇

《考證》曰:"《吕氏春秋》曰:'老聃貴柔,孔子貴仁,墨翟貴
廉,關尹貴清,子列子貴虚,陳駢貴齊,陽朱貴己,孫臏貴勢,
王廖貴先,兒良貴後。'《尸子·廣澤》篇曰:'墨子貴兼,孔子
貴公,皇子貴衷,田子貴均,列子貴虚,料子貴別。'《史記·世
家》:'齊宣王喜文學游説之士,自如騶衍、淳于髡、田駢、接

---

①　"棘",原誤作"竦",據清乾隆十二年武英殿刻本《文獻通考·經籍考》、民國二
十年浙江省立圖書館排印《快閣師石山房叢書》本《漢書藝文志條理》改。

子、慎到、環淵之徒七十六人，皆賜列第爲上大夫，不治而議論。是以齊稷下學士復盛，且數百千人。[①]'劉向《別錄》曰：'稷，齊城門名。談説之士期會於稷門下，故曰稷下。'《鄭志》：張逸問云：'我先師棘下生，何時人？'答云：'齊田氏時，善學者所會處也，齊人號之棘下生，無常人也。'西山真氏曰：'莊生所述諸子：墨翟、禽滑釐，其一也；宋鈃、尹文，其二也；彭蒙、田駢、慎到，其三也；關尹、老聃，其四也；莊周，其五也；惠施，其六也。異端之盛，莫甚於此時。'陳駢即田駢也，《荀子·非十二子》與慎到並言。《七略》：'齊田駢好談論，故齊人爲語曰天口駢。'《荀子》注："其學本黃、老，歸名、法。""

老萊子十六篇

《考證》曰："《史記》：'老萊子，亦楚人也。著書十五篇，言道家之用。與孔子同時。'《大戴禮》云：'德恭而行信，終日言不在悔尤之内，貧而能樂，蓋老萊子之行也。'《文選注》引《尸子》：老萊子曰："人生於天地之間，寄也。"《戰國策》云：'不聞老萊子之教孔子事君乎？示之其齒之堅也，六十而盡，相靡也。'"

鶡冠子一篇

《考證》曰："今四卷，十五篇，《隋志》：三卷。《博選》至《學問》。柳宗元辨此書非古，謂好事者僞爲其書。而韓愈獨稱焉，謂其詞雜黃老、刑名。陸佃序曰："自《博選》篇至《武靈王問》凡十有九篇，而退之讀此云有六篇者，非全書也。"今四篇亡。《真隱傳》："以鶡爲冠，莫測其名，因服成號。""

黃帝四經四篇　黃帝銘六篇[②]

《考證》曰："《史記正義》：《黃帝道書》十卷。《隋志》：'漢時

---

① "且"，原誤作"具"，據殿本《史記·田完世家》、補編本《漢藝文志考證》改。
② "六"下原衍一"經"字，據殿本《漢書·藝文志》、浙局本《玉海·聖文》引《漢書·藝文志》删。

道書之流三十七家,大旨皆去健羨、處沖虚。其《黄帝》四篇、《老子》二篇,最得深旨。'黄帝、老子之書,謂之"黄老"。《列子》引《黄帝書》,《吕氏春秋》引黄帝言,又曰:"嘗得學黄帝之所以誨顓頊矣。"賈誼、《淮南子》引"黄帝曰"。朱文公曰:'黄帝聰明神聖,得之於天。天下之理,無不知;天下之事,無不能。上而天地陰陽造化發育之原,下而保神練氣愈疾引年之術,庶物萬事之理,巨細精粗,洞然於胸次,是以其言有及之者。而世之言此者,因自託焉,以信其説於後世。至戰國時,方術之士遂筆之書,以相傳授。如《列子》所引,與《素問》《握奇》之屬。蓋必有粗得遺言之彷彿者,如許行所道神農之言耳。《周官》外史所掌三皇五帝之書,恐不但若此而已。'東萊吕氏曰:'漢初,黄老世有傳授,觀《樂毅傳贊》可考。'《皇覽·記陰謀》:黄帝《金人器銘》:'武王問尚父曰:五帝之誡,可得聞歟? 尚父曰:黄帝之戒曰:吾之居民上也,摇摇恐夕不至朝,故爲金人,三封其口,曰古之慎言。'《金人銘》蓋六篇之一也,亦見《家語》。蔡邕《銘論》:'黄帝有巾机之法。'①《皇王大紀》曰:'黄帝作《輿几之箴》,以警宴安;作《金几之銘》,以戒逸欲。'《黄帝内傳》一卷,《序》云:'篯鏗得之於衡山石室中,至劉向校書見之,遂傳于世。'"

捷子二篇　齊人,武帝時説。

《考證》曰:"《史記》:'接子,齊人,與慎到、田駢同時,皆學黄老。'《正義》:《藝文志》云"《接子》二篇"。此云'武帝時説',當考。《三輔決録》有"接昕子"。"

鄭長者二篇

《考證》曰:"袁淑《真隱傳》:'鄭長者,隱德無名,著書一篇,言道家事,韓非稱之,世傳是長者之辭,因以爲名。'今按《韓非子·外儲説》:'鄭長者有言曰:夫虛静無爲而無見也。'"

---

　　① "巾",原誤作"中",據胡刻本《文選》卷五十六、補編本《漢藝文志考證》改。

道家者流

《考證》曰："致堂胡氏曰：'道以天下共由而得名。得道而盡，惟堯、舜、文王、孔子而已。黃帝之書無傳，老聃八十一篇，概之孔孟，固難以大成歸之。自其所見而立言，不可與天下共由也。獨善其身，不可與天下共由，而名之曰道，此漢以來淺儒之論，以啓後世枝流分裂之弊。'太史公習道，論六家要旨，言道家爲長。"

《易》之嗛嗛　師古曰："'嗛'字與'謙'同。"

劉奉世曰："'嗛'若與'謙'同，何爲作兩字？蓋《易》文辭有云'嗛嗛'者。"

《補遺》曰："按《易·謙卦》初六爻，《子夏傳》作'嗛嗛君子'。《商銘》曰：'嗛嗛之德，不足就也，不可以矜而祗取憂也；嗛嗛之食，不足狃也，不能爲膏而祗離咎也。'韋昭曰：'嗛嗛，猶小小也。'疑卦名與鳴謙、勞謙、撝謙皆當從'言'從'兼'，而初六嗛嗛，則當從'口'。字書：謙，敬也。'歉'，通作'嗛'，不足貌。則嗛嗛蓋自視欿然之意。《子夏傳》作'嗛嗛'，本止於初六一爻耳。今卦中它字盡作'謙'，則傳者失之。《商銘》作'嗛嗛'，而賈氏本作'謙'，此又因《易》誤文而遷就其說者也。意孟堅所見《易》本爲得其真。[1]《古文尚書》'滿招損，嗛得益'亦與今文不同。《國語》曰：'陷而入於恭，其滿之甚也。'韋昭注：'驕爲滿，恭爲嗛。'舊音嗛，口玷切，[2]又音謙。宋莒公謂《說文》作'歉，食不滿也'，作'謙'非。前輩於嗛、謙之辨嚴矣。"

鄒子四十九篇　鄒子終始五十六篇

《考證》曰："《史記》：'騶衍深觀陰陽消息而作怪迁之變，《終

---

① "易本"二字原脫，據清《知不足齋叢書》本《兩漢刊誤補遺》卷六補。

② "口"，原誤作"曰"，據清《知不足齋叢書》本《兩漢刊誤補遺》卷六改。

始《大聖》之篇十餘萬言,其語閎大不經。云云。燕昭王身親
往師之,作《主運》。'劉向《別録》云:①"《鄒子》書有《主運》篇。"《封禪書》
云:'自齊威、宣之時,騶子之徒論著終始五德之運。如淳曰:
"今其書有《五德始終》,五德各以所勝爲行。"及秦帝,而齊人奏之,故始皇
采用之。'又云:'騶衍以陰陽主運顯於諸侯。'如淳曰:"今其書有
《主運》,五行相次轉用事,隨方面爲服。"公孫臣上書曰:'推終始傳,則
漢當土德。'《鹽鐵論》及《論衡》並以衍言迁怪虚妄。東萊呂氏曰:'方騶
衍推五德之運,人視之,特陰陽末術耳,若無預於治亂之數
也。及至始皇始采用之,定爲水德,以爲水德之治,剛毅戾
深,事皆決於法,刻削毋仁恩和義,然後合五德之數。於是急
法,久者不赦,則其所繫豈小哉?'《周禮·司爟》注鄭司農引《鄒子》。"

南公三十一篇

《考證》曰:"《史記·項羽紀》:'楚南公曰:楚雖三户,亡秦必
楚也。'《正義》:'虞喜《志林》云:南公者,道士,識廢興之數,
知亡秦者必於楚。'徐廣曰:'楚人也,善言陰陽。'②《真隱傳》:
'居國南鄙,因以爲號,著書言陰陽事。'"

容成子十四篇

《考證》曰:"《吕氏春秋》'容成作曆'。《莊子·則陽》篇:'容
成氏曰:除日无歲,无内无外。'"

張蒼十六篇

《考證》曰:"本傳:'蒼尤邃律曆,著書十八篇,言陰陽律曆
事。'《志》篇數不同。"

鄒奭子十二篇

《考證》曰:"《七略》曰:'鄒奭子,齊人爲之語曰彫龍奭。奭
言鄒衍之術,文飾之若雕鏤龍文。'《史記》云:'頗采騶衍之術

---

① "別",原誤作"則",據殿本《史記·孟子荀卿列傳》、補編本《漢藝文志考證》改。
② "陰陽",原誤作"陰陰",據殿本《史記·項羽本紀》、補編本《漢藝文志考證》改。

以紀文。衍之術，迂大而閎辨，奭也文具難施。'"

五曹官制五篇

《考證》曰："《賈誼傳》：'誼以爲宜當改正朔，易服色制度，定官名，興禮樂。迺草具其儀法，色上黃，數用五，爲官名悉更，奏之。'"

于長　天下忠臣九篇

《困學紀聞》曰："愚謂《忠臣傳》當在《史記》之錄，而列於陰陽家，何也？《七略》，劉歆所爲，班固因之。歆，漢之賊臣，其抑忠臣也則宜。"

公孫渾邪十五篇

《考證》曰："《公孫賀傳》：'祖父昆邪，景帝時封平曲侯，著書十餘篇。'"

李子三十二篇

《考證》曰："《食貨志》：'李悝爲魏文侯作盡地力之教。'《晋·刑法志》：'魏文侯師李悝，[1]撰次諸國法，著《法經》。'《戰國策》：魏安陵君曰："吾先君成侯，受詔襄王以守此地也，手受大府之憲。憲之上篇曰：'子弒父、臣弒君，有常不赦。國雖大赦，降城、亡子不得與焉。'"張斐《律序》：'鄭鑄刑書，晋作執秩，趙制國律，楚造僕區，並述法律之名。申、韓之徒，各自立制。'《通鑑外紀》：'李悝爲上地守，下令曰：'人有狐疑之訟，令射的，中者勝，不中者負。'令下而人皆習射。及與秦人戰，大敗之。'"

商君二十九篇

《考證》曰："太史公曰：'嘗讀商君《開塞》《耕戰》書，與其人行事相類。'《正義》云：'《商君書》五卷。'《館閣書目》：'今是書具存，共二十六篇。'三篇亡。《後魏·刑罰志》：'商君以《法經》六篇入說於秦，設參夷之誅，連相坐之法。'"

---

① "侯"，原誤作"志"，據殿本《晋書·刑法志》改。

申子六篇

《考證》曰："《史記·申不害傳》：'申子之學,本於黃老而主刑名,著書二篇,號《申子》。'注：劉向《別錄》曰：'今民間所有上下二篇,中書六篇,皆合二篇,已備過太史公所記。'《元帝紀》注：劉向《別錄》云：'申子學號刑名。刑名者,以名責實,尊君卑臣,崇上抑下。宣帝好觀其《君臣篇》。'《唐志》：三卷。《崇文總目》《館閣書目》皆缺。《荀子》曰：'申子蔽於勢而不知知。'《韓非子》曰：'申不害徒術而無法,公孫鞅徒法而無術。'《淮南子》曰："商鞅之《啓塞》,①申子之《三符》。"《七略》曰："孝宣皇帝重申不害《君臣篇》,使黃門郎張子喬正其字。""

處子九篇

《考證》曰："《史記》'趙有劇子之言',注：徐廣曰：'按應劭《氏姓注》云處子。'《索隱》曰：'前史不記其名。'《風俗通》"漢有北海太守處興",蓋處子之後。《史記正義》"趙有劇孟、劇辛",是有劇姓。"

慎子四十二篇

《考證》曰："《史記》'慎到,趙人,著十二論',《正義》：'《慎子》十卷。戰國時處士。'《館閣書目》：一卷。案《漢志》四十二篇,今三十七篇亡,唯有《威德》《因循》《民雜》《德立》《君人》五篇,滕輔注。《荀子》曰："慎子蔽於法而不知賢。"又曰："慎子有見於後,無見於先。"《史記》注：徐廣曰："劉向所定有四十一篇。②"《荀子》注：'其術本黃老,歸刑名,多明不尚賢不使能之道。'《太平御覽》引《慎子》"昔者,天子手能衣,而宰夫設服；足能行,而相者導進；口能言,而行人稱辭""諺云：不聰不明,不能爲王。不瞽不聾,不能爲公",皆在亡篇。"

韓子五十五篇

《考證》曰："《史記·韓非傳》'喜刑名法術之學,而其歸本於

---

① "塞",原誤作"基",據明嘉靖九年王鑾刻本《淮南子》卷二十七改。
② "四十一",原誤作"四十三",據殿本《史記·孟子荀卿列傳》改。

黄老,作《孤憤》《五蠹》《内外儲》《説林》《説難》十餘萬言',
注:'《新序》曰:申子書號曰術,商鞅書號曰法,皆曰刑名.'
東萊吕氏曰:'太史公謂非喜刑名法術之學,則兼治之也.'
《索隱》:'按《韓子》書有《解老》《喻老》二篇,是亦崇黄老之學
也.'今本二十卷五十六篇.沙隨程氏曰:'非書有《存韓篇》,
故李斯言非終爲韓不爲秦也.後人誤以范睢書厠于其書之
間,乃有舉韓之論.《通鑑》謂非欲覆宗國,則非也.'韓安國受
《韓子》雜家説."

游棣子一篇①

《通志·氏族略》:"複姓游棣氏."《英賢傳》:"游棣子著書一
篇,言法家事."游棣即游棣。

鼂錯三十一篇

《考證》曰:"錯學申、商刑名於軹張恢生所,與洛陽宋孟及劉
禮同師.吕氏曰:'申、商之學,亦世有傳授.'《唐志》:《鼂氏
新書》七卷.《隋志》:梁有三卷.《文選·賓戲》注引《鼂錯新
書》.太史公曰:'賈生、鼂錯明申、商.'"

鄧析二篇

《考證》曰:"劉向序:'臣所校讎中《鄧析書》四篇,臣叙書一
篇,凡中外書五篇,以相校,除復重爲二篇.子産卒後二十年
而鄧析死,傳或稱子産誅鄧析,非也.其論無厚者,言之異
同,與公孫龍同類.'《隋志》:一卷.《無厚》《轉辭》二篇.《韓非子》曰:
"堅白、無厚之辭章,而憲令之法息."鼂氏曰:'析之學,蓋兼名、法家.
今其書大旨訐而刻,真其言也.其間時勦取他書,頗駮雜不
倫,豈後人附益之與?'《荀子·非十二子》與惠施並言.《左傳》
"鄭駟顓殺鄧析,而用其竹刑".《淮南鴻烈》曰:"鄧析巧辯而亂法.""

---

① 按,此條原在"尹文子一篇"條後,據殿本《漢書·藝文志》移置於此。

尹文子一篇

《考證》曰："《莊子·天下》篇云：'宋鈃、尹文，其爲人太多，其自爲太少。'魏黃初末，山陽仲長氏得其書，始詮次爲上、下二篇。李獻臣云："仲長氏，統也。"晁氏曰：'序稱當齊宣王時，居稷下，學於公孫龍，龍稱之。而《志》叙此書在龍書上。顏師古謂文嘗説齊宣王，在龍之前。《史記》云公孫龍客於平原君，君相趙惠文王。惠文王元年，齊宣没已四十餘歲矣。則知文非學於龍者也。今觀其書，雖專言刑名，然亦宗六藝，數稱仲尼，其叛道者蓋鮮。豈若龍之不宗賢聖，好怪妄言哉？'洪氏曰：'劉歆云其學本於黃老，今其文僅五千言，亦非純本黃老者，頗流而入於兼愛。'《隋志》：'二卷，周之處士，游齊稷下。'"

公孫龍子十四篇

《考證》曰：《史記》："趙有公孫龍，爲堅白同異之辯。"《志》："《毛公》九篇。趙人，與公孫龍等並游平原君趙勝家。"《索隱》謂龍即仲尼弟子，非也。《列子釋文》："龍字子秉，趙人。"莊子謂惠子曰："儒、墨、楊、秉四，與夫子爲五，果孰是邪？"楊，楊朱也。秉，公孫龍也。《晋太康地記》云："汝南西平縣有龍淵，水可用淬刀劍，特堅利，故有堅白之論，云：'黃，所以爲堅也；白，所以爲利也。'或辯之曰：'白，所以爲不堅；黃，所以爲不利。'"司馬彪曰："堅白謂堅石非石、白馬非馬也，異同謂使異者同、同者異。"《吕氏春秋》云："孔穿、公孫龍相與論於平原君所，深而辯，至於藏三牙。公孫龍言藏之三牙甚辯，[1]孔穿不應。少選，辭而出。明日，孔穿朝，平原君謂孔穿曰：'昔者公孫之言甚辯。'孔穿曰：'然，幾能令藏三牙矣。雖然，難。願得有問於君，謂藏三牙甚難

---

① "辯"，原誤作"難"，據《四部叢刊》影明刊本《吕氏春秋·審應覽》、補編本《漢藝文志考證》改。

而實非也，謂藏兩牙甚易而實是也。不知君將從易而是也者乎？將從難而非者乎？'平原君不應。明日，謂公孫龍曰：'公無與孔穿辯。①'"《淮南鴻烈》曰："公孫龍粲於辭而貿名。"《楊子》曰："公孫龍詭辭數萬。"東萊呂氏曰："告子'彼長而我長之，彼白而我白之'。斯言也，蓋堅白同異之祖。《孟子》累章辨析，歷舉玉、雪、羽、馬、人五白之説，借其矛而伐之，而其技窮。②"《唐志》：三卷。今一卷。

惠子一篇

《考證》曰："《莊子·天下》篇：'惠施多方，其書五車。其道舛駮，其言也不中。'《荀子》曰：'惠子蔽於辭而不知實。'《莊子·德充符》："天選子之形，子以堅白鳴。""

孔子曰："必也正名乎！"

《考證》曰："《尹文子》曰：'形以定名，名以定事，事以驗名。察其所以然，則形、名之與事，無所隱其理矣。名有三科，一曰命物之名，方、圓、白、黑是也；③二曰毁譽之名，善、惡、貴、賤是也；三曰況謂之名，賢、愚、愛、憎是也。'"

尹佚二篇

《考證》曰："《左傳》稱'史佚有言''史佚之志'。《晉語》：胥臣曰：'文王訪於辛、尹。'注：'辛甲、尹佚皆周太史。'《洛誥》'逸祝册'，《正義》以爲史佚。《淮南鴻烈》引'成王問政於尹佚'。《保傅傳》：'丞立於後，是史佚也。'《説苑》引'成王問政於尹逸'。尹佚，周史也，而爲墨家之首。今書亡，不可考。

---

① "辯"，原誤作"辨"，據《四部叢刊》影明刊本《吕氏春秋·審應覽》、補編本《漢藝文志考證》改。

② "其"字原脱，據民國十三年刻《續金華叢書》本《東萊集》、補編本《漢藝文志考證》補。

③ "黑"，原誤作"墨"，據清道光二十四年刻《守山閣叢書》本《尹文子》、補編本《漢藝文志考證》改。

按《呂氏春秋》‘魯惠公使宰讓請郊廟之禮於天子，天子使史角往，惠公止之。其後在於魯，墨子學焉’，意者史角之後託於佚歟？”

田俅子三篇

《考證》曰：“《文選注》《太平御覽》引之。《隋志》：梁有一卷。謂“少昊，鞠鞠毛人獻羽裘。赤熊集户，遺其丹書。夏禹，渠搜人獻珍裘。堯，蓂莢成曆，獬豸毛爲帳”。”

隨巢子六篇　胡非子三篇

《考證》曰：“《隋》《唐志》各一卷。洪氏曰：‘二書今不復存。馬總《意林》所述隨巢兼愛、明鬼，而墨之徒可知。胡非言勇有五等，其說亦卑陋無過人處。’《藝文類聚》引《隨巢子》曰：‘昔三苗大亂，天命夏禹於玄宮。有大神，人面鳥身，①降而福之。司禄益食而民不飢，司金益富而國家實，司命益年而民不夭，四方歸之。禹乃克三苗，而神民不違。’禹産於崑石，启生於石。《史記索隱》引《隨巢子》云：‘夷羊在牧，飛拾滿野。天鬼不顧，亦不賓滅。’《太平御覽》引‘昔三苗大亂，龍生於廟，犬哭於市’②‘天賜武王黄鳥之旗以代殷’。愚謂此即墨氏之‘明鬼’也。③”

墨子七十一篇

《考證》曰：“《館閣書目》：十五卷。自《親士》至《雜守》爲七十一篇，亡《節用》《節葬》《明鬼》《非樂》《非儒》等九篇。一本自《親士》至《雜守》爲七十一篇，所存六十一篇。且多訛脱，不相聯屬。又一本止存一十三篇。晁氏曰：“荀、孟皆非之，而韓愈獨謂辯生於末學，非二師之道本然也。”《韓

---

① “面”，原誤作“而”，據宋紹興刻本《藝文類聚》卷十、補編本《漢藝文志考證》改。
② “犬”，原誤作“大”，據《四部叢刊三編》影宋本《太平御覽》、四庫本《漢藝文志考證》改。
③ “即”字原爲空格，據補編本《漢藝文志考證》改。

非子》曰："有相里氏、相夫氏、鄧陵氏之墨。墨離爲三。"《荀子》曰："墨子有見於齊,①無見於畸。"又曰:"墨子蔽於用而不知文。"晋魯勝注《墨辯》,其叙曰:'墨子著書,作《辯經》以立名本。惠施、公孫龍祖述其學,以正刑名顯於世。《墨辯》有上、下經,經各有説,凡四篇。與其書衆篇連第,故獨存。'《史記》云:'墨翟,宋之大夫,善守禦,爲節用。或曰並孔子時,或曰在其後。'《索隱》曰:'按《別録》云:《墨子》書有文子。文子,子夏之弟子,問於墨子。如此則墨子在七十子之後。'《莊子・天下》篇云:'相里勤之弟子五侯之徒,南方之墨者苦獲、己齒、鄧陵子之屬,俱誦《墨經》,而倍譎不同,相謂別墨。'又云:'以巨子爲聖人,皆願爲之尸。'《吕氏春秋》:'墨者有鉅子腹・居秦。''墨者鉅子孟勝,善荆之陽城君。孟勝曰:我將屬鉅子於宋之田襄子。②'此即《莊子》所謂'巨子'也。"

蘇子三十二篇

《考證》曰:"《鬼谷子》三卷,樂壹注云:'蘇秦欲神秘其道,故假名鬼谷也。'《史記正義》:'《戰國策》云:乃發書,陳篋數十,得太公《陰符》之謀,伏而誦之,簡練以爲揣摩。'《鬼谷子》有《陰符七術》,有《揣》及《摩》二篇,乃蘇秦書明矣。東萊吕氏曰:'戰國游説之風,蘇秦、張儀、公孫衍實倡之。秦,周人也。儀與衍皆魏人也。故言權變辯智之士必曰三晋、兩周云。'《太平御覽》引《蘇子》曰:"天子坐九重之内,樹塞其門,旒以翳明,③衡以隱聽,鸞以抑馳。"《後漢・王符傳》注引《蘇子》曰:"人生一世,若朝露之宅於桐葉耳,其與幾何?"《御覽》又引"蘭以芳自燒,膏以肥自焫,翠以羽殃身,蚌以珠致破"。"

---

① "見",原誤作"有",據清《抱經堂叢書》本《荀子》卷十一、補編本《漢藝文志考證》改。

② "宋",原誤作"家",據《四部叢刊》影明刊本《吕氏春秋・離俗覽》、補編本《漢藝文志考證》改。

③ "旒",原誤作"旅",據《四部叢刊三編》影宋本《太平御覽》改。

闕子一篇

《考證》曰:"《太平御覽》引《闕子》云:'任公子冬羅鯉於山阿。'又云:'吳章、莊吉之調。'又云:'魯人有好釣者,以桂爲餌,黃金爲鈎,垂翡翠之綸。'《藝文類聚》引《闕子》云:'宋景公使弓工爲弓,九年來見,云云。其餘力逸勁,飲羽於石梁。'又云:[①]'宋之愚人,得燕石於梧臺之東,歸而藏之以爲寶。'"

蒯子五篇[②]

《考證》曰:"《蒯通傳》:'論戰國時說士權變,亦自序其說,凡八十一首,號曰《雋永》。'《史記》:'通善爲長短說,論戰國之權變爲八十一首。'"

主父偃二十八篇

《考證》曰:"《說苑》引主父偃曰:'人而無辭,安所用之? 昔子產修其辭而趙武致其敬,王孫滿明其言而楚莊以慙。'"

莊安一篇

《日知録》曰:"《漢書·五行志》'嚴公二十年',師古曰:'嚴公,謂莊公也,避明帝諱,改曰嚴。凡《漢書》載謚、姓爲嚴者,皆類此。'則是嚴姓本當作莊。今考《史記》有莊生、莊賈、莊豹、《樗里子傳》。莊舄、莊忌、莊助、莊青翟、莊熊羆、莊參、莊蹻、莊芷,《淮南王安傳》。而獨有嚴君疾、《樗里子傳》"秦封樗里子,號爲嚴君"。《正義》曰:"蓋封蜀郡嚴道縣,因號嚴君。疾,名也。"嚴仲子、嚴安。鄧伯羔謂安自姓嚴。胡身之《通鑑》"嚴延年",注曰:"此嚴非莊助之嚴,自是一姓。戰國時有濮陽嚴仲子。"然《漢書·藝文志》曰:'《主父偃》二十八篇,《徐樂》二篇,《莊安》一篇。'是安本姓莊,非嚴也。嚴君平亦姓莊,《揚子法言》'蜀莊沈冥'是也。嚴尤亦姓莊,《後漢書·

光武紀》注引桓譚《新論》曰：[①]‘莊尤字伯石，避明帝諱改之。’
又改莊周爲嚴周，《漢書·王貢兩龔鮑傳》‘老子、嚴周’，《叙
傳》‘貴老嚴之術’。改楚之莊生爲嚴先生，《古今人表》‘嚴先
生’，師古曰：‘即殺陶朱公兒者也。’王褒《洞簫賦》‘師襄、嚴
春不敢竄其巧’，李善注：‘《七略》有莊春言琴。’《王莽傳》有“癲嚴
春”，非此。《漢書》之稱‘莊安’，班氏所未及改也。《史記》之稱
‘嚴安’，後人所追改也。”

孔甲盤盂二十六篇

《考證》曰：“《田蚡傳》‘學《盤盂》諸書’，注：‘應劭曰：黄帝史
孔甲所作也。《文選注》：《七略》曰：“《盤盂書》者，其傳言孔甲爲之。孔甲，黄
帝之史也，書盤盂中爲誡法，或於鼎，名曰銘。”書盤盂中，所以爲法戒。孟
康曰：雜家書，兼儒、墨、名、法。’蔡邕《銘論》：‘黄帝有巾機
之法，孔甲有盤杅之誡。’梁簡文帝云：‘盤盂寓殷高之辭。’”

大禽三十七篇

宋祁曰：“禽，一作禽。”

《考證》曰：“《賈誼書·修政語》引《大禹》曰：‘民無食也，則
我弗能使也。功成而不利於民，我弗能勸也。’”

《容齋三筆》曰：“意必依仿而作之者，然亦周、漢間人所爲。”

尉繚二十九篇

《考證》曰：“兵形勢又有《尉繚》三十一篇。《隋志》：《尉繚
子》五卷。今二十四篇，《天官》至《兵令》，言刑政兵戰之事，
其文意有附會者。首篇稱梁惠王問，意者魏人與？《秦始皇紀》：
“大梁人尉繚來説秦王。”’”

尸子二十篇

《考證》曰：“《史記》‘楚有尸子’，注：劉向《別録》：‘楚有尸

---

① “桓”，原誤作“柏”，據補編本《漢藝文志考證》改。

子,疑謂其在蜀。今案《尸子》書,晋人也,名佼,秦相衛鞅客
也。衛鞅商君謀事畫計,立法理民,未嘗不與佼規也。商君
被刑,佼恐并誅,乃亡逃入蜀。造二十篇書,凡六萬餘言。'
《後漢書注》:'尸佼作書二十篇,内十九篇陳道德仁義之紀,
内一篇言九州險阻、水泉所起。'吕强上疏引《尸子》曰:"君如杆,民如
水。杆方則水方,杆圓則水圓。"《隋志》:'二十卷,其九篇亡,魏黄初
中續。'李淑《書目》存四卷。《館閣書目》止存二篇,合爲一卷。《爾雅疏》引
《廣澤》《仁意》《綽子》篇。《宋書·禮志》引'禹治水,爲喪
法'。《古今人表》注:"雒陶已下,皆舜之友也,並見《尸子》。"《穀梁傳》引
'《尸子》曰'。舞《夏》,自天子至諸侯,皆用八佾。"

吕氏春秋二十六篇

《考證》曰:"《史記》吕不韋'招致士,厚遇之,至食客三千人。
是時諸侯多辯士,如荀卿之徒,著書布天下。不韋乃使其客
人人著所聞,集論以爲八覽、六論、十二紀,二十餘萬言,以爲
備天地萬物古今之事,號曰《吕氏春秋》',《索隱》曰:'八覽
者,《有始》《孝行》《慎大》《先識》《審分》《審應》《離俗》《恃
君》;凡八十三篇。六論者,《開春》《慎行》《貴直》《不苟》《似順》
《士容》;[①]凡三十六篇。十二紀者,記十二月也。'有《孟春》等紀,凡六
十一篇。是書以月紀爲首,故以'春秋'名。高誘注。二十六卷。
《月令》本十二月紀之首章。東萊吕氏曰:'不韋《春秋》成於
始皇八年。按《吕氏春秋》:維秦八年,歲在涒灘,秋甲子朔,
朔之日,良人請問十二紀。此其書成之歲月也。'涒灘者,申也。
《通鑑》《皇極經世》"始皇八年,歲在壬戌",後《吕氏春秋》二年。不韋當時人,必不
誤。蓋後世算曆者之差也。不韋引'《夏書》曰:天子之德廣運,乃神
乃武乃文''《商書》曰:五世之廟,可以觀怪;萬夫之長,可以
生謀''仲虺有言曰:諸侯之德,能自爲取師者王,能自爲取友

---

① "開",原誤作"門",據殿本《史記·吕不韋列傳》、補編本《漢藝文志考證》改。

者存,其所擇而莫如己者亡'"《周書》曰:若臨深淵,若履薄冰'"舜自爲詩曰:普天之下,莫非王土。率土之濱,莫非王臣'。其舛異如此,豈一字不能增損乎?《司馬遷傳》云:"不韋遷蜀,世傳《吕覽》。'"

淮南内二十一篇

《考證》曰:"《淮南王安傳》:'招致賓客方術之士數千人,作爲《内書》二十一篇,[①]《外書》甚衆。又有《中篇》八卷,言神仙黄白之術,亦二十餘萬言。安入朝獻所作,《内篇》新出,上愛秘之。'《西京雜記》:'安著《鴻烈》二十一篇。鴻,大也;烈,明也。言大明禮教。自云:字中皆挾風霜。揚子雲以爲一出一人。[②]'安與蘇飛、李尚、左吴、田由、雷被、毛被、[③]伍被、晋昌八人及諸儒大山、小山之徒,共講論道德,總統仁義,而著此書。許慎注,標其首皆曰"間詁",自名注曰"記上"。"

《容齋續筆》曰:"壽春有八公山,正安所延致客之處。傳記不見姓名,而高誘叙以爲蘇飛、[④]李尚、左吴、田由、雷被、毛被、伍被、晋昌等八人,然唯左吴、雷被、伍被見於史。雷被者,蓋爲安所斥,而亡之長安上書者,疑不得爲賓客之賢也。"

淮南外三十三篇　師古曰:"《内篇》論道,《外篇》雜説。"

宋祁曰:"雜,邵本作新。"

伯象先生一篇

《考證》曰:"《新序》:[⑤]'公孫敖問伯象先生曰:今先生收天下

---

①　"爲",原誤作"也",據殿本《漢書·淮南王安傳》、補編本《漢藝文志考證》改。

②　"出"下"一"字原爲空格,據清刻《抱經堂叢書》本《西京雜記》、補編本《漢藝文志考證》改。

③　"毛被",原誤作"毛披",據明嘉靖九年王鑾刻本《淮南子序》、清乾隆五十六年刻《增訂漢魏叢書》本《淮南鴻烈解序》改。

④　"蘇飛",原誤作"穜飛",據崇禎本《容齋隨筆·續筆》改。

⑤　"序",原誤作"叙",據《四部叢刊三編》影宋本《太平御覽》卷八百十一、補編本《漢藝文志考證》改。

之術,博觀四方之事久矣,未能裨世主之治,明君臣之義。'"

荆軻論五篇

《考證》曰:"《文章緣起》:'司馬相如作《荆軻讚》。'《文心彫龍》:'相如屬詞,始讚荆軻。'"

神農二十篇

《考證》曰:"《孟子》:'有爲神農之言者許行。'《食貨志》鼂錯引神農之教曰:'有石城十仞、湯池百步、帶甲百萬,而亡粟,弗能守也。'《吕氏春秋》引神農之教曰:'士有當年而不耕者,則天下或受其飢矣;女有當年而不績者,則天下或受其寒矣。'《管子》引神農之教曰:'一穀不登,减一穀,穀之法十倍。'《氾勝之書》亦引'神農之教',《劉子》引'神農之法'。《淮南子》曰:'世俗之人,多尊古而賤今,故爲道者必託之於神農、黄帝而後入説。'"

野老十七篇

《考證》曰:"《真隱傳》:[①]'六國時人,游秦、楚間,年老隱居,著書言農家事,因以爲號。'"

尹都尉十四篇

宋祁曰:"尹,一作郡。"

《考證》曰:"劉向《别録》云:'《尹都尉書》有《種芥》《葵》《蓼》《韭》《葱》諸篇。'《北史》:蕭大圜云:"穫菽尋氾氏之書,露葵徵尹君之録。"《唐志》:《尹都尉書》三卷。"

氾勝之十八篇

《考證》曰:"皇甫謐云:'本姓凡氏,遭秦亂,避地於氾水,因改焉。勝之撰書,言種植之事。子輯,爲燉煌太守。'《隋》《唐》有《氾勝之書》二卷。《月令》注:'農書曰:土長冒橛,《國

---

① "隱",原誤作"愚",據《四部叢刊三編》影宋本《太平御覽》卷五百十、補編本《漢藝文志考證》改。

語注》引"春土冒橛"。陳根可拔,耕者急發。'《正義》云："先師以爲《氾勝之書》。"《周禮·草人》注'化之使美,若氾勝之術也',疏云:'漢時農書有數家,①《氾勝》爲上。'《後漢·劉般傳》注、《文選注》《藝文類聚》《初學記》《太平御覽》皆引之。②《晋·食貨志》"漢遣輕車使者氾勝之督三輔種麥,而關中遂穰"。"

愚按:《禮記正義》又云"劉洽氾閣",未審即是氾勝之否?

蔡癸一篇

《考證》曰:"《食貨志》:'宣帝時,蔡癸以好農,使勸郡國,至大官。'《太平御覽》:崔元始《正論》曰:'宣帝使蔡癸校民耕相,三犂共一牛,一人持之,卜種、挽摟皆取備焉,一日種頃田。'"

伊尹説二十七篇

《考證》曰:"《司馬相如傳》注:應劭曰:'《伊尹書》曰:箕山之東,青馬之所,有盧橘夏孰。'《吕氏春秋》:'伊尹説湯以至味。'"箕山之東,青馬之所,有甘櫨焉",即應劭所引。蓋戰國之士,謂伊尹以割烹要湯,故爲是説。孟子辨之詳矣。《史記·殷本紀》'伊尹從湯言素王及九主之事',注引劉向《別録》曰:'九主者,有法君、專君、授君、勞君、寄君、等君、破君、國君、三歲任君,凡九品,圖畫其形。'"

青史子五十七篇

《考證》曰:"《風俗通義》引《青史子書》。《大戴禮·保傅》篇:'青史氏之記曰:古者胎教。'《隋志》:梁有《青史子》一卷。

---

①　"書有數"三字原爲空格,據《十三經注疏》本《周禮注疏》、補編本《漢藝文志考證》改。

②　"藝文類聚"四字原爲空格,日本中文出版社1977年影印元至正重刊《玉海》附刻本《漢藝文志考證》"文選注"後有"藝文"二字,後缺。據至正本《玉海》卷一百七十八"漢氾勝之書"條所引書,知所缺是"類聚",因據改。中華書局2011年版《漢藝文志考證》作"《爾雅》、《釋文》"。

《文心雕龍》云："青史曲綴以街談。"①"

務成子十一篇

《考證》曰："《荀子》'舜學於務成昭',注:《尸子》曰:'務成昭
之教舜曰:避天下之逆,從天下之順,天下不足取也;避天下
之順,從天下之逆,天下不足失也。'"

宋子十八篇　　孫卿道宋子。

《考證》曰："《荀子》云'宋子有見於少無見於多',注:'宋鈃,
宋人也,與孟子同時。'《孟子》作"宋牼"。又云:'宋子蔽於欲而不
知得。'又引'子宋子曰:明見侮之不辱,使人不鬭',注:莊子説
宋子曰:"見侮不辱,救民之鬭。"宋子蓋尹文弟子。又云:'子宋子曰:人
之情欲寡,而皆以己之情欲爲多,是過也。'"

天乙三篇

《考證》曰："《賈誼書·修政語》引湯曰。云云。《史記·殷本
紀》:湯曰:'予有言,人視水見形,視民知治不。'"

虞初周説九百四十三篇　　此條語意未了脱數行。

《考證》曰："《郊祀志》:'丁夫人、雒陽虞初等以方祠詛匈奴、
大宛焉。'"

右小説十五家,千三百八十篇

劉奉世曰："又少十篇。"

孔子曰:"雖小道,必有可觀者焉。"

《考證》曰："按《論語》子夏曰,云云。非孔子之言。蔡邕曰:
'小能小善,雖有可觀,孔子以爲致遠則泥。'蓋因此志之誤。"

相反而皆相成也

《考證》曰："致堂胡氏曰:'夫仁以親親,義以尊尊,施之雖有
等衰,發端則非異道。故事父孝,則忠可移,求忠臣則於孝

---

① "曲綴以",原誤作"由綴於",據《四部叢刊》影明嘉靖刊本《文心雕龍》卷四改。

子，未聞相反之理也。曰法則慘刻，曰名則苛繞，曰墨則二本，曰從橫則妾婦之道，是皆五經之棄也。其歸豈足要乎？儒家者流，固修六藝矣，①列儒於九家，而曰修六藝之術以觀九家之言，則修六藝者無所名家，謂誰氏耶？何以言之多舛也！'"

屈原賦二十五篇

《考證》曰："《離騷經》《九歌》《天問》《九章》《遠游》《卜居》《漁父》。王逸曰：'武帝使淮南王安作《離騷經章句》。'_{《安傳》云：}_{"爲《離騷傳》。"《隋志》："其書今亡。"}劉向分《楚辭》爲十六卷，屈原八卷。《九辨》_{亦謂原作，王逸云宋玉。}《隋志》：原著《離騷》八篇。班固《叙贊》二篇。② 太史公曰：'作辭以諷諫，連類以爭義，《離騷》有之。'《地理志》：'始楚賢臣屈原被讒放流，作《離騷》諸賦以自傷悼。後有宋玉、唐勒之屬，慕而述之。漢興，吳王濞招致娛游子弟，③枚乘、鄒陽、嚴夫子之徒，興於文、景之際。淮南王安招賓客著書，而吳有嚴助、朱買臣，貴顯漢朝，文辭並發，故世傳《楚辭》。'_{朱買臣召見，言《楚辭》。宣帝徵能爲《楚辭》，九江被公朝見誦讀。《七略》曰："宣帝詔徵被公見誦《楚辭》，被公年衰母老，每一誦，輒與粥。"}"

宋玉賦十六篇

《考證》曰："《隋志》：《宋玉集》三卷。王逸云：'屈原弟子。'《楚辭》：《九辯》《招魂》；《文選》：《風賦》《高唐》《神女》《登徒子好色賦》；《古文苑》：《大言》《小言》《釣》《笛》《諷賦》。朱文公謂'辭有餘而理不足'。"

莊夫子賦二十四篇

《考證》曰："《楚辭》：《哀時命》。"

---

① "固"，原誤作"因"，據清康熙五十三年刻本《致堂讀史管見》卷三改。
② "叙"，原誤作"序"，據補編本《漢藝文志考證》改。
③ "招"，原誤作"昭"，"弟"原誤作"游"，皆據殿本《漢書·地理志》改。

賈誼賦七篇

《考證》曰："朱文公曰：'賈太傅以卓然命世英傑之材，[①]俯就騷律。所出三篇，皆非一時諸人所及。'《惜誓》《弔屈原》《服賦》。《古文苑》有《旱雲》《虛賦》。《隋志》：梁有《賈誼集》四卷。"

枚乘賦九篇

《考證》曰："《古文苑》有《梁王菟園賦》。《文選注》：'《枚乘集》有《臨霸池遠訣賦》。'《隋志》：乘集二卷。《文選》有《七發》。"

司馬相如賦二十九篇

《考證》曰："朱文公曰：'相如之文，能侈而不能約，能諂而不能諒。其《上林》《子虛》之作，既以誇麗而不得入於《楚辭》。[②]《大人》之於《遠游》，其漁獵又泰甚，然亦終歸於諷也。特《長門》《哀二世賦》二篇爲有諷諫之意。'艾軒林氏曰：'相如，賦之聖者。'《隋志》：集一卷。"

淮南王賦八十二篇

《考證》曰："《隋志》：集一卷。梁二卷。劉向《別錄》：'淮南王有《熏籠賦》。'"

淮南王群臣賦四十四篇

《考證》曰："《楚辭·招隱士》，淮南小山之所作也。淮南王安招致賓客，有八公之徒，分造詞賦，以類相從，或稱'大山'，或稱'小山'，如《詩》之有《大》《小雅》。"

太常蓼侯孔臧賦二十篇

《考證》曰："《孔叢子》云：'臧嘗爲賦二十四篇，四篇別不在集，[③]似其幼時之作也。'"

---

① "傅"，原誤作"傳"，據《古逸叢書》覆元刻本《楚辭集注》、補編本《漢藝文志考證》改。

② "入"，原誤作"不"，據《古逸叢書》覆元刻本《楚辭集注》、補編本《漢藝文志考證》改。

③ "四篇"二字原脱，據《四部叢刊》影明翻宋本《孔叢子》、補編本《漢藝文志考證》補。

愚按：《尚書・泰誓》疏云："太常蓼侯孔臧者，安國之從兄也。"

吾丘壽王賦十五篇

《考證》曰："《隋志》：'梁有漢光禄大夫《虞丘壽王集》二卷。'《藝文類聚》有《驃騎論功論》，而賦不傳。"

上所自造賦二篇

《考證》曰："《外戚傳》有《傷悼李夫人賦》，《文選》有《秋風辭》，《溝洫志》有《瓠子之歌》二章。《隋志》：《武帝集》一卷。《唐志》：二卷。"

劉向賦三十三篇

《考證》曰："《楚辭》：《九歎》。①《古文苑》：《請雨華山賦》。《文選注》：《雅琴賦》。《隋志》：《向集》六卷。《唐志》：五卷。今所存十八篇。《別録》曰：'向有《芳松枕賦》。'"

王褒賦十六篇

《考證》曰：②"本傳：作《甘泉》《洞簫頌》。《楚辭》有《九懷》。《文選注》有《碧雞頌》。《隋》《唐志》：《褒集》五卷。"

枚皋賦百二十篇

《考證》曰："本傳：'凡可讀者百二十篇，其尤嫚戲不可讀者尚數十篇。③'"

司馬遷賦八篇

《考證》曰："《藝文類聚》有《悲士不遇賦》。《隋志》：《遷集》一卷。《唐志》：一卷。"

楊雄賦十二篇

《考證》曰："本傳：'賦莫深於《離騷》，反而廣之；又旁《惜誦》以下至《懷沙》一卷，名曰《畔牢愁》。辭莫麗於相如，作四賦。'《甘泉》《河東》《校

---

① "歎"，原誤作"卷"，據補編本《漢藝文志考證》改。

② "曰"字原脱，據本書體例及上下文意補。

③ "嫚"，原誤作"謾"，據補編本《漢藝文志考證》改。

獵》《長楊》。《志》云‘入揚雄八篇’，蓋《七略》所略，止四賦也。
《古文苑》有《太玄》《蜀都》《逐貧賦》。《文選注》有《覈靈賦》。
《隋志》：《雄集》五卷。”

驃騎將軍朱宇賦三篇　師古曰：“劉向《別録》云‘驃騎將軍史朱宇’，《志》以宇在驃騎府，故總言驃騎將軍。”

劉奉世曰：“其實惟脱一‘史’字耳。”

孫卿賦十篇

《考證》曰：“《荀子・賦篇》：《禮》《知》《雲》《蠶》《箴》。又有
《佹詩》。《隋志》：《荀況集》二卷。《唐志》：二卷。”

雒陽錡華

《考證》曰：“《左傳》：‘分康叔，云云。殷民七族：錡氏。’”

別栩陽賦①

《考證》曰：“庾信《哀江南賦》‘栩陽亭有離別之賦’，蓋亭
名也。”

華龍

《考證》曰：“《蕭望之傳》：‘華龍，宣帝時與張子蟜等待詔。’”

雜禽獸六畜昆蟲賦十八篇

《考證》曰：“劉向《別録》有《行過江上弋雁賦》《行弋賦》《弋雌
得雄賦》。”

成相雜辭十一篇

《考證》曰：“《荀子・成相》篇注：‘蓋亦賦之流也。’朱文公
曰：‘凡三章，雜陳古今治亂興亡之效，託聲詩以諷時君，②若
將以爲工師之誦、旅賁之規者，其尊主愛民之意亦深切矣。
相者，助也。舉重勸力之歌，史所謂五羖大夫死而舂者不相

---

① “栩”，原誤作“羽”，據殿本《漢書・藝文志》改。下“栩”字同。

② “託”，原誤作“記”，據《古逸叢書》覆元刻本《楚辭集注》、補編本《漢藝文志考證》改。

杵是也。^①'《成相》,助力之歌。淮南王亦有《成相》篇,見《藝文
類聚》。"

愚按:楊倞《荀子注》:"或曰'成功在相',故作《成相》三章。"

隱書十八篇

《考證》曰:"《文心雕龍》:讔者,隱也。遁辭以隱意,譎譬以
指事也。昔還社求拯於楚師,喻'智井'而稱'麥麴';叔儀乞
糧於魯人,歌'佩玉'而呼'庚癸';伍舉諫荆王以'大鳥';齊
客譏薛公以'海魚';莊姬託辭於'龍尾';臧文謬書於'羊
裘'。隱語之用,被于紀傳,大者興治濟身,其次弼違曉惑。
楚莊、齊威,性好隱語。至東方曼倩,尤巧辭述。《晋語》:'有
秦客廋辭於朝。'^②注:"廋,隱也。東方朔曰:'乃與爲隱耳。'"《新序》:
'齊宣王發《隱書》而讀之。'"

高祖歌詩二篇

《考證》曰:"《大風歌》,亦名《三侯之章》。《文中子》曰:'《大
風》,安不忘危,其伯心之存乎?'《鴻鵠歌》,朱文公以爲:'卒
章,意象蕭索,非復《三侯》比矣。'"

泰一雜甘泉壽宮歌詩十四篇　宗廟歌詩五篇

《考證》曰:"《史記·樂書》:'今上即位,作十九章,令侍中李
延年次序其聲,拜爲協律都尉。通一經之士,不能獨知其辭,
皆集會五經家,相與共講習讀之,乃能通知其意,多爾雅之
文。'《禮樂志》:'多舉司馬相如等數十人,造爲詩賦,略論律
呂,以合八音之調,作十九章之歌。'《郊祀志》:'亳人謬忌奏

---

① "大",原誤作"夫",據《古逸叢書》覆元刻本《楚辭集注》、補編本《漢藝文志考
證》改。

② "廋"原誤作"庚","朝"字原脱,皆據清刻《士禮居叢書》本《國語·晋語》、補編
本《漢藝文志考證》改。下注文中"廋"字同。

祠泰一方。游水發根言上郡有巫，①病而鬼下之。上召置祠
之甘泉。置壽宫神君，神君最貴者曰太一，其佐曰太禁、司命
之屬。'"

黄門倡車忠等歌詩十五篇

《考證》曰："《周禮·旄人》注：'散樂，野人爲樂之善者，若今
黄門倡矣。'《樂府集》有《黄門倡歌》一首。"

河南周歌詩七篇　河南周歌聲曲折七篇

《竟山樂録》曰："河南者，西周之名。《史記》：周考王封其弟
于河南，爲河南桓公。故西周名河南。"

登高能賦，可以爲大夫

《考證》曰："《毛詩·定之方中》傳：'建邦能命龜，田能施命，
作器能銘，使能造命，升高能賦，師旅能誓，山川能説，喪紀能
誄，祭祀能語。君子能此九者，可謂有德音，可謂爲大
夫也。'"

自孝武立樂府

《考證》曰："《禮樂志》'孝惠二年，有樂府令夏侯寬'，似非
始於武帝。又云：'孝武定郊祀之禮，乃立樂府，采詩夜
誦。'元帝時，京房知五音六十律之數，上使韋玄成等試問房
於樂府。吕氏曰：'太樂令丞所職，雅樂也。樂府所職，鄭
衛之樂也。樂府雖鄭衛之聲，然天子所常御，上至郊廟咸用
焉。采詩，即古之采詩也。哀帝罷樂府，非鄭衛之音者，條
奏。丞相孔光、大司空何武奏不可罷者，夜誦員五人亦在其
中，蓋雅樂也。'《樂府集》：漢鐃歌十八首。陸厥《擬李夫人及貴人》《中山王孺
子妾歌》《臨江王節士歌》，庾肩吾《擬未央才人歌》。《古今樂録》："横吹，胡樂也。
張騫入西域，傳其法於長安，唯得《摩訶兜勒》一曲，李延年因之，更造新聲二十八解，
乘輿以爲武樂。"'"

---

① "根"，原誤作"假"，據殿本《漢書·郊祀志》、補編本《漢藝文志考證》改。

序詩賦爲五種

《梁書·張率傳》：“少好屬文，而《七略》及《藝文志》所載詩賦，①今亡其文者，並補作之。”

吳孫子兵法八十二篇　圖九卷

《考證》曰：“《史記·孫武傳》：闔廬曰：‘子之十三篇，吾盡觀之矣。’《正義》：《七錄》云：‘《孫子兵法》三卷，十三篇爲上卷，又有中、下二卷。’杜牧《注孫子序》曰：‘武所著書，凡數十萬言。魏武削其繁剩，筆其精切，凡十三篇，因注解之。’《始計》至《用間》。《隋志》：梁有《孫子八陳圖》一卷。《周禮·車僕》注：“孫子八陳，有苹車之陳。”鄭氏曰：‘圖，經也；書，緯也。《七略》收書不取圖，唯任宏校兵書四種，有書五十三家，有圖四十三卷。’《武經總要》曰：‘今之秘府所存《孫武書》惟十三篇，無圖。其所言皆權謀之事，極爲精密。戰國如二孫、吳起輩號善用兵者，而著書皆有圖。’”

齊孫子八十九篇

《考證》曰：“《通典》引孫臏曰：‘用騎有十利。’《呂氏春秋》：‘孫臏貴勢。’司馬遷曰：②“孫子臏腳，兵法修列。””

吳起四十八篇

《考證》曰：“《隋志》：《吳起兵法》一卷。今本三卷六篇，《圖國》至《勵士》。所闕亡多矣。”

范蠡二篇

《考證》曰：“《甘延壽傳》‘投石拔距’，張晏注引《范蠡兵法》。《春秋正義》：‘賈逵以擔爲發石，一曰飛石，引《范蠡兵法》作飛石之事以證之。’《文選注》引‘飛石重二十斤，爲機發，行三百步’。東萊呂氏曰：‘《越語》下篇所載范蠡之詞，多與《管

---

① “及”，原誤作“文”，據殿本《梁書·張率傳》改。

② “曰”，原誤作“傳”，據補編本《漢藝文志考證》改。

子·勢》篇相出入。'"

兒良一篇

《考證》曰:"《吕氏春秋》'兒良貴後'。亦見賈生《過秦》。"

右兵權謀十三家,二百五十九篇。省《伊尹》《太公》《管子》《孫卿子》《鶡冠子》《蘇子》《蒯通》《陸賈》《淮南王》二百五十九種,出《司馬法》入禮也。

劉奉世曰:"'種'當作'重','九'下又脱一'篇'字。注'二百
五十九',恐合作'五百二十一',篇數已在前。"

蚩尤二篇

《考證》曰:"《高帝紀》'祠黃帝,祭蚩尤於沛庭',注:'應劭
曰:蚩尤,古天子,好五兵。瓚曰:蚩尤,庶人之貪者。'《管
子·五行》篇'黃帝得蚩尤而明於天道',則黃帝六相,亦有蚩
尤。《隋志》:梁有《黃帝蚩尤兵法》一卷。"

鯀叙二篇

《考證》曰:"《古今人表》:'鯀余'即'由余',疑'叙'當作
'余'。李筌《太白陰經》云:'秦由余有陳圖。'"

魏公子二十一篇① 圖十卷

《考證》曰:"《史記》:②'公子無忌爲魏上將軍,率五國之兵,
破秦軍於河外,走蒙驁,乘勝逐秦軍至函谷關。公子威震天
下,③諸侯之客,各進兵法,公子皆名之,故世俗稱《魏公子兵
法》。'《史記》注引《七略》云"圖七卷"。"

項王一篇

《考證》曰:"《史記·本紀》:'高祖與諸侯兵共擊楚軍,與項
羽決勝垓下。淮陰侯將三十萬自當之,孔將軍居左,費將軍
居右,皇帝在後,絳侯、柴將軍在皇帝後。項羽之卒可十萬。

---

① "二十一",原誤作"二十二",據殿本《漢書·藝文志》改。

② "史",原誤作"魏",據殿本《史記·信陵君傳》、補編本《漢藝文志考證》改。

③ "威",原誤作"成",據殿本《史記·信陵君傳》、補編本《漢藝文志考證》改。

淮陰先合，不利，卻。孔將軍、費將軍縱，楚兵不利，淮陰侯復乘之，大敗垓下。'東萊呂氏曰：'此陣即馬隆所謂魯公不識者也。[①]陣者，兵之末。羽以不仁失天下，亦不在一戰利鈍之間。然羽少學兵法，略知其意即不肯學，負其雄才高氣，而無沉深縝密之度，[②]其病卒見於此時。是故鶩大而忽小者，君子懼焉。'"

太壹兵法一篇

《考證》曰："《隋》《唐志》：《黃帝太一兵曆》一卷。《武經總要》：'太一者，天帝之神也。其星在天一之南，總十六神，知風雨水旱、金革凶饉，陰陽二局，存諸秘式。星文之次舍，分野之災祥，貴于先知，逆爲之備。用軍行師，主客勝負，蓋天人之際相參焉。'"

黃帝十六篇

《考證》曰："《胡建傳》：上奏曰：'《黃帝李法》曰：壁壘已定，穿窬不繇路，是謂姦人。姦人者殺。'顏師古注："李者，法官之號，總主征伐刑獄之事，故稱其書爲《李法》。"《管子》'后土爲李'。《說苑》云《黃帝理法》。"

封胡五篇

《考證》曰："《通典》：'《衛公兵法·守城》篇曰：禽滑釐問墨翟守城之具，墨翟答以五六十事，皆煩冗不便於用。其後韋孝寬守晉州，羊侃守臺城，皆約封胡子伎巧之術。'《古今人表》封胡在上中。"

風后十三篇　圖二卷。

《考證》曰："鄭康成云：'風后，黃帝之三公也。'《館閣書目》：

---

①　"陣"，原誤作"陳"，據《金華叢書》本呂祖謙《大事記》、補編本《漢藝文志考證》改。

②　"縝"，原誤作"繽"，據《金華叢書》本呂祖謙《大事記》、補編本《漢藝文志考證》改。

'《風后握機》一卷。晋馬隆略序。卷首言本有三，其一三百
六十字；其一三百八十字，吕望所增；其一行間有公孫弘等
語。或云武帝令霍光等習之於平樂館，以輔少主，備天下之
不虞。'今本載所增字，亦有公孫弘語。薛氏《詮定》云：①"《握奇經》别
有續圖，記金革旗麾、進退趨鬬之法。"獨孤及《風后八陣圖記》云：②'得
其遺制於《黄帝書》之外篇，裂素而圖之。'《李靖問對》云：'黄
帝兵法，世傳《握奇文》。'嚴從依《風后》大旨爲圖，以擬方陳。
《隋志》：《黄帝蚩尤風后行軍秘術》二卷。《後漢·張衡傳》注：'《春秋内
事》曰：黄帝師於風后，風后善於伏羲氏之道，故推演陰陽之
事。'《武經總要》曰：'大撓造甲子，推天地之數；風后演遁
甲，究鬼神之奥。'"

力牧十五篇

《考證》曰："李筌《太白陰經》云：'風后演《握奇圖》，復置虛、
實二壘。力牧亦創《營圖》。'《抱朴子》云：'黄帝精推步，則訪
山稽、力牧；講占候，則詢風后。'"

鵊治子一篇

宋祁曰："治，一作冶。"

鬼容區三篇

《考證》曰："《封禪書》：'鬼臾區號大鴻。'《古今人表》注："臾、容聲
相近。"《素問》：鬼臾區曰：'積考《大始天元册》文。'"

地典六篇

《考證》曰："《後漢·張衡傳》'師天老而友地典'，注：'《帝王
世紀》：黄帝以風后配上台，天老配中台，五聖配下台，謂之三
公。其餘知天、規紀、《論語摘輔象》云"知命、窺紀"。地典、力牧、常

---

① "詮"，原誤作"銓"，據清刻《永嘉叢書》本薛季宣《浪語集》卷三十、補編本《漢藝
文志考證》改。

② "陣"，原誤作"陳"，據浙局本《玉海·聖文》、補編本《漢藝文志考證》改。

先、封胡、孔甲等，或以爲師，或以爲將。'"

師曠八篇

《考證》曰："《隋志》：《師曠書》三卷。《後漢·蘇竟傳》云：'猥以《師曠雜事》，輕自眩惑。'注：'雜占之書也。'《方術傳》序'師曠之書'，注：'今書《七志》有《師曠》六篇，占災異。'《淮南子》曰："萇弘、師曠，先知禍福，言無遺策。""

萇弘十五篇

《考證》曰："《淮南鴻烈》曰：'萇弘，周室之執數者也。天地之氣、日月之行、風雨之變、律曆之數，無所不通。'《史記·天官書》：'昔之傳天數者，周室史佚、萇弘。'《封禪書》：'萇弘以方事周靈王。諸侯莫朝周，周力少，萇弘乃明鬼神事，設射狸首。狸首者，諸侯之不來者。依物怪欲以致諸侯。諸侯不從，而晉人執殺萇弘。周人之言方怪者，自萇弘。'"

推刑德

《考證》曰："《尉繚子·天官》篇：'梁惠王問曰：黃帝刑德可以百勝，有之乎？對曰：刑以伐之，德以守之，非所謂天官、時日、陰陽、向背也，人事而已矣。'《淮南子·兵略訓》注：'刑，十二辰；德，十日也。'又《天文訓》云："凡用太陰，左前刑，右背德，擊鉤陳之衝辰，①以戰必勝，以攻必剋。""

伍子胥十篇

《考證》曰："《唐志》：《伍子胥兵法》一卷。《文選》注引《越絕書》'伍子胥《水戰兵法內經》'。《武經總要》云：'伍子胥對闔閭，以船軍之教，比陸軍之法。'"

逢門射法二篇

《考證》曰："《莊子》：'羿、逢蒙不能睥睨。'《荀子》：'羿、蠭門

① "衝"，原誤作"衡"，據清乾隆五十六年刻《增訂漢魏叢書》本《淮南鴻烈解·天文訓》、補編本《漢藝文志考證》改。

者,善服射。'《淮南子》:'重以逢蒙門子之巧。'《孟子》:'逢蒙學射於羿。'《龜策傳》'羿名善射,不如雄渠、蠭門',注引《七略》有《蠭門射法》。後之言姓者皆作"逢"。《呂氏春秋》:'蠭門始習於甘蠅。'《王褒傳》云"逢門子"。"

李將軍射法三篇

《考證》曰:"《李廣傳》'世世受射'。"

望遠連弩射法具十五篇

《考證》曰:"李廣'以大黃射其裨將',注:孟康曰:'太公陷堅卻敵,以大黃參連弩。'愚按:《周官》'五射',參連其一也。李陵'發連弩射單于',注:服虔曰:'三十弩共一弦。'張晏曰:'三十絭共一臂。'劉氏謂:'如今合蟬,或併兩弩共一弦之類。'秦始皇自以連弩候射大魚。①《地理志》:'南郡有發弩官。'《武經總要》曰:'弩者,中國之勁兵,四夷所畏服也。古者有黃連、百竹、八檐、雙弓之號,絞車、擘張、馬弩之差;今有參弓、合蟬、手射、小黃,皆其遺法。若乃射堅及遠,爭險守隘,怒聲勁勢,遏衝制突者,非弩不克。然張遲難以應卒,臨敵不過三發四發,而短兵已接,故或者以爲戰不便於弩。然則非弩不便於戰,爲將者不善於用弩也。'"

蒲苴子弋法四篇

《考證》曰:"《列子》:詹何曰:'聞先大夫之言蒲且子之弋也,古善弋射者。弱弓纖繳,乘風振之,連雙鶬於青雲之際,用心專、動手均也。臣因其事,放而學釣,五年始盡其道。'《淮南子》曰:"蒲且子連鳥於百仞之上。"張茂先詩"蒲盧縈繳,神感飛禽",即蒲且。"

愚按:《說苑》:"蒲且修繳,鳧雁悲鳴。"張衡《西京賦》:"蒲且發,弋高鴻。"

---

① "候",原誤作"侯",據補編本《漢藝文志考證》改。

劍道三十八篇

《考證》曰："《史記自序》：'司馬氏在趙者，以傳劍論顯。'又序《孫吳傳》云：'非信廉仁勇不能傳兵論劍，與道同符。'《日者傳》：褚先生曰：'齊張仲、曲成侯以善擊刺學用劍，①立名天下。'東方朔'十五學擊劍'。"

手搏六篇

《考證》曰："甘延壽'試弁爲期門'。注："弁，手搏。"《哀帝紀》：'時覽卞、射、武戲。'注："手搏爲卞，角力爲武戲。"《刑法志》：'戰國稍增講武之禮，以爲戲樂，用相夸視，而秦更名角抵。'《武帝紀》：'元封二年春，作角抵戲。'"

蹴鞠二十五篇②

《考證》曰："劉向《別錄》曰：'《蹴鞠》者，傳言黃帝所作。或曰起戰國時，記黃帝蹴鞠兵勢也，所以練武士，知有才也。今軍無事，得使蹴鞠，有書二十五篇。'《史記》'霍去病穿域蹋鞠'③，《正義》：徐廣云：'穿地爲營域。'按《蹵鞠書》有《域説》篇，即今之打毬也。黃帝所作，起戰國時，④程武士，知其材力，若講武。師古曰："鞠以皮爲之，實以毛，蹵蹋而戲也。"《揚子》云："斷木爲棊，梡革爲鞠，⑤亦皆有法焉。"《蘇秦傳》臨淄民"六博、⑥蹴鞠"。"

省《墨子》

《考證》曰："《史記》'墨翟善守禦'，注：《墨子》曰：'公輸般爲雲梯之械成，將以攻宋。墨子聞之，至於郢，見公輸般。墨子

---

① "擊"，原誤作"學"，據殿本《史記·司馬季主列傳》、補編本《漢藝文志考證》改。

② "蹴"字原脫，據殿本《漢書·藝文志》補。

③ "蹋"，原誤作"蹴"，據殿本《史記·衛將軍驃騎列傳》、補編本《漢藝文志考證》改。

④ "起"字原脫，據殿本《史記·衛將軍驃騎列傳》補。

⑤ "爲"，原誤作"蹵"，據《漢魏叢書》本《法言》、補編本《漢藝文志考證》改。

⑥ "博"，原誤作"搏"，據殿本《史記·蘇秦列傳》、補編本《漢藝文志考證》改。

解帶爲城，①以牒爲械。公輸般九設攻城之機變，墨子九距之。公輸般之攻械盡，墨子之守固有餘。’《列子》云：‘墨翟之飛鳶。’《韓非子》云：‘墨子爲木鳶，三年而成，蜚一日而敗，曰：不如爲車轅者巧也。惠子聞之，曰：墨子大巧，巧爲輗，拙爲鳶。’《詩正義》引《墨子·備衝》篇。《後漢書》注引《墨子·備突》篇。”

凡兵書五十三家，七百九十篇，圖四十三卷。省十家二百七十一篇重，入《蹵鞠》一家二十五篇，出《司馬法》百五十五篇入禮也。

劉奉世曰：“此注‘二百七十一’，又當作‘五百九十二’，兩注篇數皆不足，蓋訛謬也。”

張良韓信序次兵法

《考證》曰：“《高帝紀》‘韓信申軍法’。李靖曰：‘張良所學，《六韜》《三略》是也。韓信所學，《穰苴》《孫武》是也。然大體不出三門四種而已。’”

軍政楊僕

劉奉世曰：“‘政’當作‘正’。”

命任宏論次兵書爲四種

《考證》曰：“淮海秦氏曰：‘此四術者，以道用之則爲四勝，不以道用之則爲四敗。事同而功異，不可不察也。何以知其然耶？昔孫臏伏萬弩於馬陵之下，魏軍至而伏發，龐涓死焉；王恢伏車騎材官三十萬於馬邑之旁，匈奴覺之而去，恢以自殺。此則用權謀之異也。馬服君救閼與，既遣秦間，卷甲而趨之，二日一夜，遂破秦軍；曹公追劉先主，一日一夜行三百里，敗於烏林。此則用形勢之異也。西伯將獵，卜之，曰：獲霸王之輔，果得太公望而克商；漢武卜諸將，貳師最吉，因以爲將，卒降匈奴。此則用陰陽之異也。申公巫臣教吳以車戰，吳是以

---

① “子”字原脱，據殿本《史記·孟子荀卿列傳》、補編本《漢藝文志考證》補。

始通上國；房琯用車以抗禄山，賊投芻而火之，王師奔潰。此
則用技巧之異也。豈非以道用之則爲四勝，不以道用之則爲
四敗乎？雖然，所謂道者何也？治心養氣而已矣。'"

常從日月星氣二十一卷

《考證》曰："《説苑》：'常樅有疾，老子往問焉。'"

泰階六符一卷

宋祁曰："淳化本'六'作'陸'。"

《考證》曰："《東方朔傳》'願陳《泰階六符》以觀天變，不可不
省。是日，因奏《泰階》之事'，注：應劭曰：'《黄帝泰階六
符經》。'"

漢日旁氣行事占驗三卷

《考證》曰："《功臣表》：'成帝時，光禄大夫滑堪《日旁占驗》
曰：鄧弱以長沙將兵侯。'《天文志》云：'王朔所候，[1]決於日
旁。日旁雲氣，人主象。皆如其形以占。'《隋志》："《夏氏日旁氣》一
卷，許氏譔。《魏氏日旁氣圖》一卷。""

漢日食月暈雜變行事占驗十三卷

《考證》曰："《五行志》：'凡《漢著紀》，十二世，二百一十二
年，日食五十三，朔十四，晦三十六，先晦一日三。'《劉向傳》：
'漢興訖竟寧，孝景帝尤數，率三歲一月而一食。今連三年比
食。自建始以來，二十歲間而八食，率二歲六月而一發，古今
罕有。'《天文志》：'高帝七年月暈，圍參、畢七重。占曰：畢、
昴間，天街也。街北，胡也；街南，中國也。昴爲匈奴，參爲
趙，畢爲邊兵。'宋祖沖之曰：'漢載四百，食率在晦。'"

海中星占驗十二卷

《考證》曰："《後漢·天文志》注引《海中占》。《隋志》有《海中

---

① "王"，原誤作"正"，據殿本《漢書·天文志》、殿本《史記·天官書》改。

星占》《星圖海中占》各一卷,即張衡所謂'海人之占'也。《唐·
天文志》:'開元十二年,詔太史交州測景。^① 以八月自海中南
望老人星殊高。老人星下,衆星粲然,其明大者甚衆,圖所不
載,莫辨其名。'"

海中二十八宿國分二十八卷

《考證》曰:"《淮南子·天文訓》:^②'星部地名:角、亢,鄭;氐、
房、心,宋;尾、箕,燕;斗、牽牛,越;須女,吴;虚、危,齊;營
室、東壁,衛;奎、婁,魯;胃、昴、畢,魏;觜嶲、參,趙;東井、
輿鬼,秦;柳、七星、張,周;翼、軫,楚。'又有《二十八宿臣
分》,未詳。吕氏曰:"十二次蓋戰國言星者以當時所有之國分配之。"《通典》曰:
"當吴之未亡,天下列國尚有數十。韓、魏、趙三卿又未爲諸侯,^③晉國猶在。自吴滅
至分晉凡八十六年,時既不同,若爲分配?^④"《春秋正義》曰:'星紀在於
東北,吴、越實在東南,魯、衛東方諸侯,遥屬戌亥之次。又三
家分晉,方始有趙,而韓、魏無分,趙獨有之。《漢書·地理
志》分郡國以配諸次,其地分或多或少。鶉首極多,鶉火甚
狹。徒以相傳爲説,其源不可得而聞之。'"

《日知録》曰:"海中者,中國也。"故《天文志》曰:"甲已海外,
日月不占,蓋天象所臨者廣,而二十八宿專主中國,故曰'海
中二十八宿'。"

步五星日月,^⑤以紀吉凶之象

《考證》曰:"《周禮·保章氏》注:'五星有贏縮圜角,日有薄
食暈珥,月有盈虧朓側匿之變。七者右行列舍,天下禍福變

---

① "景",原誤作"星",據殿本《舊唐書·天文志》、補編本《漢藝文志考證》改。

② "文",原誤作"上",據《四部叢刊》影鈔北宋本《淮南鴻烈解》、補編本《漢藝文志
考證》改。

③ "卿",原誤作"家",據清武英殿刻本《通典·州郡》、補編本《漢藝文志考證》改。

④ "若",原誤作"蓋",據清武英殿刻本《通典·州郡》、補編本《漢藝文志考證》改。

⑤ "步"字原脱,據殿本《漢書·藝文志》補。

移,所在皆見焉。'《後魏·天象志》:'班史以日暈五星之屬列
《天文志》,薄蝕彗孛之比入《五行説》。七曜一也,而分爲二
志,故陸機云學者所疑也。'"

然星事殃悍　<small>師古曰:"殃,讀與凶同。"</small>

《隸辨》曰:"《三公山碑》'攘去寇殃'①。按《廣韻》,古文'凶'
字。《詩·思齊》箋曰:'其將無有殃禍。'《釋文》云:'殃音
凶,本亦作凶。'又《樊敏碑》'米巫殃瘧',《冀州從事郭君碑》
'降此殃咎',凶亦作殃。"

黃帝五家曆三十三卷

《考證》曰:"《律曆志》:張壽王上書言'黃帝《調曆》,漢元年
以來用之',後課諸曆。案,漢元年不用《調曆》,壽王及李信
治黃帝《調曆》,課皆疏闊。壽王曆乃太史官《殷曆》也。壽王
狠曰安得五家曆。《後漢志》:'黃帝造曆,元起辛卯。《洪範
五紀論》曰:民間亦有黃帝諸曆,不如史官記之明也。'晉杜預
云:'或用黃帝以來諸曆以推經傳朔日,皆不諧合。'"

顓頊曆二十一卷　顓頊五星曆十四卷

《考證》曰:"《後漢志》:'顓頊造曆,元用乙卯。'<small>漢興,襲秦正朔,以
張蒼言用《顓帝曆》。比於六曆,疏闊中最爲微近。</small>蔡邕論曰:'《顓帝曆
術》曰:天元正月己巳朔旦立春,俱以日月起於天廟營室五
度。'《唐志》:《大衍曆·日度議》。《洪範傳》曰:'曆記始於
顓帝上元太始閼蒙攝提格之歲,畢陬之月,朔日己巳立春,七
曜俱在營室五度。'《宋志》:祖沖之曰:'案《五紀論》,黃帝曆
有四法,顓帝、夏、周並有二術,詭異紛然,孰識其正?《顓帝
曆》元歲在乙卯,而《命曆序》曰:此術設元,歲在甲寅。'"

愚按:《晉書·律曆志》:"董巴議曰:'顓頊以今之孟春正月

---

① "山",原誤作"凶",據清康熙五十七年項氏玉淵堂刻本《隸辨》卷一改。

爲元，其時正月朔旦立春，五星會于天曆營室也，冰凍始泮，蟄蟲始發，雞始三號，天曰作時，地曰作昌，人曰作樂，鳥獸萬物莫不應和，故顓頊聖人爲曆宗也。'"

夏殷周魯曆十四卷

《考證》曰："《書正義》云：'古時真曆，遭戰國及秦而亡。漢存六曆，雖詳於五紀之論，①皆秦漢之際假託爲之。'《詩正義》云：'今世有《周曆》《魯曆》，蓋漢初爲之。其交無遲速盈縮考日食之法，而年月往往參差。'又云：'劉向《五紀論》載《殷曆》之法，②惟有氣朔而已。'《後漢志》：'夏用丙寅，殷用甲寅，周用丁巳，魯用庚子。'宋祖沖之曰：'《夏曆》七曜西行，特違衆法，劉向以爲後人所造。《殷曆》日法九百四十，而《乾鑿度》云《殷曆》以八十一爲日法。《春秋》書食有日朔者二十六，以《周曆》考之，失二十五；《魯曆》校之，又失十三。古術之作，③皆在漢初周末。'《春秋正義》：《釋例》云：'今《魯曆》不與《春秋》相符，殆來世好事者爲之，非真也。《長曆》稱凡經傳有七百七十九日。漢末宋仲子集七曆以考《春秋》，《魯曆》得五百二十九日，失二百五十日。④'唐《大衍·日度議》曰：'《甄曜度》及《魯曆》南方有弧，無井、鬼，北方有建星，無南斗。'《中氣議》曰：'《殷曆》南至常在十月晦，則中氣後天也。《周曆》蝕朔差經或二日，則合朔先天也。'《合朔議》曰：'《春秋》日蝕有甲乙者三十四，《殷曆》《魯曆》先一日者十三，後一日者三。《周曆》先一日者二十二，先二日九。其僞可知矣。'晁氏曰：'夏桀在位五十有二年，湯受天命，放南巢，實甲寅之曆也。

---

① "雖"，原誤作"難"，據《十三經注疏》本《尚書注疏》、補編本《漢藝文志考證》改。

② "曆"，原誤作"周"，據《十三經注疏》本《毛詩注疏》、補編本《漢藝文志考證》改。

③ "古"，原誤作"占"，據殿本《宋書·曆志》改。

④ "二"，原誤作"三"，據清《武英殿聚珍版叢書》本《春秋釋例》卷十、浙局本《玉海·律曆》改。

是爲成湯之元，不踰年而改元，革命異乎繼世之君也。《考靈曜》《命曆序》皆本於甲寅元。《後漢志》：“中興以來，圖讖漏泄，而《考靈曜》《命曆序》皆有甲寅元。其所起在四分庚申元後百一十四歲，朔差卻二日。”漢延光二年，亶誦、施延；熹平四年，馮光、陳晃皆言曆元不正，當用甲寅爲元。議郎蔡邕議之曰：曆法，黃帝、顓頊、夏、殷、周、魯凡六家，各自有元。光、①晃所據，則《殷曆》元也。然則甲寅爲殷湯之元也審矣。古諸儒生皆以爲孔子用殷甲寅曆。漢劉洪於曆最善，其表言曰：甲寅曆於孔子時效。② 竊以《春秋緯・命曆》推之，可信洪言。而《公子譜》所謂商起庚戌，終戌寅者，非也。《帝王譜》謂湯元年壬寅；《一行曆》謂成湯伐桀，歲在壬戌，皆非也。’程氏《春秋分記》曰：“《周曆》惟閏法多差，《左氏》所載，屢以失閏爲譏。”’

愚按：《晋書・律曆志》曰：“漢末，宋仲子集七曆以考《春秋》，按其夏、周二曆術數，皆與《藝文志》所記不同。董巴議曰：‘湯作《殷曆》，弗復以正月朔旦立春爲節也，更以十一月朔旦冬至爲元首，下至周魯及漢，皆從其節，據正四時。’”“《毛詩・十月之交》疏曰：“今世有《周曆》《魯曆》者，蓋漢初爲之。其交無遲疾盈縮考日食之法，而其上年月已往參差。”《左傳疏》曰：“今世所謂‘魯曆’者，不與《春秋》相符，殆來世好事者爲之，非真也。”

漢元殷周牒曆十七卷

《考證》曰：“《史記・三代世表》：‘余讀諜記，黃帝以來各有年數。稽其曆譜諜終始五德之傳，古文咸不同，乖異。’《十二諸侯年表》云：‘讀《春秋曆譜諜》至周厲王。’”

---

① “光”字原脱，據殿本《後漢書・律曆志》補。

② “效”，原誤作“校”，據《四部叢刊三編》影舊鈔本《嵩山集》卷十四、補編本《漢藝文志考證》改。

耿昌月行帛圖二百三十二卷　耿昌月行度二卷

《考證》曰："《後漢·曆志》：賈逵論曰：'案甘露二年，大司農中丞耿壽昌奏，以圖儀度日月行，①考驗天運狀，日月行至牽牛、東井，日過度，月行十五度。至婁、角，日行一度，月行十三度，赤道使然。此前世所共知也。'"

傳周五星行度三十九卷

《考證》曰："《春秋正義》：'以古今曆書推步五星，金、水日行一度，土三百七十七日行星十二度，火七百八十日行星四百一十五度，四者皆不得十二年而一終。唯木三百九十八日行星三十三度，十二年而強一周。舉其大數，十二年而一終。'《隋志》："古曆五星並順行，秦曆始有金、火之逆。又甘、石並時，自有差異。漢初測候，乃知五星皆有逆行。"'"

帝王諸侯世譜二十卷

《考證》曰："《溝洫志》王橫引《周譜》云：'定王五年，河徙。'②劉杳曰：'桓譚《新論》云：太史公《三代世表》，旁行邪上，並效《周譜》。'柳芳曰：'司馬遷因《周譜》明世家。'《大戴禮》有《五帝德》《帝繫》篇。《隋志》：《漢氏帝王譜》三卷。"

日晷書三十四卷

《考證》曰："司馬公《日景圖》云：'日行黃道，每歲有差，地中當隨而轉移，故周在洛邑，漢在潁川陽城，唐在汴州浚儀。'"

許商算術二十六卷

《考證》曰："《溝洫志》：'博士許商治《尚書》，善爲算，能度功用。'"《廣韻》云："《說文》：'算長八寸，計曆數者也。'"又有《九章術》，漢許商、杜忠、陳熾、魏王粲並善之。

---

① "儀"，原誤作"議"，據殿本《後漢書·律曆志》、補編本《漢藝文志考證》改。

② "徙"，原誤作"徒"，據殿本《漢書·溝洫志》、補編本《漢藝文志考證》改。

堪輿金匱十四卷

《考證》曰："《周禮・保章氏》注：'堪輿雖有郡國所入度，非古數也。'《占夢》注：'今八會其遺象。'疏：'案《堪輿》，大會有八，小會亦有八。'又：'《堪輿》天老曰：假令正月陽建於寅，陰建在戌。'鄭答張逸問：'案《堪輿》黃帝問天老事云：四月有癸亥，十月丁巳爲陰陽交會。'"

鍾律災應二十六卷

《考證》曰："《隋・牛弘傳》：'劉歆《鍾律書》云：春宮秋律，百卉必凋。秋宮春律，萬物必榮。夏宮冬律，雨雹必降。冬宮夏律，雷必發聲。'見《風俗通》。"

鍾律叢辰日苑二十二卷

《考證》曰："《日者傳》：'叢辰家曰大凶。'"

泰一二十九卷

《考證》曰："《日者傳》：'太一家曰大吉。'《後漢・高彪傳》'天有太一，五將三門'，注：'《太一式》：凡舉事，皆欲發三門，順五將。'東萊呂氏曰：'古之醫者，觀八風之虛實邪正以治病，因有太乙九宮之説，其説具於《鍼經》。'"

風后孤虛二十卷

《考證》曰："《龜策傳》'日辰不全，[1]故有孤虛'，注：'《六甲孤虛法》。[2]甲子旬中無戌亥，戌亥爲孤，辰巳爲虛。甲戌旬中無申酉，申酉爲孤，寅卯爲虛。甲申旬中無午未，午未爲孤，子丑爲虛。甲午旬中無辰巳，辰巳爲孤，戌亥爲虛。甲辰旬中無寅卯，寅卯爲孤，申酉爲虛。甲寅旬中無子丑，子丑爲孤，午未爲虛。'《隋志》：'《遁甲孤虛記》一卷，伍子胥譔。'《吳越

---

① "日"，原誤作"曰"，據殿本《史記・龜策列傳》改。
② "注六甲孤虛"五字原脱，據補編本《漢藝文志考證》補。

春秋》計硯曰：①'孤虚謂天門地户也。'《後漢·方術傳》注：
'孤謂六甲之孤辰，對孤爲虚。'趙彦爲宗資陳孤虚之法，從孤
擊虚以討賊。《孟子》注："天時，謂時日、支干、五行、王相、孤虚之屬也。"《正
義》云："孤虚之法，以一畫爲孤，無畫爲虚，二畫爲實。以六十甲子日定東西南北四
方，然後占其孤、虚、實而向背之，即知吉凶矣。'"

羡門式法二十卷

《考證》曰："《日者傳》：'分策定卦，旋式正棊。'《周禮》'太史
抱天時，與大師同車'，鄭司農云：'抱式以知天時。'《唐六
典》：'三式曰雷公、太一、六壬，其局以楓木爲天，棗心爲地，
刻十二神，下布十二辰。'《月令正義》：'按陰陽式法。'梁元帝
《洞林序》云：'羡門五將，韓終六壬。'《司馬相如傳》注："羡門，碣石山
上仙人羡門高也。'"

五帝奇胲用兵二十三卷　五音奇胲刑德二十一卷

《考證》曰："《淮南子·兵略訓》'明於星辰日月之運、刑德奇
胲之數、背鄉左右之便，此戰之助也'，注：'奇胲之數，奇秘之
數，非常術。'《史記·倉公傳》：'脈書上下經、五色診、奇咳
術。'"咳"與"胲"同。《抱朴子》云：'黄帝審攻戰，則納五音之
策。'②《左傳》：史䰙曰："是謂沈陽，可以興兵，利以伐姜，不利子商。"姓之有五音，
蓋已見於此。

五行者，五常之形氣也

《考證》曰："《中庸》注：'木神則仁，金神則義，火神則禮，土
神則智，水神則信。'朱文公曰："知、信二字位置不能不舛。"張文饒曰：
'五運六氣，天之五行也。五音六律，地之五行也。納音，人
之五行也。'"

---

① "曰"字原爲空格，據補編本《漢藝文志考證》、浙局本《玉海·天文》改。
② "五"字原脱，據平津本《抱朴子》内篇卷十三補。

羞用五事

《考證》曰：“古文作‘敬用’。”

其法亦起五德終始^①

《考證》曰：“《史記·曆書》：‘鄒衍明於五德之傳而散消息之分。’沈約曰：‘五德更王，有二家之説，鄒衍以相勝立體，劉向以相生爲義。’”

龜書五十二卷^②

《考證》曰：“《隋志》有‘《龜經》一卷，晋掌卜大夫史蘇撰’，《崇文總目》‘三卷’，而五十二卷之書亡矣。《史記·龜策傳》褚先生所補亦其大略也。《後漢·張衡傳》注：‘《龜經》有棲鶴兆。’《梁后》：‘兆得壽房。’《説文》引‘太史卜書’。《左傳》‘晋趙鞅卜救鄭，遇水適火’^③，服虔云：‘兆南行適火。卜法：橫者爲土，^④立者爲木，邪向經者爲金，^⑤背經者爲火，因兆而細曲者爲水。’《古文周書》：占曰：“蜉蝣之羽，飛集于户。”

夏龜二十六卷

《考證》曰：“《龜策傳》：‘塗山之兆從而夏啓世。’《墨子》：‘夏后開使飛廉析金于山，鑄鼎於昆吾。使翁難乙灼白若之龜，繇曰：逢逢白雲，一南一北，一西一東，九鼎既成，遷于三國。’張衡《靈憲》：‘恒娥竊藥奔月，將往，枚筮之於有黄。有黄占之，曰：吉。翩翩歸妹，獨將西行，逢天晦芒，毋驚毋恐，後且

---

① “終始”二字原誤倒，據殿本《漢書·藝文志》乙正。

② “書”，原誤作“著”，據殿本《漢書·藝文志》、補編本《漢藝文志考證》改。

③ “遇”，原誤作“遏”，據《十三經注疏》本《春秋左傳注疏》、補編本《漢藝文志考證》改。

④ “土”，原誤作“上”，據《十三經注疏》本《春秋左傳注疏》、清光緒十四年刻《皇清經解續編》本《左傳賈服注》改。

⑤ “者”，原誤作“爲”，據《十三經注疏》本《春秋左傳注疏》、補編本《漢藝文志考證》改。

大昌。'此夏龜筮之見於書者。太史公曰："三王不同龜。""

周易二十八卷

《考證》曰："《史記·大宛傳》：'天子發書《易》，云：神馬當從西北來。'《隋志》：京房有《周易占》《守林》《飛侯》《四時候》《錯卦》《混沌》《委化》《逆刺占災異》《占事》。焦贛、費直有《易林》，皆不著録。《儀禮疏》：'古用木畫地記爻，今用錢。三少爲重，九也；三多爲交，六也；兩多一少爲單，七也；兩少一多爲拆，八也。'"

周易隨曲射匿五十卷

《考證》曰："《隋志》有《易射覆》二卷，又一卷。《東方朔傳》：'上嘗使諸數家射覆，朔自贊曰：臣嘗受《易》，請射之。迺別著布卦而對。[1]'贊曰："逢占射覆。"注："逢占，逆占事，[2]猶云逆刺也。""

黄帝長柳占夢十一卷

《考證》曰："《史記正義》：《帝王世紀》云：'黄帝夢大風吹天下之塵垢皆去，又夢人執千鈞之弩驅羊萬群。帝寤而歎曰：風爲號令，執政者也；垢去土，后在也。天下豈有姓風名后者哉？夫千鈞之弩，異力者也；驅羊萬數群，能牧民爲善者也。天下豈有姓力名牧者哉？於是依二占而求之，得風后於海隅，登以爲相；得力牧於大澤，進以爲將。'黄帝因著《占夢經》十一卷。"

嚏耳鳴雜占十六卷

《考證》曰："《隋志》：梁有《嚏書》《耳鳴書》各一卷。"

請雨止雨二十六卷

《考證》曰："《董仲舒傳》：'以《春秋》災異之變，推陰陽所以錯行，故求雨閉諸陽縱諸陰，其止雨反是。行之一國，未嘗不得

---

① "別"，原誤作"則"，據殿本《漢書·東方朔傳》、補編本《漢藝文志考證》改。

② "占"，原誤作"吉"，據殿本《漢書·東方朔傳》、補編本《漢藝文志考證》改。

所欲。'《隋志》：梁有《董仲舒請禱圖》三卷。《後漢‧輿服志》注引仲舒《止雨書》。《初學記》引《淮南子》曰："董仲舒請雨，秋用桐木魚。"”

泰壹雜子候歲二十二卷

《考證》曰："《天官書》有‘候歲美惡'‘漢之爲天數者，占歲則魏鮮'。《隋志》：《東方朔歲占》一卷。"

種樹臧果相蠶十三卷

《考證》曰："秦燒書所不去者，醫藥、卜筮、種樹之書。《周禮‧馬質》注：‘《蠶書》：蠶爲龍精。月直大火，則浴其種。'"

山海經十三篇

《考證》曰："《隋志》：‘相傳以爲夏禹所記。二十三卷，郭璞注。'劉歆所定書，其《南》《西》《北》《東》及《中山》，號《五藏經》，爲五篇，[①]其文最多。《海内》《海外》《大荒》三經，《南》《西》《北》《東》各一篇，[②]并《海内經》一篇，總十八篇。多者十餘簡，少者二三簡。其卷後或題‘建平元年四月丙戌，待詔太常屬臣望校治，侍中光禄勳臣龔、侍中奉車都尉光禄大夫臣秀領主省'。《序》曰：‘禹定高山大川，蓋與伯翳主驅禽獸，[③]命山川，類草木，別水土。四嶽佐之，以周四方。逮人跡之所希至，及舟輿之所罕到。内別五方之山，外分八方之海，紀其珍寶奇物，異方之所生，水土、草木、禽獸、昆蟲、麟鳳之所止，休祥之所隱，及四海之外，絶域之國，殊類之人，古文之著明者也。孝武時，東方朔言異鳥之名；孝宣時，臣父向對貳負之臣，皆以是書。朝士由是多奇《山海經》者，可以考休祥變怪之物，見遠國異人之謡俗。臣望所校凡三十二篇，今定爲十八篇。'顔之推曰：‘《山海經》，禹、益所記，而有長沙、零陵、桂

---

① “爲五”二字原爲空格，據浙局本《玉海‧地理》改。
② “一”字原爲空格，據補編本《漢藝文志考證》、浙局本《玉海‧地理》改。
③ “禽獸”二字原脱，據浙局本《玉海‧地理》、補編本《漢藝文志考證》補。

陽、諸暨，後人所羼，非本文也。'《通典》以爲'恢怪不經，疑夫子删《詩》《書》後尚奇者所作。或先有其書，如詭誕之言，必後人所加也'。郭璞序曰：'東方生曉畢方之名，劉子政辨盜械之尸，王頎訪兩面之客，海民獲長臂之衣，精驗潛效，絶代懸符。'《論衡》謂'董仲舒睹重常之鳥，劉子政曉貳負之尸，皆見《山海經》，故能立二事之説'。今本十八卷，劉歆定爲十八篇，多於《志》五篇，固已不同。尤袤定爲先秦之書，非禹及伯翳所作。晁氏曰：'長沙、零陵、雁門皆郡縣名，又載禹、鯀，後人參益之。'薛氏曰：'《左傳》稱大禹鑄鼎象物，以知神姦，入山林者不逢不若，《山海》所述，不幾是也？《經》言大川所出及舜所葬，皆秦漢時郡縣。又有成湯、文王之事，《筭子》之文，其非先秦有夏遺書審矣。劉歆直云伯益所記，又分伯益、伯翳以爲二人，皆未之詳。考於《太史公記》、漢《西京書》，非後世之作也。《山海經》要爲有本於古、秦漢增益之書。太史公謂言九州山川，《尚書》近之。至《山海經》《禹本紀》所言怪物，余不敢言也，然哉！'朱文公曰："記異物飛走之類，多云東向，或云東首，皆爲一定之形，疑本依圖畫爲之。""

宫宅地形二十卷

《考證》曰："范氏曰：'考古卜地之法，周始居豳，[①]相其陰陽，[②]觀其流泉，度其隰原，擇地利以便人事而已。其作新邑也，卜澗水東瀍水西，又卜瀍水之東，則推其不能決者，而令之龜。其法蓋止於此。彼風水向背附著之説，聖人弗之詳焉。雖然，甲子作於大撓，尚矣。宣王揆日以田，既吉戊，又吉庚午，則枝幹固有吉凶。保章氏以星土辨九州之封域，以觀妖祥，則方隅固有休咎，聖人弗之詳，而未嘗廢其説。'"

---

① "居"字原脱，據補編本《漢藝文志考證》補。
② "陰陽"二字原誤倒，據補編本《漢藝文志考證》乙正。

相人二十四卷

《考證》曰："《荀子‧非相》曰：'古者有姑布子卿，今之世，梁有唐舉。'陶弘景《相經序》：'相者，蓋性命之著乎形骨，吉凶之表乎氣貌，亦猶事先謀而後動，心先動而後應，表裏相感，莫知所以然。'《隋志》：《相書》四十六卷。<small>《史通》曰："許負《相經》，當時所豎，見傳流俗。"</small>"

相六畜三十八卷

《考證》曰："《隋志》有《伯樂相馬經》《寧戚相牛經》。《荀子》論堅白同異云：'曾不如好相鷄、狗之可以爲名也。'《莊子》：'徐無鬼見魏武侯，①告之相狗、馬。'《列子》：'秦穆公謂伯樂曰：子姓有可使求馬者乎？曰：有九方皐。'《呂氏春秋》：'古之善相馬者，寒風是相口齒，麻朝相頰，子女厲相目，衛忌相髭，許鄙相脤，投伐褐相胸脅，管青相䐐肠，陳悲相股脚，秦牙相前，贊君相後。凡此十人者，皆天下之良工也。'又云：'齊有善相狗者，其鄰假以買取鼠之狗。'《淮南子》：'伯樂、韓風、秦牙、筦青，所相各異，其知馬一也。'《日者傳》褚先生曰：'黃直，丈夫也；②陳君夫，婦人也，以相馬立名天下。留長孺以相彘立名，滎陽褚氏以相牛立名。'馬援《上馬式表》：<small>"近世有西河子輿明相法，子輿傳儀長孺，長孺傳丁君都，君都傳楊子阿。臣援師事子阿，受相馬骨法。孝武時，善相馬者東門京，鑄銅馬法。臣謹依儀氏䩭中、帛氏口齒、謝氏唇鬐、③丁氏身中，備此數家骨相以爲法。"</small>洪氏曰：<small>"今時相馬者間有之，相牛者殆絕。所謂鷄、④狗、彘者，不復聞之矣。"</small>"

---

①　"無"，原誤作"元"，據《四部叢刊》影明世德堂刻本《莊子》卷八改。

②　"丈"，原誤作"大"，據殿本《史記‧司馬季主列傳》、補編本《漢藝文志考證》改。

③　"唇鬐"二字原誤倒，據殿本《後漢書‧馬援列傳》、補編本《漢藝文志考證》乙正。

④　"鷄"上原衍一"謂"字，據崇禎本《容齋隨筆‧續筆》刪。

宋有子韋

《考證》曰："《新序》：宋景公時，熒惑在心。子韋曰：'熒惑，天罰也；心，宋分野也。'陰陽家《宋司星子韋》三篇。"

楚有甘公

《考證》曰："《天官書》'在齊甘公'，此云'楚'，當考。《張耳傳》：甘公曰：'東井，①秦分，先至必王。楚必屬漢。'"

漢有唐都

《考證》曰："太史公學天官於唐都。《律曆志》：造《太初曆》，方士唐都與焉。都分天部。《天官書》："漢之爲天數者，星則唐都。""

史官之廢久矣

宋祁曰："'史官之'字下舊本有'術'字。"

黃帝內經十八卷

《考證》曰：王冰曰："《素問》即其經之九卷也，兼《靈樞》九卷，迺其數焉。雖復年移代革，而授學猶存，懼非其人，而時有所隱，故第七一卷，師氏藏之，今之奉行，惟八卷爾。"林億曰："皇甫士安《甲乙經序》云：②'今有《鍼經》九卷、《素問》九卷，③并十八卷，即《內經》也。④'《素問》外九卷，⑤皇甫士安名爲《鍼經》。楊玄操云：'《黃帝內經》二帙，⑥帙各九卷。'按《隋志》謂之《九靈》，王冰名爲《靈樞》。《素問》第七卷亡已久，士

---

①　"井"，原誤作"非"，據補編本《漢藝文志考證》、浙局本《玉海·天文》改。

②　"甲乙"，原誤作"靈樞"，據《四部叢刊》影明顧氏翻宋刻本（以下簡稱"叢刊本"）《重廣補注黃帝內經素問》序林億注、浙局本《玉海·藝文》改。

③　"素問九卷"四字原重出，據叢刊本《重廣補注黃帝內經素問》序林億注、浙局本《玉海·藝文》刪。

④　"內"，原誤作"九"，據叢刊本《重廣補注黃帝內經素問》序林億注、浙局本《玉海·藝文》改。

⑤　"外"，原誤作"第"，據叢刊本《重廣補注黃帝內經素問》序林億注改。

⑥　"二"，原誤作"一"，據叢刊本《重廣補注黃帝內經素問》序、補編本《漢藝文志考證》改。

安序《甲乙經》云亦有亡失。《隋志》載梁《七録》云止存八卷，而冰得舊藏之卷，今竊疑之。《天元紀大論》《五運行論》《六微旨論》《氣交變論》《五常政論》《六元正紀論》《至真要論》七篇，與餘篇略不相通。疑此七篇乃《陰陽大論》之文，王氏取以補所亡之卷。”又曰：“黄帝坐明堂之上，臨觀八極，考建五常。與岐伯上窮天紀，下極地理，遠取諸物，近取諸身，更相問難。於是雷公之倫，授業傳之，而《内經》作。蒼周之興，秦和述六氣之論，越人得其一二，演而述《難經》。倉公傳其舊學，仲景撰其遺論，晋皇甫謐刺而爲《甲乙》。隋楊上善纂而爲《太素》，①全元起始爲《訓解》，闕第七一通。唐寶應中，王冰得先師所藏之卷爲注，合八十一篇二十四卷。按《隋志》始有‘素問’之名，晋皇甫謐已云‘《素問》論病精辨’。王叔和，②西晋人，撰《脈經》，云出《素問》《鍼經》。漢張仲景《傷寒論集》云‘撰用《素問》’，是則‘素問’之名，起漢世也。全元起曰：‘素者，本也。問者，黄帝問岐伯也。’按《乾鑿度》‘太素者，質之始’，名或由此。”《館閣書目》“《黄帝鍼經》九卷八十一篇”，與《靈樞經》同。《鍼經》以《九鍼十二原》爲首，《靈樞》以《精氣》爲首，間有詳略。程子曰：“《素問》之書，必出於戰國之末。”夏竦《銅人腧穴針灸圖經序》曰：“黄帝問岐伯，盡書其言，藏於金蘭之室。洎雷公請問其道，乃坐明堂以授之。後世言明堂者以此。”皇甫謐曰：“《素問》九卷，是原本經脈，其義深奥，不可容易覽也。又有《明堂孔穴鍼灸治要》，皆黄帝、岐伯遺事也。”

---

①　“上”，原誤作“子”，據叢刊本《重廣補注黄帝内經素問》林億序、補編本《漢藝文志考證》改。

②　“王”，原誤作“上”，據叢刊本《重廣補注黄帝内經素問》卷一、補編本《漢藝文志考證》改。

扁鵲内經九卷

《考證》曰："《隋志》:《黄帝八十一難經》二卷。《崇文總目》:秦越人撰。秦越人采《黄帝内經》精要之説,凡八十一章,編次爲十三類,理趣深遠,非易了,故名《難經》。《館閣書目》:《脉經》一卷,題扁鵲撰,凡十六篇。《史記》:倉公師公乘陽慶,傳黄帝扁鵲之脈書。太史公曰:'扁鵲言醫,爲方者宗。'王勃《八十一難經序》曰:'岐伯以授黄帝,黄帝歷九師以授伊尹,伊尹以授湯,湯歷六師以授太公,太公以授文王,文王歷九師以授醫和,醫和歷六師以授秦越人,秦越人始定立章句,歷九師以授華佗,華佗歷六師以授黄公,黄公以授曹元。'"

而用度箴石湯火所施[①]

《考證》曰："《内經素問》岐伯曰:'鑱石鍼艾治其外。'《説苑》:'扁鵲先造軒光之竈、八成之湯,砥鍼礪石,取三陽五輸。子容擣藥,子明吹耳,陽儀反神,子越扶形,子游矯摩,太子遂得復生。'王僧孺曰:'古以石爲針。《説文》:砭,以石刺病也。《東山經》:高氏之山多針石,郭璞云:可以爲砭針。《春秋傳》:美疢不如惡石,服虔云:石,砭石也。季世無復佳石,故以鐵代之。'"

泰始黄帝扁鵲俞拊方二十三卷

《考證》曰："《黄帝八十一難序》云:'秦越人與軒轅時扁鵲相類,仍號之爲扁鵲。'《扁鵲傳》:[②]'上古之時,醫有俞跗,治病不以湯液醴灑,鑱石橋引,案扤毒熨,一撥見病之應,因五藏之輸,湔浣腸胃,漱滌五藏,練精易形。'《周禮·疾醫》注:'脈之大候,要在陽明寸口。能專是者,其唯秦和乎?岐伯、榆柎,則兼彼數術者。'《吕氏春秋》:'巫彭作醫。'《説苑》:'上

---

① "用",原誤作"周",據殿本《漢書·藝文志》改。
② "扁鵲"二字原脱,據補編本《漢藝文志考證》補。

古之爲醫者曰苗父,中古之爲醫者曰俞柎。'《帝王世紀》:"黄帝使
岐伯嘗味百草,典醫療疾,今經方、本草之書咸出焉。"《素問》云:"上古使僦貸季理
色脈而通神明。"①注:"岐伯祖世之師。"'"

湯液經法三十二卷

《考證》曰:"《内經素問》有《湯液醪醴論》。②《事物紀原》:
'《湯液經》出於商伊尹。'《郊祀志》:'莽以方士蘇樂言,起八
風臺於宫中,作樂其上,順風作液湯。'皇甫謐曰:'仲景論《伊
尹湯液》爲十數卷。'"

容成陰道二十六卷

《考證》曰:"《後漢·方術傳》:'泠壽光行容成公御婦人法。'
《列仙傳》:'容成公自稱黄帝師,見於周穆王,能善補導之事,
取精於玄牝。其要谷神不死,髮白復黑,齒落復生。'《神仙
傳》:'甘始依容成玄素之法,更演益之,爲十卷。'"

宓戲雜子道二十篇

《考證》曰:"《帝王世紀》:③'宓戲畫八卦以通神明之德,類萬
物之情,所以六氣、六腑、五臟、五行、陰陽、④水火、升降得以
有象,百病之理得以類推。炎、黄因斯乃嘗味百藥而制九
鍼。'《莊子》曰:'伏戲得之,以襲氣母。'"

黄帝雜子步引十二卷

《考證》曰:"《列子·天瑞》篇引《黄帝書》曰:'谷神不死,是
謂玄牝。'梁蕭《導引圖序》:'朱少陽得其術於《黄帝外書》,又

---

① "脈"上原衍"貸季理色"四字,據叢刊本《重廣補注黄帝内經素問》刪。

② "醪醴"二字原誤倒,據叢刊本《重廣補注黄帝内經素問》、補編本《漢藝文志考
證》乙正。

③ "紀",原誤作"記",據清光緒刻《訓纂堂叢書》本《帝王世紀》、補編本《漢藝文志
考證》改。

④ "陽",原誤作"湯",據清光緒刻《訓纂堂叢書》本《帝王世紀》、補編本《漢藝文志
考證》改。

加以元化五禽之説，①乃志其善者，演而圖之。'《隋志》有《引
氣圖》《道引圖》。《抱朴子》云：'黄帝論導養而質玄、素二女，
著體診則受雷、岐。'西山真氏曰：'養生之説，出於《老子》。
《谷神章》，其最要也。《莊子》曰：黄帝得之，以登雲天。'"

黄帝岐伯按摩十卷

《考證》曰："《唐六典》'按摩博士一人'②，注：崔寔《正論》云：
'熊經鳥伸，③延年之術。'故華佗有六禽之戲，魏文有五搥之
鍛。《僊經》云：'户樞不朽，流水不腐。'謂欲使骨節調利，血
脈宣通。《韓詩外傳》"扁鵲砥鍼厲石""子游按摩"。《周禮疏》：'案劉向
云：扁鵲使子術案摩。'"

黄帝雜子芝菌十八卷

《考證》曰："《神農經》：'五芝，久食輕身，延年不老。先秦之
世，未有稱述芝草者。漢武、宣世，始以爲瑞。'《黄帝内傳》：
'王母授《神芝圖》十二卷。'《水經注》：'黄帝登具茨之山，④受
《神芝圖》於黄蓋童子。'"

泰一雜子黄冶三十一卷

《考證》曰："《郊祀志》：谷永曰：'明於天地之性，不可惑以神
怪；知萬物之情，不可罔以非類。諸背仁義之正道，不遵五經
之法言，而盛稱奇怪鬼神，廣崇祭祀之方，求報無福之祠。及
言世有僊人，服食不終之藥，遥興輕舉，登遐倒景，覽觀縣圃，
浮游蓬萊，耕耘五德，朝種暮穫，與山石無極，黄冶變化，堅冰
淖溺，化色五倉之術者，皆姦人惑衆，挾左道、懷詐僞，以欺罔

---

① "化五"，原誤作"禽化"，據《四部叢刊》影明嘉靖刻本《唐文粹》卷九十四改。

② "博"，原誤作"傳"，據明正德十年席書刻本《大唐六典·太常寺》、補編本《漢藝文志考證》改。

③ "伸"，原誤作"仲"，據明正德十年席書刻本《大唐六典·太常寺》、補編本《漢藝文志考證》改。

④ "具茨"，原誤作"其次"，據明嘉靖十三年黄省曾刻本《水經注》卷二十二改。

主。聽其言，洋洋滿耳，若將可遇；求之，盪盪如係風捕景，終不可得。是以明王距而不聽，聖人絕而不語。”《劉向傳》：“淮南有《枕中鴻寶》《苑秘書》，書言神仙使鬼神爲金之術。”①《龜策傳》褚先生曰：“臣爲郎時，見《萬畢·石朱方》。”《唐志》：《淮南王萬畢術》一卷。《隋志》：“金丹玉液長生之事，歷代糜費不可勝紀，竟無效焉。”

神僊十家

《考證》曰：“司馬公曰：‘老莊之書，大指欲同死生，輕去就。而爲神仙者，服餌修鍊以求輕舉，鍊草石爲金銀，其爲術正相戾。是以劉歆《七略》叙道家爲諸子，神仙爲方技，其後復有符水、禁呪之術。至寇謙之，遂合而爲一。至今循之，其訛甚矣。’”

索隱行怪　師古曰：“索隱，求索隱暗之事，而行怪迂之道。”

《考證》曰：“《中庸》‘素隱’，朱文公按《漢書》作‘索’。”

臣似曰：“按《禮記·中庸》篇有云：‘子曰：素隱行怪，後世有述焉，吾弗爲之矣。’鄭玄注云：‘素，讀如攻城攻其所傃之傃，傃猶鄉也。言方鄉避害隱身而行佹譎，以作後世名也。弗爲之矣，恥之也。’今《志》作‘索隱’，師古從而解之，文、注即與《禮記》不同，意義亦不相遠，故‘索’字不更刊正作‘素’字。”

論病以及國，原診以知政

《考證》曰：“《晋語》：趙文子曰：‘醫及國家乎？’醫龢對曰：‘上醫醫國，其次疾，固醫官也。’”

大凡書，六略三十八種

《考證》曰：“景迁晁氏曰：‘劉歆告揚雄云：三代之書，蘊藏於家，直不計耳。顧弗多耶？今有一《周易》，而無《連山》《歸藏》；有一《春秋》，而無千二百國寶書及不修《春秋》；有鄉禮

---

① “鬼神”，殿本《漢書·楚元王傳》作“鬼物”。

二、士禮七、大夫禮二、①諸侯禮四、諸公禮一，而天子之禮無一傳者，不知其傳孰多於其亡耶？'《隋志》：'光武篤好文雅，明、章尤重經術。鴻生鉅儒，負袠自遠而至。石室、蘭臺，彌以充積。② 又於東觀及仁壽閣集新書，校書郎班固、傅毅等典掌焉。並依《七略》爲書部，固編爲《藝文志》。'晁氏公武曰：'劉歆始著《七略》，總録群書。至荀勗，更著《新簿》，分爲四部。蓋合兵書、術數、方技於諸子。自春秋類摘出《史記》別爲一，③六藝、諸子、詩賦皆仍歆舊。其後歷代所編書目，如王儉、阮孝緒之徒，咸從歆例。謝靈運、任昉之徒，皆從勗例。唐分經、史、子、集，藏於四庫，是亦祖述勗而加詳焉。歐陽公謂始於開元，其誤甚矣。'④《決疑》曰：'自六經以至陰陽之家，其數或多或少。⑤ 春秋九百四十八篇，而其數之不及者七十有一；道家九百十三篇，而其數之衍者四十有四。自此以後，蓍龜一家而卷之溢於目者八十，醫經一家而卷之不登其總者四十有一。或者其傳於後世，有以私意增損者邪？'夾漈鄭氏曰：'蕭何入咸陽，收秦律令圖書，則秦亦未嘗無書籍也。其所焚者，一時間事耳。秦人之典，蕭何能收於草昧之初；蕭何之典，歆何不能紀於承平之後？是所見有異也。'范氏曰：'漢時以竹簡寫書，在天下者至少，非秘府不能備。非如後世以紙傳寫，流布天下，所在皆有也。'"

---

　　① "二"，原誤作"一"，據《四部叢刊續編》影舊鈔本《嵩山集》卷十五、補編本《漢藝文志考證》改。

　　② "充"，原誤作"克"，據殿本《隋書·經籍志》、補編本《漢藝文志考證》改。

　　③ "摘出"，原誤作"春秋"，據《續古逸叢書》影印南宋袁州刻本《昭德先生郡齋讀書志》、浙局本《玉海·藝文》改。

　　④ "其誤甚"三字原脱，據《續古逸叢書》影印南宋袁州刻本《昭德先生郡齋讀書志》補。

　　⑤ "少"字原脱，據補編本《漢藝文志考證》補。

二十五史藝文經籍志考補萃編續刊總目

唐書經籍藝文志合鈔　清・沈炳震

第九卷
新唐書藝文志補（增訂版）　張固也

第十卷
南唐藝文志　唐圭璋
宋史藝文志新編　明・柯維騏
宋史藝文志考異　清・錢大昕

第十一卷
《宋史・藝文志》史部著録暨未收宋代著述考　劉兆祐

第十二卷
補西夏藝文志　聶鴻音
新補遼史藝文志　朱子方
遼史藝文志訂補　王巍
金史藝文志補　清・杭世駿
元書藝文志　清・曾廉
元史藝文志補注　何佑森

第十三卷
新補金史藝文志　楊家駱

第十四卷
明史藝文志　清・黃虞稷